全国100所高职高专院校旅游类专业系列教材
（餐饮管理与服务专业）

餐饮营销

Canyin Yingxiao

总主编　郑向敏　　副总主编　汪京强
主　编　陆　朋　　副主编　马　磊　周静莉　白翠玲

重庆大学出版社

内容提要

本书是全国100所高职高专院校旅游类专业规划教材之一。

本书将市场营销学的一般规律和原理与餐饮营销运作结合起来,深入、系统地阐述餐饮营销的基本理论和方法。在结构上采用渐进式推进,从餐饮营销观念的发展过程出发,介绍目前餐饮营销的新趋势,明确提出餐饮市场调研的程序和方法,对餐饮市场细分、目标市场选择和市场定位过程进行分析,建立餐饮产品、餐饮产品价格、餐饮营销渠道、餐饮促销的组合运作系统,并提出CIS战略和品牌营销在餐饮企业中的运作方法,最后对餐饮营销策划和绩效评估作了论述。

本书可作为高职高专院校旅游类相关专业学生学习用书,也可供旅游、饭店、餐饮企业员工自学和培训使用。

图书在版编目(CIP)数据

餐饮营销/陆朋主编.—重庆:重庆大学出版社,
2008.7(2020.12重印)
(全国100所高职高专院校旅游类专业系列教材)
ISBN 978-7-5624-4408-4

Ⅰ.餐… Ⅱ.陆… Ⅲ.饮食业—市场营销学—高等学校:
技术学校—教材 Ⅳ.F719.3

中国版本图书馆CIP数据核字(2008)第078679号

全国100所高职高专院校旅游类专业系列教材
餐饮营销
主 编 陆 朋
副主编 马 磊 周静莉 白翠玲
责任编辑:贾 曼 夏 宇 版式设计:贾 曼
责任校对:谢 芳 责任印制:张 策
*
重庆大学出版社出版发行
出版人:饶帮华
社址:重庆市沙坪坝区大学城西路21号
邮编:401331
电话:(023) 88617190 88617185(中小学)
传真:(023) 88617186 88617166
网址:http://www.cqup.com.cn
邮箱:fxk@cqup.com.cn(营销中心)
全国新华书店经销
POD:重庆新生代彩印技术有限公司
*
开本:720mm×960mm 1/16 印张:16.25 字数:283千
2008年7月第1版 2020年12月第5次印刷
ISBN 978-7-5624-4408-4 定价:42.00元

本书如有印刷、装订等质量问题,本社负责调换
版权所有,请勿擅自翻印和用本书
制作各类出版物及配套用书,违者必究

编委会

总 主 编　郑向敏

副总主编　谢　苏　汪京强　韩　军　孟　华　张鸽盛

委　　员　（以姓氏笔画为序）

丁　霞　王世瑛　王振才　王　瑜

王雷亭　冯玉珠　宁　毅　朱水根

刘启亮　刘根华　江　群　张　波

张　青　余　昕　张树坤　张跃西

沈　捷　罗兹柏　范运铭　陆　朋

陈增红　姜　爽　袁　俊　贾俊环

黄咏梅　曹红蕾　韩　林　舒　晶

斯婉青　蔡敏华　檀小舒

总序

21世纪是中国成为旅游强国的世纪。根据世界旅游组织的预测,2020年中国将成为世界第一大旅游目的地国家,并成为世界第四大旅游客源国。在我国旅游业迅速发展中,需要大量优秀的专业人才。高职高专教育作为中国旅游教育的重要组成部分,肩负着为中国旅游业培养大量的一线旅游专业人才的重任。

教材建设是旅游人才教育的基础。随着我国旅游教育层次与结构的完整与多元,旅游高职高专教育对旅游专业人才的培养目标更为明确。旅游高职高专人才培养需要一套根据高职高专教育特点、符合高职高专教育要求和人才培养目标,既有理论广度和深度,又能提升学生实践应用能力,满足一线旅游专业人才培养需要的专业教材。

目前,我国旅游高职高专教材建设已有一定的规模和基础。在各级行政管理部门、学校和出版社的共同努力下,已出版了一大批旅游高职高专教材。但从整体性看,已有的多数系列教材有以下两个方面的缺陷:一是系列教材虽多,但各系列教材的课程覆盖面小,使用学校范围不大,各院校使用教材分散,常出现一个专业使用多个版本的系列教材而不利于专业教学的一体化和系统化;二是不能适应目前多种教学体制和授课方式的需要,在不同课时要求和多媒体教学、案例教学、实操讲解等多种教学方式中显得无能为力。

在研究和分析目前众多旅游高职高专系列教材优缺点的基础上,我们组织编写了100多所旅游高职高专院校参与的、能覆盖旅游高职高专教育4个专业的、由60多本专业教材组成的“全国100所高职高专院校旅游类专业规划教材”。为了解决多数系列教材存在的上述两个缺陷,本系列教材采取:

1. 组织了百所旅游高职高专院校有教学经验的教师参与本系列教材的编写工作，并以目前我国高职高专教育中设置的酒店管理、旅游管理、景区开发与管理、餐饮管理与服务4个专业为教材适用专业，编写出版针对4个专业的4个系列、共60多本书的系列教材，以保证本系列教材课程的覆盖面和学校的使用面。

2. 在教材编写内容上，根据高等职业教育的培养目标和教育部对高职高专课程的基本要求和教学大纲，结合目前高职高专学生的知识层次，准确定位和把握教材的内容体系。在理论知识的处理上，以理论精当、够用为度、兼顾学科知识的完整性和科学性；在实践内容的把握上，重视方法应用、技能应用和实际操作、以案例阐述新知识，以思考、讨论、实训和案例分析培养学生的思考能力、应用能力和操作能力。

3. 在教材编写体例上，增设学习目标、知识目标、能力目标和教学实践、章节自测、相关知识和资料链接、教学资源包（包括教案、教学PPT课件、案例选读、图片欣赏、考试样题及参考答案）等相关内容，以满足各种教学方式和不同课时的需要。

4. 在4个专业系列教材内容的安排上，强调和重视各专业系列教材之间，课堂教学和实训指导之间的相关性、独立性、衔接性与系统性，处理好课程与课程之间、专业与专业之间的相互关系，避免内容的断缺和不必要的重复。

作为目前全国唯一的一套能涵盖旅游高职高专4个专业、100所旅游高职高专院校参与、60多本专业教材组成的大型系列教材，我们邀请了国内旅游教育界知名学者和企业界有影响的企业家作为本系列教材的顾问和指导，同时我们也邀请了多位在旅游高职高专教育一线从事教学工作的、现任教育部高职高专旅游管理类和餐饮管理与服务类教学指导委员会委员参与本系列教材的编写工作，以确保系列教材的知识性、应用性和权威性。

本系列教材的第一批教材即将出版面市，我们想通过此套教材的编写与出版，为我国旅游高职高专教育的教材建设探索一个“既见树木，又见森林”的教材编写和出版模式，并力图使其成为一个优化配套的、被广泛应用的、具有专业针对性和学科应用性的旅游高职高专教育的教材体系。

教育部高职高专旅游管理类教学指导委员会主任委员
华侨大学旅游学院院长、博士生导师
郑向敏 博士、教授
2008年2月

前言

时光飞速进入21世纪,看看我们周围的环境,有很多令人兴奋的事情:由机械化和自动化带来了极高的生产率,计算机与因特网有着无限的前景,全球化贸易快速增长,冷战也成为了历史。随着新世纪的到来,中国加入WTO,市场环境将发生巨大变迁,给中国的餐饮企业将带来一系列的市场创新与机遇,但同时也带来了更多、更严峻的挑战。伴随着经济发展和企业经营管理需要而出现的市场营销学,在上个世纪经历了快速的发展,并在社会经济生活的各个方面得到广泛的应用。目前,餐饮营销不仅是当代餐饮企业在迅速变化的市场环境和日趋激烈的竞争中求生存、求发展的管理方法,而且已逐渐成为当代餐饮管理人员的一种行为方式。面对全球经济和知识经济时代的全面挑战,餐饮营销的理论与实践正在不断创新,以适应新的、更为急剧变化的环境要求。

加快我国餐饮企业的成长和发展,跻身于世界市场,迫切需要一大批优秀的餐饮营销人才,本教材旨在把餐饮市场的营销运行规律和操作程序尽可能生动地介绍给学生,以使学生掌握餐饮市场营销战略与营销策略和理念。

本书将市场营销学的一般规律和原理与餐饮营销运作结合起来,深入、系统地阐述了餐饮营销的基本理论和方法。在结构上采用渐进式推进,从餐饮营销观念的发展过程出发,介绍了目前餐饮营销的新趋势,明确提出餐饮市场调研的程序和方法,对餐饮市场细分、目标市场选择和市场定位过程进行分析,建立餐饮产品、餐饮产品价格、餐饮营销渠道、餐饮促销的组合运作系统,并提出CIS战略和品牌营销在餐饮企业中的运作方法,最后对餐饮营销策划和绩效评估作了论述。

本教材由陆朋担任主编，马磊、周静莉、白翠玲担任副主编。参加本书编写的撰稿人及其分工如下：

第一章：陆朋，河北师范大学职业技术学院旅游系

第二章：宁静，河北师范大学职业技术学院旅游系

第三章：滕兰稳，河北师范大学职业技术学院旅游系

第四章：白翠玲、张启，石家庄经济学院商学院

第五章：王立宝，河北师范大学职业技术学院旅游系

第六章：李志勇，河北师范大学职业技术学院旅游系

第七章：张启、白翠玲，石家庄经济学院商学院

第八章：周静莉，河北师范大学职业技术学院旅游系

第九章、第十章：马磊，河北旅游职业学院酒店管理系

全书在编写过程中参考了国内外市场营销和餐饮营销的大量教材和相关资料，编者对于在编写过程中给予支持和帮助的有关人员致以谢忱。由于水平有限，书中缺陷和错误在所难免，恳请读者提出宝贵意见，以便修改完善。

编　者

2007 年 5 月

目 录
CONTENTS

第1章 绪论

【学习目标】

本章作为《餐饮营销》的开篇，旨在树立一个全面、系统的学科体系，使学生初步通晓旅游市场营销的基础知识。

【知识目标】

①了解餐饮营销的含义。

②正确理解餐饮营销的特点。

③掌握餐饮营销的观念。

④了解餐饮营销发展的新趋势。

【能力目标】

①能够运用4Ps营销理念和4Cs营销理念对餐饮企业进行分析。

②能够有针对性地对餐饮企业的近期营销重点进行分析。

【关键概念】

餐饮营销　餐饮营销观念　餐饮网络营销　餐饮绿色营销　餐饮服务营销　餐饮文化营销　餐饮关系营销　餐饮营销组合　4Ps　4Cs

案例导入:

广州清平饭店——百款鸡肴标准化

春节过后,广州清平饭店不以降价竞争,而是从品牌质量入手,通过挖掘传统与创新相结合,研制出鸡肴100余款。

"清平鸡"是清平饭店的招牌菜。以前顾客反映鸡味时咸时淡。为抓好品牌质量,该店制定出"八定":一定毛鸡质量;二定宰杀标准;三定光鸡、熟鸡停留时间;四定卤水和冷浸汤用料;五定浸制时间和水温;六定每次浸鸡数量;七定加料规律;八定售卖标准及作料规格。在狠抓质量的同时,该店通过挖掘传统与创新相结合,运用各种烹饪技巧,用鸡做主料,以海味、果蔬和干鲜货为配料,烹制成鸡肴100余款,并编印出一本鸡肴菜谱,分为八大类:明炉、烧烤、卤味类,汤羹、炖品类,煲仔、锅仔、钵仔类,铁板烧类,风味小厨类,粤菜类,粉面饭类,特色点心类。

点评:餐饮营销的特殊性之一是质量的波动性,这是由餐饮手工加工的客观实际决定的。餐饮营销过程中强调和实施标准化,是解决这一问题的根本途径。标准化的具体途径有很多,但菜品生产的标准化是最重要也是现阶段最有可能的标准化途径之一。广州清平饭店的做法是将其拳头产品"清平鸡"的加工过程进行详细分解,对每一工序规定了具体的标准,并找出了关键的质量环节。通过实施标准化的制作和管理,有效地解决了顾客反映的时咸时淡问题。

我国餐饮行业是率先按市场机制运行的行业。改革开放20多年来,餐饮业在日趋激烈的竞争中取得了巨大的发展。截至2002年,全国餐饮业网点已经达到380万家,正式从业人口达1 800万人,实现营业额5 000多亿元人民币,占社会商品零售总额的12.5%,2001和2002年连续两年保持了两位数的增长。我国餐饮企业在市场经济的大潮中经风雨见世面,积累了丰富的经验,涌现出一大批具有相当规模的大型连锁餐饮企业。加入世界贸易组织后,我国的对外开放进程加快,国外同行争先恐后涌入中国,餐饮行业竞争已呈现白热化趋势。在此形势下,餐饮企业要想进一步扩大市场份额,取得可持续发展,就迫切需要提高经营管理的科学性,不断改善经营管理水平。营销学将对餐饮业的发展起到至关重要的作用。

1.1 餐饮与餐饮营销

俗话说:“民以食为天。”饮食是人类赖以生存的最重要的物质条件之一。餐饮,作为人类赖以生存的首要物质基础和社会前进的重要条件,其发展水平不仅反映着一个地区和国家在开发和利用自然资源方面的能力,而且也标志着一个国家和民族的物质文明和精神文明程度。

1.1.1 餐饮的含义

餐饮,字面上有两层含义,《辞海》解释:餐为“饮食”,饮为“喝”、为“饮料”。中国古代指餐饮为“饮食”,非常恰当。因为食指“吃”,也指“食物”,饮指“喝”,又指“饮料”,故“饮食”也就是“喝酒(古时除水以外,酒是主要饮料)、吃食物”。

在改革开放之前,中国的酒楼称饮食店,餐饮业称饮食业。随着饭店的增多,新词汇的丰富,诞生了餐饮一词。又据说餐饮来源于餐馆(Restaurant)一词,按照法国百科大辞典的解释,是使人恢复精神与气力的意思。顾名思义,可以帮人恢复精神与疲劳的方法,不外乎进食和休息。于是人们开始以“Restaurant”为名称,在特定场所提供餐食、点心、饮料,使客人在此场所中得到充分休息,而且能够恢复精神,在这一种方式下进行获利,这就是西方餐饮的雏形。

由此可见,餐饮业是一个历史悠久的行业,是指利用餐饮设备、场所和餐饮原料,从事饮食烹饪加工,为社会服务的生产经营性服务行业。古今中外,餐饮业为客人提供饱食就餐服务的社会职能并没有改变。随着人类社会生产力的迅速发展,人民生活水平的不断提高,在各个领域的交流日益频繁,家务劳动社会化程度日益提高,旅游和休闲的日程增加,现代餐饮业也发生了极大的变化,正朝着设备先进、环境优美、产品特色突出、服务质量优良的方向发展。同时餐饮的发展也反映着一个地区或国家在开发和利用自然资源方面的能力,而且也标志着一个国家和民族的物质文明和精神文明程度。

如今餐饮业主要包括以下 3 大类:

①饭店(度假村、招待所、旅社、汽车旅馆)所属的餐饮部。

②各类独立经营的餐饮服务机构。

a. 社会餐厅、餐馆、酒楼、餐饮店。

b. 快餐店、小吃店。

c. 茶馆。

d. 酒吧、咖啡屋、冷饮吧。

③企事业单位的食堂以及一些社会保障与服务部门的餐饮服务机构。

a. 企事业单位食堂、餐厅。

b. 学校、幼儿园的餐厅。

c. 医院、军营的餐厅。

1.1.2 餐饮营销的含义及特点

餐饮营销是指餐饮经营者为使顾客满意，并实现餐饮经营目标而开展的一系列有计划、有组织的活动。

餐饮营销是一种交换活动，它在餐饮市场上实现，并以满足市场需求为核心。餐饮营销各环节、各层次的工作都是围绕餐饮市场开展的。餐饮营销是餐饮企业经营管理的核心，它是一个系统的工作过程。

餐饮产品在营销时表现出与一般商品不同的特点：

①餐饮营销是一种餐饮产品和服务的交换活动，因此是一种社会性的管理活动。

②餐饮营销是以满足顾客需要为出发点和归宿点的交换活动，因此如何满足顾客需要成为餐饮营销的核心内容。

③餐饮营销是一个完整的过程，而不是一些支离破碎的零星活动，更不是零碎的推销活动。

1.1.3 餐饮营销概念在营销活动中的体现

当前很多餐饮业经营者对餐饮营销的概念和内涵理解不清，片面认为餐饮销售和推销活动就是餐饮营销。这种片面的认识严重制约了餐饮经营管理水平的提高。当企业经营出现困境时找不到问题的根本，餐饮经营者一味地试图通过各种促销和开展活动来加以挽救，不懂得从目标顾客出发，分析自己的产品、服务、价格、促销模式、企业形象等各个市场营销环节是否与目标顾客的要求相一致。

任何一项餐饮产品和服务项目的推出和成功都不是盲目的，也不是通过单纯的推销就可以实现的，都要经历从营销分析、市场细分、制定目标市场策略、制定市场营销组合策略、实现销售的操作程序。

1）营销分析

餐饮营销的基础是营销分析，它能够帮助经营者了解市场情况，包括市场容量、供给量、消费者特征等；有助于把握市场上餐饮产品的基本情况和各类产品的实际销售情况等产品信息；还可以对竞争者进行分析研究；此外，市场研究还能获得经济、社会、政府等宏观层面的相关信息。

2) 市场细分

市场细分的目的，是把一个整体的市场分割成若干具有显著不同的消费特征的子市场，比如将完整的餐饮市场细分成中餐餐饮市场、西餐餐饮市场、火锅餐饮市场、快餐餐饮市场等子市场。通过市场细分，餐饮企业可以更加清晰地认识市场结构，准确把握需求，找准市场机会。

3) 制定目标市场策略

制定目标市场策略是建立在市场细分基础之上的。从各细分市场中结合营销分析的信息，选取适当的子市场作为自己的目标市场，即确定企业准备为之服务的顾客群。针对目标顾客的需求特征和市场竞争状况等因素，确定自己的产品方向、产品特征、产品或品牌的定位形象、可能的价格范围等市场营销策略，为日常的经营提供依据。

4) 制定市场营销组合策略

这一步是餐饮企业年复一年、日复一日的常规工作，即产品、价格、渠道和促销这四个从产出产品到销出产品所采用的市场营销工具的使用策略。这个过程就是确定4Ps市场营销组合策略的过程。所谓"组合"的含义，是指产品、价格、渠道和促销四个市场营销因素不是孤立的，它们要形成有效的配合才能实现市场营销的目标。比如，优秀的产品会因为过高的价格或不当的渠道和促销而无法实现销售。

5) 实现销售

有效的4Ps市场营销组合，意味着顾客将得到喜欢的餐饮产品和愿意支付的价格，合理的促销行为又更加激发顾客的消费意愿，方便而畅达的渠道会使顾客更容易获得产品，其结果是使餐饮销售成为一种必然。"营销使推销成为多余"正是从这个意义上说的。

1.2 餐饮营销观念

营销观念被誉为“商业营销之魂”。餐饮企业的营销活动总是在一定的营销观念指导下开展的,餐饮经营的效果受制于经营者所持有的营销观念。了解餐饮营销观念及其演变,对餐饮经营者更新观念、加强营销管理具有重要的意义。

1.2.1 餐饮营销观念

餐饮营销观念是餐饮企业经营管理活动过程中的指导思想。为正确理解餐饮营销观念,应注意以下两点:

1)餐饮营销观念随餐饮活动深化发生演变

随着商品经济的发展,餐饮经营活动日益向深度和广度发展,餐饮营销观念会发生不断的演变。它是一种不以人的意志为转移的客观存在,在一定的商品经济发展阶段,餐饮市场经营者在处理企业、顾客和社会三者利益关系方面会形成特定的认识。这种认识,将成为这一时期全社会餐饮经营活动的准则。

餐饮营销观念的演化,经历了生产观念、产品观念、推销观念、市场营销观念和社会营销观念几个不同的阶段,它们分别适应不同的历史阶段。由于营销观念属意识形态范畴,因此,这些产生于不同经济发展时期的营销观念,都可能在人们的头脑中存在。

2)餐饮企业的营销观念制约着餐饮营销和经营活动的方向、方式和结果

餐饮经营者持有什么样的营销观念对于餐饮经营来说至关重要。了解餐饮营销观念的演化,餐饮经营者能对自己的营销观念进行检讨,建立起适应当代餐饮经营的营销观念和社会营销观念,正确处理餐饮企业与餐饮消费者以及餐饮企业和社会利益之间的关系,使餐饮市场营销走上健康发展的轨道。

1.2.2 生产观念

生产观念形成的背景是餐饮产品供不应求,消费者的消费需求在数量上不能得到满足,因此他们的主要兴趣是餐饮产品的有无,会在购买者间形成竞争。

对企业而言,生产的餐饮产品没有销售的障碍,它们只关心是否能大量生产出产品,而不用关心顾客是否需要。

生产观念的具体内容表现为"餐厅能提供什么就销售什么",这是一种最古老的营销观念。

这一营销观念指导下的餐饮企业的经营行为,就是想方设法扩大生产能力,大量组织生产。为降低生产成本,获得更大的利润,企业通常会减少产品的品种,增大同种产品的生产规模,取得规模效益。所以,这一时期的餐饮供应品种非常单调,服务项目单一。

1.2.3 产品观念

随着社会生产规模的扩大,餐饮产品的供给数量增加,供求关系得到一定程度的缓和,消费者对餐饮产品的选择要求逐渐增强。他们不再仅仅追求数量的满足,而开始以质量和价格作为选择产品的基础。在这一背景下,企业的经营理念也随之发生变化,产生了产品观念。

产品观念的具体内容表现为:企业营销者认为"顾客喜欢良好的菜品、设施和服务,因此餐饮企业要做的工作就是提供上述东西"。

持这种营销观念的经营者,会致力于为顾客提供所谓物美价廉的餐饮产品,如注重菜品、服务、设施、环境等方面的改进和提高等。但由于他们没有意识到消费者的需求正在发生着变化,没有去关心消费者的需求和愿望,所以很容易导致"营销近视症"的弊端,即餐饮企业迷恋于自己的产品,却看不到市场消费需求的变化;只注重菜品、服务、设施、环境等方面的改进和提高,忽视对需求的研究,缺乏销售推广。事实上,实践很快就证明了,并非物美价廉的产品都是畅销品。

1.2.4 推销观念

这一市场营销观念产生的直接背景,是生产规模的继续扩大,市场上的餐饮产品供给数量进一步增加,餐饮企业间的竞争日趋激烈,原本较为顺畅的推销环节出现了较大的障碍。实践中,餐饮企业感到仅靠物美价廉已经不足以实现推销,必须在推销上花很大的工夫才能卖出更多的餐饮产品。此时,餐饮企业担心的已不再是如何大量生产,而是如何推销。于是,有关推销的各种研究应运而生。

推销观念认为,"餐厅一方面要创新菜品、增加设施、改进服务,另一方面还需加强推销”。

这一阶段,虽然经营者们已经认识到,产品的推销有困难,必须在经营中予以重视,但是,餐饮产品出现推销困难的原因,却被认为是因为有太多竞争者的存在,还没有意识到真正的原因来自顾客需求的变化。因此,餐饮企业的一切营销活动,包括打折、赠送或其他促销活动,都只是把产品推销出去了事,而对产品是否满足顾客需求漠不关心,甚至采取不正当的手段侵害消费者利益。所以,推销导向观念的弊端,是没有把顾客需求放在第一位,推销工作只是从自身利益出发,难以形成长期竞争优势和知名品牌。

1.2.5 市场营销观念

市场营销观念产生于20世纪第二次世界大战结束后的50年代,它的出现是企业市场营销上的一场变革。第二次世界大战结束后,由于大量军工企业转向生产民用产品,巨大的军事工业生产能力,使消费品市场的产品数量激增;随着不断的技术创新,新的消费产品也不断涌现出来,消费品供给呈现出数量丰盈、花色繁多的景象。另一方面,由于资本主义国家开始实行高物价、高工资、高消费政策,居民可支配收入增加,闲暇时间越来越多,消费的多样化趋势也日益显现,消费者对产品的需求也愈加苛刻。在来自消费者和竞争者的双重压力下,企业开始意识到,只有识别消费者需求并满足他们的需求,企业才能够顺利地生存和发展。

1)市场营销观念的基本内容

市场营销观念在餐饮企业经营中表现为以下内容:满足顾客需求是餐饮企业一切工作的核心,企业不是考虑什么可供销售,而是考虑顾客需要什么。“顾客第一”是这一观念的直接体现。市场营销观念在一些企业已得到了充分的理解,他们的理念性口号已不再是“顾客第一”这种抽象表述,而演义为更有实际指导意义的语句。例如,拉萨的西藏朝天骄餐饮有限公司餐厅的进门处,郑重地宣称:“餐饮是良心与道德之事业。”这是对顾客导向观念的现实性诠释。

2)市场营销观念的两个核心

从产生的背景可以看出,市场营销观念的核心由两部分组成:一是顾客观点,即从顾客出发,满足顾客需要;二是竞争观点,要求企业在满足顾客需求的同时,还要使自己的产品在与竞争者的竞争中取得优势。在这种市场营销观念下,餐饮企业的经营活动,一只眼要盯着顾客,另一只眼要盯着对手。

3）市场营销观念的四个基本支柱

市场营销观念有四个基本支柱：顾客需要、目标市场、整体市场营销和赢利。

（1）顾客需要支柱

要求企业能准确识别顾客需要，并在此基础上全面满足他们的需要，提高顾客满意率。这就要求企业真正地识别需要，而不是只看到表面的需要。如顾客要求"价格适中的一场婚宴"，其中表明的需要是"顾客需要一场价格合适的婚宴"，真正的需要是"不花很多钱就可以举办一场满意的婚宴"，未表明的需要是"尽可能地提供好的婚宴产品，并能多提供一些附加服务，感觉更合算"，秘密的需要则是"通过举办这一婚宴让亲朋好友觉得我很体面，使自己更受大家的欣赏和尊重"。可见，只有准确识别顾客各个层次的需要，才能通过产品全面满足顾客需要。

（2）目标市场支柱

要求餐饮企业放弃满足所有顾客的所有要求的想法，通过选取部分有相同需求特征的消费者组成的某个或某几个目标市场，有的放矢地集中企业资源重点予以满足。这是在消费需求多样化的今天不得不做的选择。

（3）整体市场营销支柱

要求餐饮企业既进行外部市场营销，又进行内部市场营销。因此，企业就应实现内部各部门间的协调与配合，并追求 4Ps 市场营销组合要素的整体效应。

（4）赢利支柱

赢利支柱意味着餐饮企业的市场营销不能不考虑赢利，即应该通过满足顾客需要最终实现企业利润最大化，将满足顾客需要与企业赢利有机结合起来。在赢利问题上应着重处理好长远赢利与眼前利益的关系，必须着眼于企业的长远赢利能力的培养，杜绝因眼前利益危害长远赢利能力的行为。餐饮经营实践中，经营者往往经不起诱惑而因小失大。因此，餐饮经营者应该充分重视，自觉运用顾客导向观念，努力规范自己的经营行为。

1.2.6 社会营销观念

社会营销观念是 20 世纪 70 年代以后形成的营销观念。由于社会生产的进一步发展，消费需求的进一步多样化，企业营销中常出现社会资源浪费和引起环境污染的现象发生，损害了社会利益。企业在满足消费者需要的同时，也出现了大量损害消费者利益的事件。比如餐饮消费者喜好野味，餐饮企业为满足这种需求、追逐企业利润，不惜大量捕猎国家保护的野生动物，破坏生态环境，损害了消费者对环境方面的要求，使消费者的长远利益受到侵害。又如为满足消费者日益增长的数量要求，餐饮企业大量采用人工种植和养殖的农副产品原料，有些存在过量的有害物残留，直接损害了消费者的利益。因此，70 年代以后，在世界范围内兴起了此起彼伏的消费者权益保护和环境保护运动。在这种背景下，企业迫于压力，不得不对自己的经营行为进行调整，在营销观念上就形成了新的认识，产生了社会营销导向观念。

社会营销观念的内容是，企业的经营行为应寻求企业利益、顾客利益和社会利益的和谐统一。餐饮企业应生产和经营那些既是消费者需要，又是自身擅长的餐饮产品项目，同时注意把消费者需要、社会利益和企业专长密切结合起来。这是现代餐饮企业可持续发展的正确指导思想。

餐饮企业发起的不销售野生动物的联合签名行动、积极参与绿色餐饮企业认证、推行 ISO 14001 的行为，都是这一营销观念的具体体现。

社会营销导向观念是顾客导向观念的进一步延伸，它们都是适应现代餐饮经营的正确的营销观念。

1.3 餐饮营销新趋势

营销方式到了 20 世纪 90 年代以后，出现了许多新变化。餐饮营销的概念也日益发展。如随着个人计算机的普及和互联网的出现，产生了“餐饮网络营销”的概念；随着人们对绿色产品的喜好和对环境保护的关注程度的增加，出现了“餐饮绿色营销”的概念；随着“知识经济”时代的到来，诞生了“餐饮文化（知识）营销”和“餐饮服务营销”。此外，还出现了“餐饮关系营销”、“餐饮节日营销”等概念。

1.3.1 餐饮网络营销

随着信息技术的迅猛发展与 Internet 的普及，网络营销对消费者、餐饮中间商、餐饮企业产生了巨大的影响。通过 Internet 开展餐饮网络营销，成为餐饮企业拓展营销渠道的新方式。

1)网络营销渠道的作用

(1)品牌建设

餐饮企业通过 Internet,可以通过文字、图片、声音、影像等多媒体方式,多角度、全面、详尽地展示餐饮产品的特色,全面展示餐饮企业的形象,建立品牌的认知度。

(2)与消费者直接交流

Internet 是一个全球性媒体。它是宣传餐饮产品的理想媒介,运用了宣传册的鲜艳色彩、多媒体技术的动态效果,适时更新的信息效率和检索查询的交互功能。交易双方可以采用标准化的合约、单据、发票等进行即时传递和自动处理,在网上直接办理谈判、签约、支付结算等手续,从而缩短交易时间。餐饮企业有效地提高跨地域信息交流的效率,另外通过饭店网站 FAQ(常见问题解答)功能,可以为消费者提供常见问题的解答。

(3)进行直接销售

消费者通过网上获得餐饮目的地信息、餐饮产品价格、旅游计划安排等相关信息,进而进行在线咨询、餐饮预订等活动。实现餐饮企业与消费者的网上交易,能够有效实现餐饮企业与餐饮消费者之间的直接交易。从而最大限度地减少渠道中间商。

(4)市场营销调查

通过 Internet,餐饮企业可以通过开展网上调查、售后服务、消费者意见收集等工作,充分了解消费者对餐饮企业的意见和建议,从而不断改善自身的服务品质。

2)餐饮网络营销渠道的实现方式

(1)企业网站

餐饮产品生产企业可以通过建立自己的网站或网页向公众展示自己的餐饮产品和服务,也可以开发网上预订业务,消费者则可以通过网络获得所需的餐饮信息。餐饮企业通过委托专业网站建设与运营公司或组织专业技术人员开发设计均可实现。

(2)专业销售网络信息系统

近年来较为流行的专业性旅游销售网络系统主要有两种:一是旅游中心预

订系统(Central Reservation System,简称 CRS),二是全球分销系统(Global Distribution System,简称 GDS)。这两种系统的建立和维护都需要较高费用,因此,只适用于有一定实力的餐饮企业。

旅游中心预订系统:该系统在不同的旅游市场区域和成员企业内设立预订终端,直接或通过互联网、电话、传真等方式向消费者销售每一个成员企业的产品。同时,这些销售终端又通过专门的计算机网络相互连通,并与预订中心相连接,从而使每一个成员企业都可以通过旅游中心预订系统,获得其他成员企业的旅游产品和服务信息、价格信息、产品和服务存量信息等。该系统一般是由大型旅游企业集团开发、建立并拥有,目的是通过系统的统筹安排,更大程度地发挥其下属成员企业的组合而形成的整体合力,降低集团运行成本,为全体成员企业服务。

全球分销系统:是由国际性航空公司分别联合组建的,最初以航班订位为主要经营业务,以后发展为同时向饭店、度假村、汽车租赁公司、铁路公司、轮船公司等其他餐饮相关行业提供预订和市场营销综合服务的销售系统。各个 GDS 系统均依托自己的计算机预订系统,通过国际航空电讯协会(简称 SITA)的通信专网,将加入 GDS 的“卖方(Vendors)”——饭店、航空公司等产品(服务)的提供者和加入 GDS 的“代理方(Agent)”——遍布全球的旅游代理商,连成一个旅游专业网络系统,并通过后者实现对“最终用户(Consumer)”——世界各地旅游者的销售。

1.3.2 餐饮绿色营销

新的营销观念要求企业不但要重视顾客的需要,也要重视社会公众的一些共同需要或利益,如生态环境和社会环境的保护等。社会营销中保护生态环境的营销就是所谓的“绿色营销”。在国外,人们的环保意识日益增强,回归自然的理念越来越强烈,为了适应这种需求,各种“绿色”营销正在兴起,如“绿色”饭店、“绿色”餐厅。欧洲的一些国家出现了许多向顾客提供“健康自然美食”的“绿色”餐厅。这种餐厅所选用的蔬菜、瓜果,均是大自然中自然生长的植物,烹调用油是橄榄油或玉米油,餐厅所供应的食物均不含味精等任何添加物,且不经过特殊加工处理。

1)绿色餐饮发展情况

国内饭店已认识到“绿色产品”是当今消费市场的“宠儿”,从而规划自己的“绿色行为”,竞相开发自己饭店的绿色产品,创立自身绿色形象。“绿色”形象给饭店和餐厅带来了经济效益和社会效益。有资料表明,绿色食品的售价比同类非绿色食品高30% ~100%。而据一项调查,北京有72%、上海有84%、广州有90%以上的消费者对绿色食品感兴趣并愿出高于普通食品的价格购买。绿色餐厅能正确处理好消费者需要、餐厅利润和环境保护之间的矛盾,实现消费者利益、餐厅利益、社会环境利益的统一和协调发展。据联合国经合组织统计,目前世界每年绿色消费额至少在2 000亿美元以上。毋庸置疑,这将为餐厅带来许多机会、利益。为此,餐厅要关注环境,保护生态,满足绿色消费者不断增长的需求,创建绿色餐厅。

2)发展绿色餐饮的对策

(1)培育绿色餐饮文化,树立绿色观念

绿色餐饮文化的核心是强调对社会和环境的责任,实现人与自然界、人与人及人的身心和谐,并将环保目标与餐饮经营管理目标融为一体,激励员工节约资源,保护环境,树立餐饮绿色形象。同时制定道德规范,使员工受社会公认的规范制约,从而强化全体员工的绿色意识和行为。

(2)创建绿色餐厅,使用绿色食品

增加餐厅装修和物品的"绿色含量",如使用"绿色"餐具。绿色食品即无污染、安全、优质、天然营养的食品。最大限度地限制化学合成物在食品制作中的使用;食品开发不得破坏生态环境,如菜肴中不得涉及珍稀野生动植物;食品分量适度,避免浪费;控制和处理污水、废油和废气的排放;控制和处理泔水。

(3)采用先进的节约设备

安装节能装置、节水设备、能源控制设施,如节能灯、感应水阀等。

(4)开展绿色营销

强化与绿色价格、绿色渠道、绿色促销的配合,吸引消费者,增加产品的市场覆盖率。实行绿色价格,树立消费者和餐厅的"环境有偿使用"新观念,把餐厅保护生态环境的费用计入成本。

1.3.3 餐饮文化(知识)营销

餐饮业文化营销就是弘扬中华饮食文化。饮食文化,狭义地说,是指餐饮业的产品文化,就是在一定历史时期,餐饮业某一类或某一种菜点在色、香、味、形、器等方面以及在制作和享用过程中形成的具有文化内涵的特征。

1)餐饮文化营销的策略

(1)弘扬饮食文化

弘扬饮食文化，就是餐饮业不断地挖掘、继承和发扬历史上形成的饮食文化，并将饮食文化用于营销之中。

(2)进行文化包装

餐饮业的文化营销，除了弘扬饮食文化或菜点文化外，还有文化包装。文化包装，就是塑造文化环境。如台北近些年流行“上海菜”，不少上海菜馆或专售上海菜的饭店里，按20世纪二三十年代上海餐馆、饭店的风貌进行装修，给台湾顾客带来一种上海文化的享受。

餐饮环境的许多要素，如地段、建筑外观、周边环境、内部装修、布局、气味、灯光、音响、餐桌、餐具、楹联、菜单、人员、顾客、气氛等，都可以成为文化包装。城市文化是许多大城市的餐饮企业喜欢采用的包装；乡土文化是不少跨地区和跨国营销的餐饮企业采用的包装；旅游文化是许多旅游城市或景点的餐饮企业采用的包装。

(3)开展文化促销

餐饮业的文化促销活动，主要有举办美食节和引进社会文化等。餐饮企业举办美食节和管理美食节活动，可掌握灵活性、多样性、广泛性、文化性和周密性等原则。

餐饮业文化促销活动的另一个主要方式是引进或赞助社会文化。餐饮企业在营销过程中引进社会文化，可以满足顾客精神上的享受和提高文化品位。

餐饮业的知识，包括烹调知识、厨房设备技术、餐饮原料和调料知识、食品营养知识、食品医疗知识、食品卫生知识、餐饮业管理知识、饮食文化知识等，广义的还包括餐饮信息。餐饮业的知识营销，就是培养和增强人员的知识素养，利用知识和信息来吸引和满足顾客，充分发挥知识和信息在餐饮营销中的作用。

2)餐饮知识营销的策略

餐饮知识营销的策略，是实行餐饮产品、餐饮环境、餐饮生产、餐饮创新和餐饮人才的知识化，进行知识传播和保护知识产权。

(1)知识产品

餐饮产品应当多融入食品科学、营养学、医药保健等科学知识以及与产品有关的历史掌故、乡土文化等人文知识，使餐饮产品不仅满足物质享受，而且满足知识(精神)享受的需要。餐饮产品应发展成知识产品。如全聚德烤鸭现在非常讲究营养学,而不是单纯地追求口感,追求色、香、味、形、器。

有专家研究过进入21世纪后现代餐饮的3个时尚或趋势,即养生、健美和绿色,这实际上就是现代餐饮产品的3个知识点。也就是说,现代餐饮业应重视有关餐饮产品养生、健美和绿色的知识,并在营销中宣传和介绍这些知识。

(2)知识产权

餐饮业应当重视和保护知识产权,提高整个产权中知识产权的比重,实现产权知识化。餐饮业可以利用注册品牌保护餐饮知识产权。例如上海著名的"小绍兴"白斩鸡的制作诀窍已经以店牌的名义注册封存,从而达到保护知识产权的目的。福建的"沙县小吃",具有独特的加工工艺和风味(也是一种专有技术诀窍),在福建各地很受欢迎,可是几千家"沙县小吃"店中有不少假冒者。后来,正宗的"沙县小吃"店进行了商标注册,开始保护自己的知识产权。又如,餐饮业可以利用专利保护知识产权。北京金三元酒家以一道菜"扒猪脸"申报并获得中国首例菜肴发明专利,开创了中国餐饮业历史的先河。

(3)知识环境

餐厅应当尽量采用高新技术和体现一定的文化氛围,并由此给顾客一种知识的享受。现在国外许多饭店流行的电脑点菜,就是把高技术引入店堂环境中来了。美国洛杉矶的一家麦当劳分店,为了进一步加强麦当劳快餐现代化、科学化的形象,将座席装修得像宇宙飞船的船舱,将店堂设计成一个剧场,让顾客一边观赏航天科技,一边品尝汉堡包,很受欢迎。这就是一种知识环境,它既可以暗示麦当劳快餐与现代科技的某种联系,提升麦当劳快餐的形象档次,又巧妙地利用了美国人崇尚科技的心理,因而大大增强了营销吸引力。

(4)知识生产

知识生产是知识营销的基础。餐饮生产,从原料选购、运输、贮存到加工、制作,应该制定严格的、科学的标准和程序,"标准"和"程序"就是知识,这方面应学习麦当劳和肯德基。现在,中国许多餐饮企业都开始加大餐饮生产中的科技投入即知识投入,这就为餐饮业的知识营销建立了基础。传统的名菜、特色菜的制作也应规范化、标准化、知识化。如川、粤、鲁、淮扬、京、徽、浙、湘等几大菜系,应加紧规范化、标准化、知识化,以便这些宝贵的文化遗产得以继承和发扬。中国传统菜谱应当尽量数据化,只有数据化才能更好地规范化、标准化和知识化,从而更好地发挥菜谱(知识)对餐饮生产的指导作用。

(5)知识创新

创新是知识经济一个最主要的特点。餐饮业的创新首先是新产品、新品种的开发。菜点创新之本在于“变”,因季节时令而变,因消费时尚而变。所谓“变”,就是做到“三新”,即原料要常用常新,品种要常换常新,烹调方法也要经常更新。

(6)知识传播

知识的传播和沟通也是知识经济的一个主要特点。餐饮业要重视餐饮知识的传播,只有让更多的老百姓懂得吃和喜欢吃,餐饮业才能更好地发展。例如,过去西安的群众按传统的方法吃汤包,既烫嘴又搅浑了调味汁。小六汤包店便为群众着想,动脑子编了吃汤包的24字诀:“轻轻夹,慢慢晃;戳破窗,勺接汤;先吃包,再喝汤;既文雅,又排场。”汤包店把这一吃法介绍给就餐者,大家一体会,确实不错,于是传扬开来,广受社会各阶层人士的称赞和欢迎。

1.3.4 餐饮服务营销

餐饮服务是餐饮生产者向消费者提供的、基本上是无形的活动或利益,并且不涉及任何事物的所有权,其生产可能与实际产品相关,也可能无关。与有形产品相比,餐饮服务自身的特点对服务营销方案的设计影响很大。

1)餐饮服务营销的构成要素

服务营销的思想起源于实体产品的销售,将服务营销引入“餐饮服务产品”的销售后,由于餐饮服务产品自身具有不同于实体产品的特性,使得餐饮服务营销也不同于一般的产品服务营销。具体来说,在传统市场服务营销的4P策略上还需加上3P,即人员(People)、环境(Physical environment)和程序(Process)三个因素。

此外,餐饮服务营销除了需要传统的外部服务营销外,还要加上两个服务营销要素,即内部市场服务营销和交互作用的市场服务营销。

外部服务营销是指餐饮企业为游客准备的餐饮服务需考虑定价、分销、促销等服务营销组合要素,这一点与实体产品服务营销没有差别。

内部服务营销指餐饮服务企业必须对直接接待游客的人员以及相关辅助人员进行激励和培训,使其能够对游客提供满意的餐饮服务。

交互作用服务营销是指餐饮服务企业的人员在与不同的游客接触时,应具有娴熟的接待和餐饮服务技能。游客是以自身感受对所消费的餐饮服务的质量进行评价的，因此，应根据不同餐饮服务对象的情况，提供相应的餐饮服务。

2）餐饮服务营销战略——差异化

对于提供餐饮服务的企业来说，解决价格竞争的办法是发展差别供应、差别交付和差别形象。实行差异化战略有助于争取游客、扩大市场份额。

为使自己提供的餐饮服务产品有别于其他企业，可采取下列4种措施：

（1）人员

通过培训，提高餐饮服务人员的餐饮服务技能和知识，形成有个性特点的餐饮服务。

（2）环境

餐饮企业可在餐饮服务场所的环境布置以及餐饮服务设施的水平方面，表现自己的特色。

（3）程序

通过采用标准化方法和严格的流程管理来稳定餐饮服务质量，减少因操作者差异而造成的消费者不满意。餐饮企业可通过不断完善和修改程序使餐饮服务获得具有企业特色的、稳定的餐饮服务质量。

（4）品牌

餐饮企业通过符号象征和品牌标识来使自己区别于同行，这是一种普遍认可的方式。

3）餐饮服务营销展示

餐饮服务一般通过有形展示得以实现，有形展示在餐饮服务营销中是指那些可传达餐饮服务特色及优点的有形组成部分，这些有形展示是支持和反映餐饮服务产品质量的有力证明，可帮助消费者感觉餐饮服务的优劣，增强消费者享受餐饮服务时的愉悦感。

餐饮服务企业在进行有形展示时，应遵循两个原则：

①应把餐饮服务同消费者容易认同的物体联系起来。如果有形展示易于为消费者认同，那么餐饮服务也相应的更容易为消费者接受。

②注重餐饮服务人员的作用。

1.3.5 餐饮关系营销

菲利浦·科特勒认为，市场营销是买卖双方之间创造更亲密工作关系和相互关系的艺术。因此,餐饮关系营销的目的,就在于同顾客结成长期的、相互依存的关系,发展顾客与餐饮业及其产品和服务之间的连续性的交往,以提高品牌忠诚度和巩固市场,促进产品持续销售。

餐饮关系营销的一个重要转变就是餐饮企业将视野跳出一次性交易的范围,而关注重复购买以及对顾客的高度承诺。因此,从某种意义上可以将关系营销形象地解释为"把顾客作为最珍贵的财产"。具体地说,餐饮企业经营中存在以下关系:餐饮企业与消费者、餐饮企业与竞争者、餐饮企业与公众、餐饮企业与政府、餐饮企业与员工,等等。餐饮企业关系营销涉及的关系包含了餐饮企业与其利益相关者之间所发生的所有关系。餐饮企业将建立、维系与发展同相关个人及组织的关系作为餐饮企业市场营销的关键变量。

1)餐饮关系营销的概念

所谓餐饮关系营销,是以系统论和大营销理论为基本思想,将餐饮企业置身于社会经济大系统中来考察餐饮企业的营销活动。餐饮企业营销是一个与就餐者、竞争者、供应商、分销商、政府机构和社会组织发生互动作用的过程。餐饮企业营销的核心是正确处理与这些个人和组织的关系,将建立与发展同相关个人和组织的良好关系作为餐饮企业营销成功与否的关键因素。

2)餐饮企业关系营销的职能

(1)沟通交流

关系营销是一种双向的信息沟通过程。餐饮企业关系营销中的交流应该是双向的。即可以由餐饮企业开始,也可以由顾客或其他被营销方开始。如果由餐饮企业主动和顾客联系,进行双向交流,对于加深顾客对企业的认识,察觉需求的变化,满足顾客的特殊需求以及维系顾客等都有重要意义。

餐饮企业应充分利用信息的双向交流和沟通,使自己在营销活动中得到各方面力量最大限度的支持与合作。例如,餐饮企业应经常把员工、顾客、媒体、政府等各方面的代表召集在一起,了解员工对企业的要求和建议,客人对企业的评价反映,协调与媒体和政府的关系,并通过社会舆论在公众中树立良好的形象。而所有这一切都必须建立在信息共享和坦诚交流的基础上。

(2)协同合作

当企业日益成为相互依赖的事业共同体时,企业间优势互补的合作关系必将取代你死我活的残酷竞争。近年来,世界范围内风起云涌的企业兼并、合并浪潮就充分地证明了合作所带来的资源共享、成本降低、风险分散等巨大效益。

餐饮企业要注意保持与顾客良好的合作关系。一般处于竞争动机的交易者往往是为争取各自最大限度的利益，而出于合作动机的交易则会谋求双方共同的利益。关系营销发生的最主要原因是买卖双方相互之间有利益上的互补：餐饮企业用产品和服务从消费者那里获取利润，消费者用货币得到餐饮企业提供自己所需的产品和服务。如果没有各自利益的实现和满足，双方就不会建立良好的关系。关系建立在互利的基础上，使双方在利益上取得一致，并使双方的利益得到满足，这是关系赖以建立和发展的基础；真正的关系营销是达到餐饮企业和顾客双方互利互惠的境界。因此，关系营销的关键是了解双方的利益需求，寻找双方的利益共同点，并努力使共同利益得到实现。

餐饮企业与社会公众的关系也相当重要。餐饮企业不再仅仅是个经济实体，同时也成为社会实体，营销的性质发生了根本变化：它不仅仅为实现餐饮企业的目标服务，而且要照顾到公众的利益和需要。餐饮企业关系营销的基本目的是为赢得公众的信赖、好感与合作。关系双方的利益发生冲突时，餐饮企业只能舍弃实质利益，换来的则是宝贵的关系利益。

餐饮企业与餐饮企业之间的长期合作关系也有助于保持企业的稳定发展。餐饮企业无论规模再大，其资源和能力也是有限的，必须与其他企业合作分享。餐饮企业市场营销的宗旨从追求每一笔交易的利润最大化转向追求各方利益关系的最优化，通过与餐饮企业营销网络中各成员建立长期、良好、稳定的伙伴关系，才能保证更多有利的交易，才能保证销售额和利润的稳定增长，否则那些暂时的利润都会消失。同行之间的过度竞争往往会产生一些负效应，从而增加餐饮企业的生产成本和营销成本，降低企业收益。

(3)信息反馈

以往营销和管理中的控制所采用的衡量标准大多是以财务数据为特征的。定量化的分析确实很重要，但是并不全面，还需要一些定性的标准，以便预警市场的变化。关系营销要求餐饮企业建立专门的部门，用以追踪顾客以及营销系统中其他参与者的态度。因此，餐饮企业的关系营销必须是具备一个反馈的循环，用以连接关系的双方，餐饮企业由此可以了解到环境的动态变化，根据合作方提供的非常有用的反馈信息，以改进产品和服务，餐饮企业应创造营销的对话模式，为现有和潜在的顾客提供各种机会，了解、收集、反馈信息。例如，一些餐饮企业定期向随机抽取的顾客寄送调查表，请顾客对企业员工的友好态度、服务质量等作出评价。餐饮企业关系营销的动态应变性来源于企业的组织结构和经营风格，便于企业收集并利用反馈信息，挖掘新的市场机会。

3)餐饮企业关系营销的对象

(1)内部关系营销

餐饮企业内部关系营销起源于这样一种观念,即把员工看做是餐饮企业最初的内部市场,如果餐饮企业的产品、服务不能为内部员工认同和接受,那么它的其他营销活动也不可能取得成功。任何一家餐饮企业必须意识到,客观上存在着内部员工市场。餐饮企业要进行有效的营销,首先要有具备营销观念的员工,能够正确理解企业的业务范围和经营活动,而内部关系营销即是吸引、发展和保持高素质员工的重要保证。餐饮企业的营销人员往往不是营销方面唯一的人力资源,一些非营销部门的员工也会和顾客发生关系,有时甚至接触更多,他们对顾客接受企业的产品和服务的影响更大。因此,餐饮企业内部关系营销的最终目标是充分利用各种资源,力求创造一种内部和谐的环境,使其成员能够而且愿意以顾客导向的方式进行工作,实现资源转换过程中的最大化。

(2)外部关系营销

餐饮企业的外部关系营销范围更加广泛,顾客、竞争者、社会公众、新闻媒体、政府都是其外部关系营销的对象。对顾客的关系营销是为了获得顾客资源,这是支持餐饮企业生存和发展的基础;对竞争者的关系营销是为了寻求资源共享和优势互补;对社会公众、新闻媒体、政府的关系营销都是为了最大限度地获得餐饮企业的无形资产、树立良好的企业形象,为餐饮企业创造和谐融洽的经营环境。

总之,内部和外部关系营销作为餐饮企业关系营销的两个基石,偏废任何一方都会导致餐饮企业营销活动开展的失败。餐饮除了要重视外部关系营销外,也要在企业内部创造团结向上的工作氛围,给予员工良好的发展机会,提高员工满意度和员工忠诚度,为外部关系营销奠定良好的基础和提供坚实的保证。

1.3.6 餐饮节日营销

一年中有着很多的节日,如:元旦、春节、情人节、元宵节、中秋节、圣诞节等,这样的节日正好是消费者大举于餐厅就餐的时候,而对商家来说,正好是增加收入、做宣传或表示心意的时候。

1)要调整心态,用心去感受和经营

(1)必须清楚周围的环境变化

餐厅的经营是随市场的变化而变化的,随环境的改变而调整经营策略的。

(2)必须了解竞争对手

要经常到竞争对手的店里看看,如果发现了竞争对手未经营的食品或服务,就要在自己的店里增加这种食品或服务。如果发现竞争对手在某些方面做得好,就要找出改进的方法做得更好。同时,让员工也参与到这样的评估活动中来。

(3)食品结构是否合理

在节日做好相应商品结构的调整:①充分利用电脑做好数据分析,调整食品结构比例。②精心挑选,大胆储备应节食品原料。③做好陈列展示或宣传。④突出价格。

(4)服务水平是否令顾客满意

掌握待客技巧,要真诚、机智,让每个顾客都开心。

(5)店里是否有促销活动

可采用抽奖、送礼、换购、游戏、表演、赠券等多种形式,关键是力求新颖、新鲜、有吸引力,这样就能增加来客数,稳固自己的市场,巩固顾客忠诚度。

例如:东方君悦酒店在2004年特别推出"母亲节温馨礼遇"系列活动,在像家一样的氛围中,让妈妈同家人一起品味专业厨师奉上的地道法式、意大利式和北京传统美味佳肴。在用餐的同时,酒店的摄影师为用餐的家庭拍摄全家福合影,母亲们还会收到精美礼物和代表祝福的康乃馨。

2)加强或做好形象工程

(1)整理、整顿店容店貌

让顾客感觉这店干净、卫生、信得过。①门前应保持整洁,无杂物,易进易出,易停车。②玻璃干净明亮,墙壁清洁,不乱张贴。③室内明亮、舒适、无压抑感、无异味。④员工穿着整齐,精神饱满。

(2)夸大、夸张宣扬节日气氛

让顾客感觉店内好像很有趣,像有什么活动,有吸引力。①运用饰品、饰物装点场内、门前,烘托出浓厚的节日气氛。②运用POP海报宣传。

下面列举一则节日营销策划方案：

节日营销策划方案

一、活动名称：圣诞节、元旦、美食大餐

二、活动时间：2006 年 12 月 24 日—2007 年 1 月 3 日，共计 11 天

三、活动地点：餐厅内

四、活动内容：

1. 邀请时尚乐队现场表演。

2. 现场布置各种圣诞树，悬挂各种小礼品，由店员扮演的圣诞老人给客人摘取礼品（消费平安套餐和元旦套餐均可摘取礼品）。

3. 礼品用礼盒封好，分 4 个档次。礼品均可打上餐厅的宣传字样：

礼品 1	TCL 手机一部	2 名
礼品 2	VCD 随身机一部	5 名
礼品 3	MP3 一部	10 名
礼品 4	饮料一打	100 名

4. 平安夜套餐，采用西式的就餐方式和西式服务。

4 人套餐：480 元

8 人套餐：980 元

5. 元旦套餐，采用传统中式的就餐方式和中式服务。

4 人套餐：480 元

8 人套餐：980 元

五、菜式内容：

圣诞套餐（4 人）
开胃前菜
鲜贝沙拉鱼子酱
火腿裹小牛肉
鲜嘉腊肉
龙虾海鲜盅
香草冰淇淋
红茶

元旦套餐（4 人）
迎客茶、双小碟
喜气洋洋汤
美极笑哈哈
金牌糯米骨
翡翠双宝
年年庆有余
上汤时蔬
甜品、点心各一

六、文宣方式：

店外：

(1)传单、报纸夹面(对外宣传,扩大影响力);

(2)横幅、大幅广告(醒目、直接,促进消费);

(3)员工扮圣诞老人(给客人浓烈的节日气氛)。

店内:

(1)POP 广告 20 张(提醒消费,活跃气氛),桌台广告(详细的产品、活动介绍);

(2)套餐展示台。

七、节日流程:

12 月 20 日前:完成准备工作

12 月 20 日:完成大厅餐桌、舞台及入口布置、店内外装修、灯光音响设计

12 月 21 日:进行店外宣传

12 月 24 日:播放节日音乐;活动开始后的每天中午、晚上均有主持人,全程主持节日消费,并随时公布"圣诞礼品"的好消息

1 月 3 日:活动结束

1.4 餐饮营销组合

营销组合是营销观念发展的重要概念。随着营销观念的发展,餐饮营销组合也相应发生着变化。近 20 年来,随着人们营销观念的更新,传统的 4Ps 市场营销正在接受着 4Cs 市场营销的挑战。

1.4.1 餐饮营销组合的含义

营销组合的概念是 20 世纪 50 年代由美国哈佛大学的尼尔·波顿教授提出的。与其他企业营销一样,餐饮营销的成败直接取决于企业运用营销组合的能力,即如何通过各种营销因素的有效组合使用,来使自己的产品销售给目标顾客。根据尼尔·波顿的营销组合概念,可以将餐饮营销组合的含义表述为:餐饮企业按照营销战略的要求,为在目标市场上实现预期的营销目标,所使用的一整套营销工具。餐饮营销组合也就是餐饮企业对可控制的、与营销活动有关的营销变量的组合运用,形成与特定目标市场相适应的营销方式。

在不同餐饮营销观念下,企业营销采用的营销组合是不同的,具体有 4Ps、5Ps、8Ps、12Ps 等营销组合形式,以及后来产生的 4Cs 组合,近年又有人提出了 4Rs 组合。由此可见,随着餐饮活动的不断深化和营销观念的不断更新,餐饮营

销组合也会随之发生变化。

下面介绍以4Ps和4Cs两种市场营销组合为基础的餐饮市场营销。

1.4.2 4Ps营销的含义

餐饮企业4Ps营销是由产品(Product)、价格(Price)、渠道(Place)和促销(Promotion)4个营销要素组合形成的餐饮营销方式。由于4个要素的首字母均是“P”,该营销组合及营销方式被称为“4Ps”(其中s表示复数)。可见,4Ps营销是基于4Ps营销组合的一种营销方式。

4Ps营销组合是1960年美国著名市场营销学家杰罗姆·麦卡锡,在对波顿教授的市场营销组合概念进行归纳的基础上提出的,并使其进一步得到了完善,因此,在现代营销中得到了包括餐饮企业在内的各类企业的高度重视和广泛应用。

餐饮企业4Ps营销组合的每个变量又包含了若干变量:

1)餐饮产品

①餐饮产品实体。包括餐饮企业提供的餐厅和菜品的质量、式样、给顾客的利益、保证、退换菜肴许可等,其中餐厅又包括了建筑物、装修、装饰、设施等因素。

②助餐服务。由餐饮企业提供的所有相关无形服务组成,包括餐前、餐中和餐后服务,也包括餐厅的音响、气味和温度等无形的感受。助餐服务的产品属性同样包含质量、形态、给顾客的利益、保证,但不含退换。

③产品包装。包括菜品的装盘器具、盘饰、外卖产品的包装等。

④餐饮品牌。由餐饮产品的品牌标识和品牌的内涵组成。

2)餐饮价格

①菜单价格。这是指餐饮企业根据成本或预期利润率核定的正常价格。

②折扣价格。通常是给予老顾客、重要顾客或购买数量较大的大客户的优惠价格。

③付款方式。餐饮顾客的付款方式通常包括现金、信用卡、支票和签单延期付款。

④付款期限。对采取签单延期付款顾客设定的付款期限,通常要作出规定或约定。

⑤信用条件。餐饮营销中对签单顾客提供信用应有一定的条件,在对顾客

进行信用调查后才能为其提供适当额度的签单许可。

3)餐饮销售渠道

①营销通路。餐饮企业的营销通路主要是提供现场烹饪产品和助餐服务的直销渠道,其他通路只起辅助作用。

②市场位置。指餐饮企业的餐厅所处的地理位置及其覆盖的市场范围。

③存货。包括原料、半成品、少量成品及存货的控制和储存的设施。

④运输。包括餐厅内的运输装备和送餐的运输设备。

4)餐饮促销

①餐饮广告。利用大众媒介的付费宣传。

②餐饮人员销售。餐饮企业销售人员的访客和推销活动,值得重视的是,参与餐饮服务过程的所有人员也都负有推销的责任。

③餐饮营业推广。主要是设计和举办一些刺激消费的活动。

④餐饮企业公共关系活动。这是餐饮企业借以宣传或维护自身形象的手段,它不直接宣传和推销餐饮产品。

⑤餐饮直邮推广。利用邮递方式向目标顾客寄送宣传资料,以便宣传企业或推销餐饮产品。

依据目标市场策略指明的营销方向,合理地进行产品规划、价格规划、渠道选择和促销宣传,并使其相互协调,这也是确定4Ps营销组合的基本任务。

1.4.3 4Ps营销向4Cs营销的转变

近20年来,营销观念又有所创新。新的营销观念之一是从原来的4P营销转变到4C营销。餐饮企业的4Cs营销是由顾客(Customer)、成本(Cost)、便利(Convenience)和沟通(Communication)四个对餐饮营销有影响的因素组合而形成的营销方式。4P营销是“卖方市场”的营销,而4C营销是“买方市场”的营销,从4P营销转变到4C营销,是从“卖方市场”转变到“买方市场”的需要。对于早就是“买方市场”的餐饮业来说,树立4C营销的新观念非常重要。

4Cs营销组合理论是美国市场营销学家罗伯特·劳特伯恩于1990年提出的,其主要内容是:研究消费者的需要与欲求(Customer needs and wants)、了解和关注消费者为满足其欲求所愿付出的成本(Cost to customer)、给顾客方便(Convenience)、与消费者沟通(Communication)。根据该理论并对照4Ps营销理论,下面介绍餐饮4Cs营销组合的内容及其观念的转变过程。

1)餐饮顾客

4Cs 营销方法把产品的重要地位让位给了餐饮顾客,认为餐饮顾客是餐饮企业一切经营活动的核心。餐饮企业要取得营销的成功,对顾客的关心要甚于对产品的关心。这种观念体现在两个方面:

①创造顾客比创造产品更重要。

②满足顾客的欲望和要求比餐饮产品的性能和质量更重要。

2)成本

4Ps 营销的价格是以餐饮产品本身的成本为依据的,而 4Cs 营销方法是将价格的基础延伸为餐饮营销全过程的成本。4Cs 营销的成本包括:

①餐饮产品成本。这是餐饮企业提供餐饮产品所付出的成本,是餐饮价格的下限。

②餐饮顾客的购买成本。消费者的购买成本除了对餐饮产品消费的货币支出外,还包括购买和消费餐饮产品的时间耗费、体力耗费、精力耗费以及消费者承担的风险(如顾客购买到质价不符或假冒伪劣餐饮产品带来的损失)等形成的成本。

4Ps 营销的价格思维模式是"餐饮产品成本 + 适当利润 = 餐饮产品价格",此时的价格实际是一种企业的"指示"价格;4Cs 营销的价格思维模式则是"消费者接受的价格 - 适当的利润 = 餐饮成本上限",这里的餐饮成本是指餐饮顾客的购买成本,这里的价格变成了餐饮顾客的"接受"价格。在新的价格思维下,餐饮企业必须通过各种营销安排来降低顾客的购买成本,使其达到成本上限之下,才能保证餐饮企业的正常利润。

3)便利

所谓便利是指方便顾客,维护顾客利益,为顾客提供尽可能多的全方位服务。4Cs 营销强调餐饮企业提供给顾客便利比选择营销渠道更加重要,便利原则贯穿于餐饮市场营销的全过程:

(1)购买前

通过咨询向顾客提供有关餐饮产品的质量、特点、能给顾客带来的利益等充分、准确的信息。

(2)购买和消费过程中

为顾客提供尽可能大的消费方便,如减少等候、方便停车、提供便于食用的菜肴和工具、快速结账等。

(3)购买后

对餐饮顾客的意见及时处理和回复,注重收集顾客的反馈信息,为顾客提供外带食品的包装、外卖送货等。

4)沟通

4Cs 营销强调餐饮企业与顾客的双向沟通,力图将顾客和餐饮企业的关系建立在共同利益基础之上。通过沟通来协调矛盾,融合感情,培养忠诚顾客,而忠诚顾客就是餐饮企业最理想的推销者。4Cs 理论试图用沟通去取代促销。

应该指出的是,餐饮营销者应正确处理 4Ps 营销和 4Cs 营销的关系。从餐饮营销的实际过程来说,4Ps 仍然是基本的营销工具,具有无可替代的作用。但是 4Cs 营销的观念更加适应现代餐饮营销环境,所以不得不引起餐饮经营者的高度重视。在两者的关系上,应该用 4Cs 营销的观念来补充和扩张 4Ps 营销的不足,不能采取舍 4Ps 营销取 4Cs 营销的简单处理。

1.4.4 4Cs 营销观念在餐饮营销中的体现

1)认真研究餐饮消费者需求

(1)研究餐饮消费者现实的需求特征

餐饮营销者应对特定时期内餐饮顾客的消费特征进行认真分析和研究,掌握消费者不同层次的需要和特点,为餐饮消费者提供他们需要的餐饮产品。

餐饮顾客的消费需求多种多样,总结起来有以下一些共同点:

①价格上求公道。即顾客对其消费的餐饮产品有质量和价格相符的需要。应该注意,所谓的公道,也是因消费者不同而不同的。温饱型的餐饮消费者,关注的是餐饮产品中菜肴部分的实际质量所体现的价值,他们评价价格的合理与否用的是菜品性能/价格比。小康型的消费者开始将关注的对象扩张到菜肴之外的餐饮产品的其他成分上,如追求更好的环境、更优的服务等,他们愿意为此付出更高的价格。富裕的消费者更将其对餐饮产品的理解扩充到包含方便、获得尊重、体现人生价值等层面上,这些消费者对公道的理解又达到一个更高的境界。餐饮营销应根据不同顾客的求公道价格的心理,为其提供相应的餐饮产品。

②卫生上求信得过。餐饮产品的卫生是消费者普遍关心的问题,他们通常会重视菜肴的原料卫生、加工制作过程卫生、就餐环境卫生。保持餐厅的卫生和

餐具、杯具的清洁，提供干燥整洁的厨房制作环境，采用无公害原料，是餐饮经营的基本思路；同时也应在营销措施上向顾客展示产品卫生特点，让顾客感受卫生与整洁。如上海西湖饭店，采取了两项小措施：一是在顾客就餐前一律用消毒水将餐桌擦抹一遍，二是如果顾客发现变质、变味菜肴一律原价退菜并额外奖励5元。这两个小措施在让顾客感受卫生的餐饮产品方面提供了很好的帮助。

③服务上求尊重。现在的餐饮顾客愈来愈多地追求餐饮消费中的尊重因素。顾客受尊重的需要，因其社会地位、风俗文化、餐饮消费习惯、收入等不同表现出很大的差异，但多数消费者对尊重的需要可以归纳为：尊重顾客自主意愿、不嫌贫爱富、尊重老弱病残等。对更高层次的尊重需要则体现在追求被重视的需要，为此餐饮营销可以采用一些措施让顾客感到受重视。比如，对重要客人的称呼在先生、小姐或太太前一定要加姓氏，甚至直接称呼客人职务等。

④菜品上求质量。消费者追求制作精细、原料上乘的菜肴质量，这体现在顾客对菜品的色、香、味、形、器的要求。为此，餐饮营销一定要通过一系列质量保证体系来确保菜肴质量。如以经营"三黄鸡"出名的"小绍兴"鸡粥店，从原料采购到成品制作都有一套严格的措施，原料一定要浦东的三黄鸡，调味一定要用18种调料按比例投放。一个小餐饮店能做到如此，更何况作为大中型的餐饮企业。

⑤环境上求舒适。越是追求享受的餐饮顾客对环境舒适的要求越高。他们追求的环境舒适包括就餐环境高档气派或富有特色，座椅舒适，灯光、音响和气味营造出柔美温馨感受，等等。

(2)研究餐饮消费者需求的变化规律

餐饮消费需求变化越来越快，餐饮营销必须在研究现实需求特征的同时，重视对需求变化的研究。只有这样才能不断改进菜肴质量、花色品种，推出新的服务方式和项目，创造更加满意的顾客。

2)提供附加服务，尽可能为餐饮消费者提供方便

餐饮市场营销应把为顾客提供方便贯穿于整个营销活动过程，改变过去那种从自身出发而不考虑顾客方便的行为方式。按照4Cs营销的方便理念，餐饮企业应从传统的"客随主便"的思维中解脱出来，树立"主随客便"的思想，将方便顾客作为安排经营活动的重要目标之一，在餐饮营销活动中可以制定许多措施，增加附加服务来使顾客感受方便。如有些餐饮企业推出的往来接送、咨询、预订、托幼、开设信息之窗等服务项目就深受顾客欢迎。

3) 加强与餐饮消费者的有效沟通

4Cs营销通过与消费者的双向沟通来创造忠诚顾客，并发挥他们的口碑作用来为餐饮企业推销产品。沟通的机会、方式或手段有：

①店名、店招、服务标识、菜单等的设计。

②餐厅建筑物、装修和装饰设计。

③利用电话接听、广告宣传、公共关系等手段和餐饮促销过程向顾客传递具有特定目的的信息。

④通过市场调查、请顾客留言、倾听和收集顾客意见和建议来掌握信息、把握商机。

⑤加强餐饮客户关系管理，增进对顾客的了解和信息交流。

例如，西安某饭店在接待一个老年台湾团时，通过了解得知他们都是宁波人。饭店没有按照通常的菜单制作菜肴，而是专门为他们设计制作了一桌地道的宁波风味菜。客人在久别家乡后，为能在异乡吃到可口的家乡菜而大受感动。这就是一种与客人的沟通方式。

4) 降低顾客成本，增加餐饮产品的让渡价值

现代营销理论认为，在买方市场条件下，顾客在交易过程中占有主导地位，而顾客是否决定实施某种购买行为，取决于购买的让渡价值。

让渡价值 = 购买价值 - 购买成本

购买价值 = 产品价值 + 服务价值 + 形象价值 + 人员价值

购买总成本 = 货币成本 + 时间成本 + 体力成本 + 精神成本

根据这一理论，餐饮企业要设法提高顾客购买价值，降低顾客购买成本，实现让渡价值的最大化。新价格思维模式中，顾客是以其愿意支付的价格来决策消费的。因此，餐饮企业只有努力降低成本，使餐饮产品的总成本降到上限以下。餐饮经营中，一方面应通过控制原料采购、加工制作、服务消耗、管理费用、营销费用的途径，减少餐饮产品成本；另一方面，特别要注意顾客购买成本的降低，为顾客提供更多的让渡价值。可考虑的降低顾客购买成本的重要途径有：

①尽可能节省顾客的时间，降低顾客购买的时间成本。如减少顾客候餐的时间、加快供餐和服务速度，快速结账、快速预订等。

②减少顾客的体力支出，降低顾客购买的体力消耗成本。如增加电梯服务，采用送餐服务，通过摆渡车接送来减少顾客步行的距离等。

③减少顾客的精力支出，降低顾客购买的精力消耗成本。如为婚宴顾客设

计婚礼程序、填写请柬,为会议顾客提供接待和部分会议组织服务等。

④减少顾客消费风险,降低顾客购买的心理风险成本。如加强质量管理,提供安全的餐饮设施,使用安全的食品原料,向顾客作出承诺等。

教学实践

教师带领学生参观不同星级饭店的餐饮部或不同性质的餐饮经营场所,使学生对餐饮营销建立初步的直观感受。

本章自测

1. 如何完整地理解餐饮营销的含义?
2. 餐饮营销观念的演化经历了哪几个不同的阶段?
3. 餐饮营销的发展有哪些新趋势?
4. 餐饮营销组合的含义是什么? 4Ps 和 4Cs 分别指的是什么?

相关链接

中国饭店联合信息网　http://www.chinahotel.com

知识链接

营销近视症:这是著名的市场营销专家、美国哈佛大学管理学院李维特(Theodore Leuitt)教授在1960年提出的一个理论。营销近视症就是不适当地把主要精力放在产品上或技术上,而不是放在市场需要(消费需要)上,其结果导致企业丧失市场,失去竞争力。这是因为产品只不过是满足市场消费需要的一种媒介,一旦有更能充分满足消费需要的新产品出现,现有的产品就会被淘汰。同时消费者的需求是多种多样的并且不断变化的,并不是所有的消费者都偏好于某一种产品或价高质优的产品。李维特断言:市场的饱和并不会导致企业的萎缩；造成企业萎缩的真正原因是营销者目光短浅，不能根据消费者的需求变化而改变营销策略。

营销近视症的具体表现：自认为只要生产出最好的产品，不怕顾客不上门；只注重技术的开发，而忽略消费需求的变化；只注重内部经营管理水平，不注重外部市场环境和竞争……

第2章 餐饮市场调研

【学习目标】

本章通过对餐饮市场调研的概念、作用、内容、种类等的介绍，使学生了解餐饮市场调研的基本知识，也为学生将来的职业生涯提供可用的餐饮市场调研技术操作手段。

【知识目标】

①了解餐饮市场调研的概念、作用、主要内容、种类及其内在联系。

②熟悉餐饮市场调研的程序。

③了解如何确定调研对象，掌握案卷调研和实地调研的特点及具体方法。

④掌握调查问卷的设计技巧。

【能力目标】

①能够根据给定的调研目标撰写餐饮市场调研计划。

②能够利用不同渠道收集二手资料，并能够运用询问、观察、实验等调研方法收集第一手资料。

③能够独立设计制作调查问卷。

【关键概念】

市场调研　抽样调研　案卷调研　实地调研　询问调研　观察调研　实验调查法　调查问卷

案例导入：

"哈根达斯"是一个国际著名的冰淇淋品牌。在进入中国冷饮市场前曾经做了大量细致的市场调研工作。公司认为首先要确定进入中国市场的"登陆滩"。他们从居民的收入水平、消费习惯、对外来产品的接受习惯等方面对中国几个大城市作了调查，结果表明上海是最理想的首选地。同时调查结果还表明，上海对中国其他地方的消费观念的影响作用也十分明显。

接下来应该着手研究的是通过什么渠道将产品推进上海的千家万户。调查结果显示，上海市民选购冷饮的基本地方是：食品商场、大卖场、超市、便利店。但是对具体的品牌选择上有明显的"购买场所与品牌"的指向。一些早些时候进入上海冷饮市场的国际品牌有自己的专卖店（与著名零售商业合作）。而在中外合资的便利店中顾客都是较高收入者、白领、追求新奇的年轻人，是国际品牌在上海的领先采用者。所以，哈根达斯选择在特定便利店与顾客"见面"的销售方式。最早可以选择那些开设在高中、大学校园附近的和高档住宅区邻近的便利店，稳定一段时间使顾客形成购买习惯。

产品包装设计的调查结果表明，哈根达斯若像可口可乐那样"中国化"可能会影响它的品牌形象，所以他们决定在包装设计上尽量维持原有特征。

最后的调研目标是"上海消费者会接受的价格水平"。"和路雪"也是外来者，它已经成为上海消费者最熟悉的食品品牌，价格已经作了几次调整，成为大众化冷饮，而哈根达斯要独树一帜，就必须差异化营销。由于哈根达斯的产品定位是高档冰淇淋，价格千万不能低，这样才能避免陷入原定目标顾客的"价廉无好货"的思维定式。

在经过两年多的经营后，哈根达斯制定的营销策略实现了既定目标。在年轻人中的提及率、忠诚度都达到并稳定在一定的水平。

实践证明，餐饮市场调研是餐饮企业营销活动的起点，是获取市场信息、进行市场营销和现代化管理的重要手段，是市场预测、经营决策过程中必不可少的一部分。

2.1 餐饮市场调研的概念与作用

市场是企业营销活动的起点，也是企业营销活动的归宿点。任何一个餐饮企业在认识餐饮市场环境、制定营销策略、进行市场营销活动时，都必须广泛系统地收集各种市场信息，并进行全面深入的分析。根据餐饮市场调研获得的信息进一步发现市场机会、选择目标市场、进行市场定位,从而科学地制定餐饮企业的营销战略。

2.1.1 餐饮市场调研的概念

市场调研就是指运用科学的方法,有目的、有计划、有步骤、系统地收集、记录、整理和分析有关市场活动的各种数据资料,为企业营销活动提供决策依据的一种活动。市场调研是企业营销活动的起点,贯穿企业整体活动的始终。

美国著名的营销大师菲利普·科特勒(Philip Kotler)博士认为:"市场调研是为制定某项具体的营销决策而对有关信息进行系统地收集、分析和报告的过程。"小卡尔·麦克丹尼尔博士在其著作《当代市场调研》中将其定义为:"市场调研是计划、收集和分析与营销决策有关的资料,并向管理者沟通分析结果。"

餐饮市场调研就是运用科学的方法和适当的手段,有目的有计划地收集、整理、分析和报告有关餐饮营销信息,以帮助餐饮企业及时、准确地了解市场机遇,发现存在的问题,正确制定、实施和评估餐饮市场营销策略和计划的活动。

2.1.2 餐饮市场调研的作用

餐饮企业行之有效的经营决策需要以科学的市场预测为基础,科学准确的预测需要以搞好市场调研、准确掌握市场信息为基础。餐饮市场调研的重要作用主要表现在以下几个方面:

1)为餐饮企业决策提供依据

现代经营管理注重的是科学化和理性化的管理,其基础是对大量数据和文字资料的收集与分析。经营决策决定了企业的经营方向和目标,其正确与否直接关系到企业的成败,绝不能只凭经验行事。选准市场、使产品迎合消费者的需求是经营决策中需要首先解决的问题。餐饮企业的产品究竟有多大的市场,要摸清以下的情况:此种产品被消费者认可的程度,对消费者有何吸引力;销售量有多大;是普遍需要还是哪一个特殊阶层需要;定价多高消费者可以接受;这种定价水平是否能使企业赢利;广告宣传应侧重强调哪一个部分才能吸引更多人的注意;市场上是否有同种产品、有何优势与缺陷,等等。经过科学设计的市场调研活动,可以向决策者提供大量翔实的数据资料,决策者可以从这些资料中发现问题、了解本企业实际情况、确定营销活动的最佳方案、降低决策风险。

2）使餐饮企业有效了解消费者需求

消费者的需求受社会、个人、心理和生理因素的影响，它不是靠经验和主观判断就可以确切把握的。在餐饮产品丰富的情况下，消费者的需求会更加苛刻，选择性也会增强，对新奇产品的认可也会越来越快，这对企业维持老产品的销售会产生不利的影响，但对开发新产品来说，则存在着很多成功的契机。餐饮企业必须知道自己在市场上直接面对的消费者是谁；他们会提出哪些需要；促使其需求发展成为购买行为的最直接因素什么；消费者最关心的是什么；现有的市场细分是否有效；目标市场的定位是否正确，等等。准确广泛的市场信息的收集可以帮助企业充分了解消费者的特点，发现潜在的需求。

3）有助于提高餐饮企业竞争力

现代市场的竞争实质上是信息的竞争。企业要想在市场竞争中立于不败之地，关键是要把握市场需求的状况和变化趋势，以做到知己知彼，采取正确的竞争策略。这就需要企业通过市场调研确切地掌握自身产品的竞争能力和竞争地位。通过进行专门的市场调研，企业可以进一步明确现在、未来市场上的主要竞争者和潜在竞争者分别是谁，明确市场的竞争态势。同时还可以更有针对性地收集竞争对手未来的战略规划、近期的策略、经济实力与决策者的个性特征、企业的成长历史与企业文化特征的信息。在竞争中避开对手的优势、发挥自己的长处，在竞争中占据有利地位。

2.2 餐饮市场调研的内容与类型

进行餐饮市场调研时，首先要根据调研的目的确定所需信息内容，再根据要收集信息的特征选择适当的调研类型。

2.2.1 餐饮市场调研的内容

餐饮市场调研的内容十分广泛，企业因调研的目的和要求不同，其调研的侧重点也有所不同。通常，餐饮市场调研的内容主要有四个方面：

1）市场环境调研

对餐饮企业来说，目前所处的市场与将来准备进入的市场的各种宏观与微观因素的特征是什么、将会如何变化，这些变化对企业的市场营销活动而言是意味着更大的风险还是机会的到来？这些分析需要依靠对餐饮市场环境进行调研来提供及时充分的信息。

餐饮市场环境包括一定时期内的相关政策法规，如行业政策、价格税收政策、消费者权益保护法、环境保护法、广告法、食品卫生法等；包括社会经济状况，如地区经济发展水平、居民收入水平、消费水平、消费结构等；包括社会环境，如地区人口数量、地理分布、流动性、人口结构、团体单位的数量及类型等；包括社会时尚的流行及变化趋势；还包括与原材料供应相关的自然环境等。

对餐饮市场的分析通常是从评价该地区经济水平开始的，对经济水平和消费特点的掌握有助于确定何种类型的餐厅在该地区最为合适。人口的年龄结构、家庭结构直接影响到餐饮企业对服务对象的选择。餐厅的宴会生意常常依赖于附近的企事业单位和组织，因此，了解当地主要的政府、民间团体情况也很有必要。

2）市场需求调研

餐饮经营目标的确定依赖于对市场需求的了解。餐饮企业的消费者形形色色，民族、职业、性别、年龄、地域、口味各不相同，为了制定切实可行的经营目标，要对餐饮市场的消费需求进行调查。调查内容如下：

- 当地居民的饮食习惯和爱好是什么？
- 消费者希望开设什么样的餐厅？需要何种餐厅环境和服务方式？
- 菜单上应设些什么项目？希望现烧现卖的呢？还是方便冷餐，或外卖的或可以带到客房饮食的？
- 餐厅的营业时间如何适合于消费者？这关系到餐厅的开门时间、厨房的准备工作。
- 消费者认为适宜的菜肴分量为多少？这关系到菜肴是否合胃口，客人花费得是否妥当。
- 消费者愿意付出的价格为多少？这关系到菜肴及其他成本花费的投入多少。
- 女士对于餐厅服务和菜肴品种、特色菜有哪些偏爱？男士有什么要求和嗜好？
- 哪些饮料最受欢迎？
- 客人偏爱什么样的装潢和流行色？
- 娱乐方面有何要求？背景音乐如何？

每个消费个体或不同层次的消费群体，对于需求的侧重都不一样。每个企业都不可能满足整个餐饮市场千差万别的需求，在明确餐饮市场需求的基本情况后，可以根据消费者的不同特征进行划分，寻找适合企业的目标市场。

3）产品调研

餐饮产品调研侧重于了解与餐饮企业产品策略有关的各种信息，这是餐饮企业客观认识自身生产水平、准确定位的依据。餐饮产品调研主要从以下几方面进行：产品品种调研，如现有品种、特色、结构、消费者的认可程度、市场的流行品种、稀缺品种等；产品质量调研，如产品外观形象、气味、内在品质、口感味道、加工水平、服务、卫生、环境等；产品价格调研，如消费者对现行价格的接受程度、各类差价的合理性、价格对成本的反映程度、价格的市场竞争力等；产品新用途调研，如原有产品的新用法、新效能、新的适用范围、新的消费群体等；产品发展调研，如产品生命周期状况、市场占有率、销售潜力、对新产品的评价等。

4）市场竞争调研

餐饮企业在市场竞争中要想使自己处于有利地位，还要对竞争对手进行调研，以确定企业的竞争策略。要查明的主要内容有：市场中的主要竞争者和潜在竞争者是谁？竞争者所占有的市场份额有多大？本企业在市场中处于何种竞争地位？竞争者的产品有何特点及消费者对其认可程度？竞争者的主要营销策略是什么以及有何市场计划？竞争者的优势和缺陷是什么？与竞争者相比本企业有何特色与优势？通过对餐饮市场竞争环境的分析，不仅可以借鉴他人的长处和经验，更可以以此为依据判定企业的竞争策略，从而达到以己之长克他之短的效果。

5）市场营销调研

餐饮市场营销调研主要针对销售渠道和促销方式展开。在销售渠道调研中要了解：餐饮企业的主要销售渠道有哪些；各种分销渠道的特点和效用如何；中间商的经营能力如何、消费者对其评价如何；本地区团体购买者的规模及消费潜力，等等。在促销方式调研中要了解：消费者对现有促销方式的反应如何；适合本企业产品特点的促销方式与活动有哪些；最适合本企业产品及消费对象的广告媒体是什么，等等。当一系列营销策略确定并实施后，对营销管理人员来说并非万事大吉，还要对各个阶段取得的效果进行调研，取得实际资料后与预期目标作对比，得出修改或坚持原策划方案的决定。

2.2.2 餐饮市场调研的类型

根据餐饮市场调研的目的,可以将餐饮市场调研分为探索性市场调研、描述性市场调研、因果性市场调研和预测性市场调研四种类型。

1)探索性调研

探索性调研就是企业对市场情况不甚了解或对问题不知从何处寻找突破时所采用的一种方法。主要是用来发现问题,收集一些有关资料,以确定经营管理所需要研究问题的症结所在。如企业最近一段时间销售量下降,但原因不明:是产品质量出了问题,还是价格过高?是服务不好,还是市场上出现了新的竞争性产品?对上述问题,餐饮企业可以对一些消费者、服务人员、营销人员进行试探性调查,从中发现问题的症结所在,并明确地提示出来,以便确定调查的重点。

在开始着手进行一项市场调研活动之前,为使调研在展开后能够顺利进行并最终达到预期目的,市场调研人员通常需要完成以下准备工作:掌握各种与自己即将开展市场调研活动相关的问题和概念,了解餐饮企业决策者开展此项市场调研活动的真正意图,确定市场调研的真正对象,为选择最好的市场调研方式提供依据,获得修改调研问卷或实验和观察设计方案的依据等。此时,先进行一系列的探索性市场调研是一种较好的选择。

2)描述性调研

描述性调研就是把市场的客观情况如实地加以描述和反映。多数的市场调研都属于描述性调研,如对市场需求潜力、市场占有率、分销渠道、促销方式等所进行的调查研究。描述性市场调研用来解决诸如"是什么"的问题,它比探索性调研更深入、更细致。它假定调研者事先已对问题有相当的了解,是为进一步研究问题症结的事实而收集必要的资料,以说明其"是什么"、"何时"、"如何"等问题。如在销售研究中,收集不同时间销售量、广告支出、广告效果的事实资料,经统计分析能说明广告支出什么时候增加了几个百分点,销售收入有了多少个百分点的变化等。

描述性调研的任务主要有:全面、准确地描述市场整体环境特征;仔细描述消费者的各种特征;分析主要竞争对手的实力及其营销策略的特征;公司经营战略和营销策略在实施过程中的各阶段取得的实际效果,等等。描述性调研要为进一步进行因果性调研和预测性调研提供资料和依据,其结果应准确、全面、公正而不带有个人偏见。

3）因果性调研

因果性调研就是在描述性调查的基础上，通过进一步深入分析，从而找出问题发生的深层原因或根本原因，并弄清楚原因与结果存在的数量比例关系。因果性市场调研多被用于研究市场上某种现象产生的原因分析，用来解释“为什么”等问题，如消费者为什么喜欢某一产品，为什么销售额增加，等等。通过收集研究对象在发展过程中的变化与影响因素的广泛资料，可以找到存在因果关系的因素变量，确定各变量与结果间的数量关系，得到影响调研目标的决定性变量及其影响方式和程度，从而帮助决策者确定解决问题的对策。

4）预测性调研

预测性市场调研是收集研究对象过去和现在的各种市场情报资料，掌握其发展变化的规律，运用一定方法估计未来一定时期内市场对某种商品的需求量及其变化趋势。预测性调研是否科学与准确，关系到企业经营的方向正确与否，关系到企业能否掌握市场的主动权。

通常，探索性调研主要是发现问题并提出问题；描述性调研主要是说明问题；因果性调研主要是分析问题产生的原因；预测性调研主要是估计未来发展的趋势。这4种调查类型是相互联系、逐步深入的关系。但是它们之间的区别并非是绝对的。由于餐饮市场情况复杂多变，经营管理问题多种多样，因此决策过程、决策主体对信息需求的目的也会不同。每个餐饮调研项目没有必要都从探索性调研开始，一个给定的营销调研项目也可能涉及多种类型的研究设计，以满足多种目的。

2.3 餐饮市场调研的程序

餐饮市场调研活动具有很强的目的性，在目标确定以后，工作需按照一定的程序进行。从准备到方案的制订，直至最后的实施和完成，每一阶段都有其特定的工作内容，以此保证调研工作有秩序地进行，减少盲目性。餐饮市场调研的程序大致分为如下几个阶段：确定目标、拟定计划、资料收集、整理分析、撰写报告。

2.3.1 确定目标

确定调研目标需要敏锐的洞察力，是寻找解决方案的第一步，调研目标的正确界定为整个调研过程提供了保证和方向。这是餐饮市场调研过程中最重要的部分，但同时也经常是最困难的步骤。管理者尽管不了解具体的起因，但必须清楚问题是什么。例如，一个连锁快餐店的经理仓促地认为销售下降是因为广告问题，就请研究人员去测试集团的广告。当研究结果出来时，看到最近的广告把正确的信息传达给了适当的消费群体，经理变得茫然了，因为实际问题是快餐店未能实现广告中的价格、产品和服务。事先进行仔细的市场研究可以避免不必要的广告成本和广告的延迟。

为使目标确定工作更富有成效，应遵循以下程序：

- 全面评估餐饮企业、某个产品及市场的背景状况，完整掌握决策者的意图；
- 了解决策者所处的环境和拥有的资源，对其需决策的目标作出分析；
- 找出可能发生问题的所在；
- 确定引发问题的各种可能原因及其中的关键原因；
- 列出解决问题的各种方式和步骤；
- 预期每种解决办法的后果，为决策者提供最终做出决定所必需的依据；
- 设定解决办法能获得预期效果的客观必要条件；
- 对现有信息的有效性进行评价，确定是否需要收集更多的信息。

市场营销的管理者和研究人员必须密切合作去确认问题并提出研究目标，管理者需要认清存在的问题，研究人员需要明确研究的内容，并知晓到何处去获得信息。

2.3.2 制订计划

餐饮市场研究过程中的第二步是确定哪些信息是必要的，并制订计划去收集信息，报研究机构及决策机构批准。计划要写明数据的来源，研究的具体方法，取得数据的手段，样本计划、所需经费和进度计划等。

1）详细确认所需信息

调研目标必须用那些专门信息来解释。例如，坎贝尔公司（Campbell）的一些汤类罐头产品使用的是碗状塑料包装，并且获得了成功，但要用这种包装全部代替过去的那种红白色的罐头包装，消费者会有什么反应呢？新包装成本高，但消费者却可以放在微波炉中加热后吃，且不用洗碟子。这项研究可能需要下列信息：

目前汤类罐头食用者的人口、经济状况、生活方式。繁忙的职业夫妇可能发现新包装很方便而不在乎价格,孩子多的家庭可能需要价格低而不在乎洗锅和碗。

消费者对汤的需求类型。如需要多少、在哪儿喝、喝哪种等。新包装可能对在路上喝的成人是理想的,但对在家里给孩子们喝的主妇就不同了。

微波炉的家庭拥有量和市场的供应量。家中和单位里的微波炉拥有量会制约对新包装产品的需求。

零售商对新产品的反应。如果不能得到零售商的认同,会减少新包装产品的销售。

消费者对新包装的态度。红白相间的坎贝尔产品已经成为美国的风俗,消费者会接受新包装吗?

对新包装和旧包装产品销售的预测。新包装会增加坎贝尔的利润吗?

坎贝尔的管理者需要这些信息以及其他类型的信息,以便决定是否推出新产品。

2)确定信息来源

餐饮调研人员可以收集间接数据、直接数据或二者兼顾。直接数据也称一手资料,是为特别目的所收集的信息,主要通过询问、观察、实验等方法收集;间接数据也称二手资料,来源有内部资料、政府及各类机构的出版物、图书杂志、商业数据、互联网资料等。调研人员通常从收集间接数据开始,比起直接数据来说,间接数据一般可以较迅速地获得,成本也较低。但当决策者所需的信息根本就不存在时,就必须收集直接数据。

3)提出调研计划

一个书面的调研计划或提案能够保证销售经理和研究人员全面考虑问题,从而对为什么调研和如何进行这项调研有一致的意见。调研计划应包括以下内容:

- 有吸引力的调研方案标题;
- 反映调研目标的摘要和绪论;
- 对相关资料的收集与评价;
- 确定收集信息的方法;
- 提出实地调研中可能出现的问题及解决办法;
- 确定调研分析的方法;
- 列明调研的进度计划;

• 确定调研预算,等等。

2.3.3 资料收集

资料收集是餐饮市场调研计划的执行阶段,数据收集可由餐饮企业自己的研究人员进行或由其他公司代办。自己人员做时,企业能较好地控制数据的收集过程及数据量;请专业公司承担时,工作进行得快,成本比较低。一般说来,数据收集阶段在调研过程中所花经费最多、时间最多,也最易出错。研究人员必须加强监督,保证计划正确执行,避免调研中出现问题,如:被调查者拒绝合作或提供有偏差的信息,调查人员出错或图省事。

资料收集的主要步骤:设计餐饮调查问卷,选择与培训餐饮调研人员,实施调查。

1)设计餐饮调查问卷

任何市场调研都需要填调查表,调查表的合理与否,直接关系到调查结果的正确性,因此,必须精心设计。进行问卷设计之前,需明确市场调研的基本主题,以及本次问卷调查的目的与市场调研主题的关系,而且对正式使用的问卷应在小范围内试用,检验设计的合理性,发现问题,及时改进。即使是对观察法、实验法、文案调研法也要设计一定形式的调查表或信息资料记录表,如观察记录、实验记录、汇总表,准备哪些表格要依据调查的需要而定。预先准备问卷,使调研工作能有条不紊地进行,使日后收集的资料更规范、更适用,以方便后续的资料整理汇总工作。

2)选择与培训餐饮调研人员

调研人员是调研工作的主体,是调研任务顺利完成的基本保证。一个优秀的调研方案可能由于不能按计划执行而遭到失败,其主要原因是调研人员选择不当或有关调研人员缺乏适当的培训。因此,必须根据调研工作量的大小及调研工作的难易程度,配备一定数量、具有较高素质的工作人员,并且进行必要的培训。调研人员应具有较好的职业道德、业务素养和健康的身体以适应调研工作的需要。由于调研人员具有一定的流动性,因此,要针对调研课题的目的、相关知识、要求、对象特点进行专业培训;强调从业的规章制度,确保调研活动的公正有效;开展业务技能的培训,如统计分析、心理学知识、调查技巧等。

3) 实施调研

实施调研是指调研人员实际进行正式的调查活动,即调研人员通过案头调研收集二手资料,通过发放问卷、面谈、观察、实验等调研方法收集第一手资料。实施调查要求调研人员按照原来的计划和培训中提出的要求进行工作。在调研过程中,调研人员应利用各种技巧开展调查,始终保持客观态度,实事求是,不投机取巧,不能采取任何手段编写问卷,应该保留原始记录。对于调查中出现的意想不到的复杂情况要灵活变通,因地制宜,力争取得好的调查效果。如果调研活动规模较大,则必须对调研人员进行进一步分工,在分工中要充分体现结构的合理性以及公平经济的原则,同时要加强监督,注意随时回收已完成的调研问卷,及时检查回收的问卷,注意对调研人员工作的检查。督导员要进行抽样检查和监督,发现问题,及时整改。

2.3.4 整理分析

餐饮市场调研所收集到的信息资料是分散、零乱的,难以真正反映餐饮市场现象的本质和内在规律。因此,需要进行整理、分组、计算、归纳和对比等加工处理,以得出科学的判断和结论。

1) 整理资料

对获得的各种信息资料先进行鉴别筛选,分清真、伪,清除假、错、缺,以保证资料的真实、准确和完整。对鉴别后的资料进行分类、汇总和加工,使之系统化、条理化,并以集中、简明的方式(各种图、表)反映调查对象的总体情况。

2) 统计计算

将归类汇总好的资料进行统计计算,如计算百分比、平均数、标准差等,以便于分析。

3) 分析资料

对所获得的调研资料进行数量关系的研究分析,以使人们对调查结果产生清楚的概念。常用定性分析、定量分析、对比分析、类比分析、指数分析、图表分析等方法,为方便客户对调研结果的理解,需注意内容的表述和图表的设计方法。资料的整理、统计、分析是市场调研的深化和提高,整体市场调研能否出成果,在很大程度上取决于此。这是一项专业性、技术性很强的工作,要由专业的数据分析专家和有经验的策划人员共同承担。

2.3.5 撰写报告

这一阶段是提供调研结果的阶段。调研报告可以是口头汇报,也可以是书面汇报,视调研问题的范围、复杂程度和重要性而定。调研人员需要简洁地解释自己的发现,提出结论,并向管理部门报告。餐饮市场调研报告一般包括以下内容:

1)导言

对调研的原因、背景、目的和任务简单说明,对报告要说明的问题给予简要介绍。

2)正文

包括介绍调研的时间、地点、对象、范围、过程,说明调研方法、程序及其局限性,列出统计数据并介绍采用的分析方法。

3)结论

依据所分析的资料和数据,运用科学的方法,提出主要理论观点,得出结论。这往往是餐饮企业决策者最感兴趣的部分,是调研报告中至关重要的部分。

4)附录

包括调查问卷、样本分析、统计图表、参考资料等。

调研人员不应有用数值和复杂的统计方法难倒管理人员的打算,而应将有用的研究结果摆出来,帮助管理部门决策。许多时候,研究结果可通过多种途径来解释,研究人员和管理人员一起讨论会使问题更清楚。管理人员也需要了解研究计划执行得是否正确,是否做了必要的分析。管理人员看了研究结果后,可能还会提出一些其他问题,这些问题或许需要重新筛选数据才能找到答案。解释研究结果是市场营销过程中的重要一步,如果管理人员听信研究人员的错误解释,再好的研究也没有意义。同样,管理人员也会做出有偏差的解释,他们期待和他们想法一致的研究结果,拒绝与他们期望不一致的研究结果。因此,管理人员和研究人员必须一起研讨研究结果,双方要对研究过程和相应的决策负责。

2.4 餐饮市场调研的方法

餐饮市场调研的方法很多,究竟采用哪种方法应根据调研目的、内容和调研对象的特点而定。通常确定调研对象后采用案卷调研收集二手资料,利用实地调研收集一手资料。

2.4.1 抽样调研

抽样调研是指从调研总体中抽选出一部分要素作为样本,对样本进行调查,并根据抽样所得的结果推断总体的一种专门性的调研活动。从理论上说,对餐饮市场全部单位做调查是最可靠的方法,但由于市场范围既复杂又广大,经常进行全面调查是不可行的,所以,除特殊情况外,一般是从市场上选取一部分作为调查对象,然后以点带面,以部分推断出总体的情况。在这里,适当地确定样本的大小,确定调查对象,就成为搞好市场调查的关键因素之一。常用的抽样方法主要有:

1)随机抽样

这种方法在市场调查中经常采用,在随机抽样中,样本的确定不受人们主观意志的支配,而是采取一定的统计方法进行抽取,总体中的每一个个体都有被抽取的机会。它主要采用以下方法:

(1)简单随机抽样

这是对总体中的所有个体按完全符合随机原则的方法(随机数表)抽取样本的方法。单纯随机抽样是最基本的抽样方法。它适用于所有个体差别不大的总体。具体方法是将要调查的每个单位编号,制成规范化的卡片或纸条,打乱后随意抽取,取中者即作为调查对象。如居民家庭生活收入调查、产品质量跟踪调查等,都可以采用这种方法。这种方法简单、方便,但随机性太强,有时选取的样本代表性差。

(2)分层抽样

这是将总体按照某种特征划分为各层,然后再从各层中按单纯随机抽样的方法确定样本的大小,并依据各层的单位数占整个调查对象总体数的比例抽取样本,由各层的样本组成一个总的样本。例如,在研究各类餐厅的季度销售额时,可以按规模大小将这些餐厅分为大、中、小三类,在每类中随机抽取若干个单位,组成样本。这种方法的优点是可以保证样本的均匀性和具有充分的代表性。按样本在各层中的分配是否与总体单位在各层的比例相等,分层抽样分为等比例和不等比例分层抽样。

(3)等距抽样

这是将调查总体按一定的顺序排列,每隔一定的间隔抽取一个或若干个单位,并把这些抽取的单位组成样本连续观察的一种抽样方法。等距抽样介于随机抽样和非随机抽样之间,关键在于抽取第一个单位时采取的方法。如果按随机原则抽取第一个单位,则属于随机抽样,如果是有意识地选取第一个单位,则属于非随机抽样。

(4)整群抽样

这是当总体中的基本单位自然组合为或被划分为若干个群后,从中抽取部分群并对抽中群内全部基本单位进行调查的一种抽样组合形式。例如,我们要对北京市居民在外就餐情况进行调查,采用整群抽样方法,就是在北京市 4 000 个居民委员会中随机抽取 20 个居民委员会,这 20 个居民委员会中的所有户数就成了调查样本。为了减少抽样误差,在分群时,要求群与群之间的差异要尽可能的小。

2)非随机抽样

非随机抽样方法是指从总体中按调研者主观设定的某个标准抽取样本的方法。这种方法是调查单位根据调查目的有意识地选取少数具有代表性的单位,可以采用灵活机动的调查方法,能够节省时间和人力,提高调查效果。适用于调查总体庞大,调查人员对总体情况非常了解,能比较准确地选择有代表性的单位作为调查对象的情况。

(1)任意随机抽样

任意随机抽样是非随机抽样中最简便、最节省费用的方法,但抽样偏差大,其结果可信程度低。在总体中差异较小的情况下运用这种方法也能获得具有代表性的调查结果。

在实践中,任意随机抽样通常应用于街头访问或柜台访问。在对总体情况不了解,要进行试调查以获取所需数据的非正式调查中,也常用任意随机抽样。

(2)判断随机抽样

由判断随机抽样法抽取的样本是否具有代表性,完全依赖于抽样者对总体的了解程度及其工作经验和判断能力。在进行判断随机抽样时,应尽可能利用可借鉴利用的有关总体情况,从中选取具有较高代表性的样本。这种方法简便易行,容易获得数据,但不能过高估计样本对总体的代表性。

(3)配额随机抽样

配额随机抽样是指按一定的标准将总体分成若干子总体,按各子总体占总体的比重分配样本数额,由调查者主观选定样本的方法。在实践中,配额随机抽样法简便易行,节省费用,能够较快地取得资料数据,样本也能大致上按总体的分布而抽出,因而使用较广。运用配额随机抽样法的关键是控制特性指标选择得当,使划分出的各子总体相互之间差异性明显,而子总体内各单位则趋于同一。此外,对各子总体占总体的比重也需掌握,才能完成"配额"的分配。

2.4.2 文案调研

文案调研是通过查询已经形成的,或经过一定整理加工的二手资料来获取信息的过程。文案调研的特点有五个:①调查的对象是能反映某一或某些调研主题的资料;②资料是已经存在的;③资料具有一定的时效性,是可以参考和分析的;④资料在较短的时间内容易获得,而且成本是相对(与第一手资料的获得相比)较低的;⑤与第一手资料调研相比,文案调研的时效性较差。

在应用文案资源时需要评估文案资源的价值。营销调研者可以通过回答以下五项内容来评价文案资源:调研的目的是什么;什么人收集了这些资料;收集了一些什么样的资料;这些资料是如何获得的;这些资料与其他资料的一致程度如何。

完成文案调研的程序如下:

①分析什么是调研目的所需要的,什么是已经收集到的;

②列出关键词或相关的重要词语清单;

③运用目录索引资源开始调研工作;

④将所收集的资料综合起来,并且评价其是否是所需资料;

⑤如果找到的材料不能令人满意,或有其他的参考指南也不能帮助分辨各种资源时,最好使用权威著作。

在实践中,可供查询的文案资源主要有政府资料库、图书馆资源、商业信息服务机构提供的资源、因特网资源和企业内部文案资源等,其中政府资料库的可信程度最高,企业内部数据容易得到且能随时更新,而因特网资源是查询最方便且最有发展前景的文案资源。

2.4.3 实地调研

实地调研又称直接调研，是指在周密的设计和组织下，由调研人员依照调研方案直接向受访者收集原始资料的调研方法。实地调研是市场研究者对餐饮市场作出全面、细致、准确的分析判断所必须掌握的基本方法，是在二手资料收集基础上进行的一手资料收集工作。可分为询问调研、观察调研、实验调研三类。

1）询问调研

美国肯德基在开拓中国市场时，在公园和其他公共旅游景点，一边免费向潜在的消费者提供已经烹调好的炸鸡鸡块，一边征询消费者的意见，以便对肯德基炸鸡的口味进行调整。他们会在消费者做了初步品尝后，与调查对象坐在一起，亲切地询问"味道是否合适、盐放得多还是少、烤制得是否过火、皮是否够脆、肉是否够嫩?"等等问题，内容详细而周到。消费者在感谢的同时，并不觉得他们已成为被调查的对象，会将自己的真实意见毫无保留地说出来。肯德基由此找到了符合中国消费者口味的生鸡来源、炸鸡配方，为肯德基连锁店在中国的迅速发展奠定了基础。

询问调研是通过向受访者进行口头或问卷调查的方式，获得对具体研究对象更具代表性的个体信息的方法的总称。调研人员可以通过几种询问方法来收集一手资料，它们可以单独使用，更可以结合在一起使用。常见的询问方法有以下几种：

（1）个别面谈

个别面谈是一种由调研人员直接与受访者进行单独沟通交流，获得关于个人的某种态度、观念等方面信息的调查方法。根据沟通地点的不同，面谈方法包括由调研人员主动上门的入户访问和双方到约定地点的个人访问两种具体方法。在条件许可的情况下，为获得更多的"意外"信息，或者为提高信息的可信度而及时对被调查者提供的信息进行验证，调研人员会更多地倾向于选择入户访问。

（2）小组访谈

小组访谈是市场研究者直接与被调查者相接触，通过沟通获取自己所要的信息。小组访谈与个人访问、入户访问等实地调查方法的根本差异，就是小组访谈过程的设计思想是通过多向沟通使小组成员彼此之间的观点、想法产生更大的相互影响，即我的想法、观念的形成与改变受到他人想法和观念的影响，而我

提出的想法和观念也将影响其他人的想法和观念。与个人访问不同,被调查者不仅与市场研究者沟通交流,还同时互相进行沟通交流。可见,小组访谈方法的使用,能够使市场研究者迅速获得具有较高代表性而又差别明显的不同态度、意愿、想法的调研对象群体的信息资料。

当市场研究者深感时间、费用等方面的压力,或者对委托者委托自己开展的市场调研活动的对象特征包括范围、涉及研究课题的主要概念等都尚未清晰明了时,选择采用焦点小组访谈法来获取信息是十分必要的。

(3)电话调查

电话调查是由调研人员依据调研提纲或问卷,通过电话向受访者询问,从而获取所需要的情报和资料的调查方法。这是为解决带有普遍性的急需问题而采用的一种调研方法。其优点是:获取市场信息快、效率高、成本低,并能用统一格式进行访问,所得资料便于统一处理。其缺点是:询问时间短,情况不具体。

(4)问卷调研

问卷调研是市场研究者采取各种书面形式与被调查者进行沟通交流,收集各种相关信息的方法的总称。与其他询问方法的显著差别是,调研人员不再与被调查者进行面对面的直接沟通交流,而是双方都“隐蔽”起来,借助书信、问卷来完成“提问到回答”的沟通交流过程。调研人员向被调查者传递问卷的方式多种多样,导致问卷调查是由多种具体方法所组成的一个市场调查方法的“集合”。

①邮寄问卷调研。这是一种通过信函、邮寄询问表(或调查表)给消费者,由被调查者填好询问表后再寄回的调查方法。这种方法的优点是:调查的区域广泛,被调查者有足够的时间来考虑答案,调查费用低。其缺点是:调查表的回收率低,回收时间也比较长。

②随附商品问卷调研。调研人员将所售商品作为传递调研问卷的媒体,商品的购买者也即被调查者。调研问卷都随商品一起送到购买者手中。这种调研问卷一般都有随送的寄返信封,使这种调查方法更加能为顾客所接受。与邮寄问卷调查方法相比,这种调查方法可以节省收集被调查者地址的艰巨工作,且调研目标更为准确。

③现场问卷调研。在行使的火车、汽车、轮船和飞机上,乘客们都会有较多的空余时间,这就为市场调研人员提供了及时开展调研活动的时机。这种问卷调查其实是“问卷调查 + 个别面谈”,取两种方法之长并各补其短:问卷调查中发生的差错,多数由被调查者不能准确理解问卷中的某些问题所致,而现场问卷

调查可以获得调研人员对此类不能理解的问题的当面解释。对于调研机构来说,采用这种方法解决了调研人员人手缺乏的问题。同时,这种方法对调研人员的素质要求不会很高。

④留置问卷调研。这是一种调查人员把调查表或问卷当面交给或转交给被调查者,并说明调查的要求,然后由被调查者寄回或调研人员收回的一种调查方法。这实际上是邮寄和走访相结合的调查方法。这种方法的优点是:回收率较高,能反映实际情况。缺点是调查费用较高、时间较长。

(5)拦截式调研

对于那些从未做过市场调研,或者曾经做过一些简单的市场调研但是收集的信息都因保管不善而大多遗失,从而使他们既缺乏必要的被调查者信息库资源,又缺乏开展市场调研所必需的经验的企业,若此时公司决策者急需做出某项重大决策的市场信息,采用拦截式调查方法可以保证其在较短的时间内收集到所需要的基本信息。对于市场研究机构来说,许多时候所要收集的信息并非有十分严格的准确性、数量性特征的要求,收集这些信息采用拦截式调查法不失为一种较好方法。拦截式调查按使用的调研工具的不同,可分为拦截式访问调查和拦截式问卷调查。前者是拦截后直接采用询问方式收集信息,后者是拦截后通过请对方填写问卷收集信息。

2)观察调研

观察调研是指那种不需与被调查者进行直接沟通交流,而是以旁观者的身份对具体事件、人物、行为模式等的特征、演变过程进行记录来收集相关调研信息的方法。

(1)行为记录法

在收集客流量、顾客选购行为模式的有关信息时,利用食品饮料销售场所的摄像机摄录下的反映一天中各个时间段实际情况的录像带所提供的信息,要比采用问卷调查方法、人员观察方法所得到的信息更加完整、可信。同时现在可以利用复制光盘的办法来长期保留观察记录。使调研人员随时可以方便地调用过去某一时间的历史资料,为提高调研工作的效率创造了条件。现在,安装在销售场所各个角落的摄像机镜头,已经为顾客习以为常而不会加以留意、影响自己的正常行为,这又提高了市场调研机构采用这种方法收集信息的真实性程度,保证调研结果的准确性。

(2)直接观察法

调研人员通过直接观察了解消费者行为的“事实”。调研机构会派出调研人员作为观察员到观察现场实施观察任务。在人员充足的条件下,调研机构会选择这种方法完成调研信息的收集工作。由于是通过观察员的感觉器官来收集被观察对象的某些特征的信息,在这个过程中都会渗入观察员个人主观思想的因素,即观察员所记录下的信息,是经过他们自己的判断标准的“过滤”而提出的认识结果。为隐藏观察行为,调研者经常扮演成顾客或服务人员进行观察。作为顾客可以获得更多仔细观察的机会,实施全面细致的观察。但如果记录行为过于明显,受到现场管理人员的干涉,使观察活动不能进行。服务人员身份扮演者观察的目的是利用直接与顾客、用户接触的机会,观察顾客购买行为的具体发展过程,发现其规律,为制定相关营销策略提供依据。不少餐饮企业的决策者和策略的制定者会试图通过参加工作劳动的实践来获得更多的对“一线”情况的了解。

(3)消费痕迹观察法

消费痕迹观察法是指对调查现场、调查对象的事后调查。如要收集反映几种品牌饮料的市场占有率方面的信息,有的市场调研机构采用消费者意见询问调查方法,具体有电话访问、问卷调查、网上调查、个别面谈和小组访谈等调查方法收集信息。但是这些调查不仅费钱、费时间,还由于无法对消费者的回答的正确性进行必要的检验而无法提高信息的真实性、可靠性。调研机构其实可以试试消费痕迹观察方法,对几个饮料消费较为集中的地方,采用“废物丢弃箱查看法”便可掌握几种品牌饮料的大致消费情况——真实的市场占有率。消费痕迹观察方法的实施,关键是要选择理想的观察地区和选择适合的观察时间。

3)实验调查法

实验调查法,是指调查者在一定范围内有目的地控制一个或几个市场因素,来研究某市场现象在这些因素的影响下所发生的变化的调查方法。它起源于自然科学中的实验求证,是对市场现象的实验。这里的“实验”是先试点,通过试点取得经验,再由点到面进行推广的方法。实验法是目前消费品市场上普遍采用的一种方法。如当餐饮企业要推出一种新产品或新营销策略时,按事先确定的调查项目选择一定的地点、对象和规模,开展小范围的实验,对实验结果进行全面分析、评价,看看消费者有什么新的建议,有没有大的推广价值,怎样改进才能更好地满足消费者的需求等等。这种调查方法的优点是:方法科学,通过实验可以观察和分析某些经济现象之间是否具有相关关系，以及相关关系的密切程度；根据实验数据和结果，可以为预测和决策提供依据。缺点是：相同的实验条件不容易选择，变动的因素不易掌握。实验调查法主要有如下两种：

(1)实验室实验调查法

这种方法在测试广告效果时经常采用。例如，某一餐饮企业想了解其要推出的新产品采用哪种广告媒体和广告形式最受顾客欢迎，就可以先找一些人，把已经设计好的不同媒体的广告设计展示给他们，让他们评判哪种广告更适合他们。企业根据顾客的意见，来确定最终的广告形式和广告媒体。

(2)试销实验法

这种方法是对餐饮企业新设计开发的产品，先用少量产品针对有代表性的市场或消费者试销，了解消费者对新产品的反映及评价，得到一些实际资料以后，再确定新产品的营销策略；也可以在试销过程设立评议，了解消费者对产品特色、质量、价格和服务等方面的意见和要求，以便及时改进。

上述三种方法各有优缺点，企业应根据实际情况来确定，如需要调查有关消费者态度的问题，宜采用询问调查法为好，因为态度问题用邮寄或电话方式都有不便；如想了解消费者的消费行为规律，观察调研较为客观有效；如介绍新产品，则采用询问与实验相结合的方法为好，先将新产品交给有关消费者、利用询问法收集资料，以判断消费者是否欢迎，同时在不同市场进行试销实验，然后用两种方法所得的资料进行分析比较，得出结论。

2.4.4 问卷设计

调查问卷是一组用于从调查对象处获取信息的格式化的问题。它是收集餐饮市场一手资料最普遍的工具。一项市场调研的结果能否达到调查所确定的目的和要求，以及收集到资料的可信程度和完备程度都取决于问卷设计水平的高低。任何问卷都有三个特殊的目标：将所需的信息翻译成一组调查对象能够并愿意回答的特定问题；促使、激励和鼓励调查对象在访谈中变得投入、合作并完成调查；将回答误差减到最小。

问卷设计是一门通过经验获得的技巧，但学习现有的工作方法，可以帮助初学者避免主要的错误。

1)准确界定调研问题

设计问卷如同写文章提要，如果离题万里，文字再华丽也于事无补。准确的界定问题相当于调研已经成功了一半。餐饮市场调研问卷的要求是:如实,客观反映调研主题和访问事实;有效,每个问句都必须有助于调研结果的实现,不出现任何无关的问句;简洁,周到、简洁是问句用语和问卷结构的共同特征;完备,完备的问题和必备的答案是确保调研问卷有效性的重要条件。

2)收集相关资料

专业的调研问卷设计者经常面临不同的调研主体,在问卷设计前需要收集餐饮产品的相关知识。非专业的问卷设计者多不熟悉问卷设计的知识,缺乏经验,因此要收集、分析、研究问卷设计的资料,确保问卷的科学合理。

3)设定问卷结构

问卷的结构通常比较固定,也可根据调研需要适当简化变通。一般调研问卷是由许多个问句和带有序号的答案项组成的,规范而完整的调研问卷包括六个部分:

(1)眉头部分

出现在问卷的开端,有问卷名称、编号、调查组织名称、城市编号、访问员、问卷复核人、问卷编码员、录入员等。

(2)介绍/开场白

是印在问卷上或有访问员读出的调研情况的说明部分,有问候语、调研主题、调研组织、访问者身份、调研用途、访问请求以及其他信息。

(3)筛选部分

本部分是为了选择符合调研要求的受访者而设。如调查消费者对可口可乐的口味满意度时,首先要筛选出受访者是否饮用过可口可乐,否则后续问句就很难进行。

(4)主体部分

这是问卷最重要的部分,在问句设计排序中会进行介绍。

(5)背景资料

背景资料主要是人文统计资料,多数放在问卷的最后,以防止过早遭到不必要的拒绝。一般包括受访者的性别、年龄、婚姻状况、家庭人数、家庭或个人收入、职业、受教育程度等。

(6)结束语

结束语就是要告诉受访者问卷结束,访问完毕,同时表示感谢。

4)设计问句并排序

设计恰当的问句有助于获得受访者的真实答案,每个问句及其答案都应经过仔细斟酌。设计问句时通常先形成问句的要点,再配妥回答方式,然后将问句按某种标准适当归类排列处理。在问句设计中应注意下列问题:

①恰当运用开放式问句和封闭式问句;

②合理安排实质性问句和辅助性问句;

③使用明确而非模棱两可的语句;

④合理安排备选答案;

⑤避免无法回答情况的发生;

⑥避免不愿回答情况的发生;

⑦确定问题的顺序。

5)问卷修改

问卷修改就是将问卷的内容、措辞和格式进行最后修整和完善的过程。问卷应尽量精简,删去没用或不相关的问句,适当增添问句使主题体现得完整、透彻;设计前后相关的对应问题以辨明受访者是否认真作答,将有逻辑问题的问卷筛选出来;推敲问句中的词句使其准确表达设计者的意图,反映主题;将问句序号、答案序号统一化以便于后期的阅读、记录、问题检查和数据录入,同时使问卷排版美观、打印精致以易于获得认可。

6)问卷预测试

问卷预测试首先是案头主题预测试,主要由设计者自我测试,检验问句的相关性、完整性和表意准确性。其次可展开少量样本的试访问,从而发现各项问题在提问和答案中可能存在的缺陷和不足,同时预测问卷完成的时间长度。

教学实践

选择一家当地二星级饭店中客源较少的中餐厅,进行一次市场调研,目的是为其重新进行市场定位、调整产品策略提供依据。

本章自测

1. 中餐连锁品牌“九头鸟”(湖北菜)欲确定在本市开设的第一家分店的位置,需收集哪些信息?

2. 餐饮市场调研的种类有哪些?各有什么特点?它们之间有何联系?

3. 餐饮市场调研的程序是什么?

4. 什么是抽样调研?不同的抽样方法对样本的选取有何影响?

5. 对比询问调研和观察调研的优缺点。

相关链接

1. 中国调研网 http://www.umrnet.com/

2. 问卷通 http://www.wenjuantong.com/

3. 2007 年中国餐饮业分析及投资咨询报告 http://www.ocn.com.cn/reports/2006083canyin.htm

4. 如何测量顾客满意度、顾客满意度定义、顾客满意度衡量、顾客满意度报告 http://plan.eexb.com/khmy/a/dtab.htm

知识链接

上校的秘密武器:大型数据库

有着 9 000 家自营店和特许经营店的肯德基,每年要为数百万的顾客服务。为了更好地理解消费者概况和趋势,肯德基雇用了 Informix 公司来开发“Metacube 软件”,用来从它的 9 000 个店中收集数据,并编辑成一种用户友好的电子数据表格式。肯德基的信息系统主管 Micki Thomas 说:“从某个人购买食物到这笔业务进入我们的数据库,其中有一天半的时滞。”这种细化了的数据为研究人员提供了有价值的工具,用于分析营销研究问题。这些信息可以用来指导公司的营销决定,并单独为某店提供建议,某个单独的店可能不具备一般或专门技术来完成自己的营销研究。使用这个数据库,分析购买的内容和时间,包括顾客在店内就餐、汽车快餐和要求送餐的比例,可以得知顾客概况。

通过了解消费者的行为,肯德基能够极大地提高各个特许经营店的赢利和顾客满意度。例如,根据数据库储存的历史数据和所在区域的经济趋势,可以预测每小时、一星期中每一天、一年中的不同时期的销售。这些预测可以使员工安排达到效率最大化,使存货数量最小化。这样,通过数据库营销技术,肯德基帮助各个特许经营店预测顾客需求,改进服务,提高顾客满意度,实现效率和赢利的最大化。

第3章

餐饮市场细分、目标市场选择与市场定位

【学习目标】

本章介绍了餐饮市场细分的概念、原则、方法和步骤,目标市场选择的程序和原则,以及餐饮市场定位的内容、原则和步骤,使学生初步了解餐饮市场细分、目标市场选择与市场定位等方面的基础知识,为学生将来进入企业后运用餐饮市场定位战略帮助企业成功地进行市场定位。

【知识目标】

①学习餐饮市场细分、餐饮目标市场、餐饮市场定位的概念。

②了解餐饮企业进行市场细分、选择目标市场和确定市场定位的重要意义。

③掌握餐饮市场细分的原则、方法和步骤。

④了解餐饮目标市场选择的程序和原则。

⑤掌握餐饮企业占领目标市场的营销策略。

⑥熟悉餐饮市场定位的内容、原则和步骤。

【能力目标】

①能够对餐饮企业所面临的整体市场进行市场细分。

②能够帮助餐饮企业有效地进入并占领目标市场。

③能够运用餐饮市场定位战略帮助企业成功地进行市场定位。

【关键概念】

餐饮市场细分　餐饮目标市场　餐饮市场定位

案例导入:

餐饮市场是由餐饮产品与服务的消费者组成的。但是,由于消费者人数众多,广泛散布于各个市场区,有不同的消费需要、支付能力、消费态度和消费方式,因此,任何餐饮企业,无论规模如何庞大,都无法满足整体市场上的所有需求。这就要求其经营管理人员在进行详细的营销调研之后,选择本企业的目标市场,然后再根据目标市场的需要,确定营销因素组合,以便有效地为目标市场服务。

20 世纪 90 年代,国际营销学大师、享有“营销学之父”美称的美国西北大学凯洛格管理研究生院营销学教授菲利浦·科特勒,在他畅销全球 30 多年的《营销管理》一书第 9 版中提出了“STP”战略。如图 3-1 所示,他认为企业在确定自己的目标市场的过程中,要经历 3 个阶段:一是市场细分化(Segmenting),即通过确定的细分变量来细分市场,勾勒细分市场的轮廓;二是目标化(Targeting),即在评估每个细分市场的吸引力之后,选择目标细分市场;三是市场定位(Positioning),即为每个目标细分市场确定可行的市场定位,并选择、发展和传播所挑选的定位观念。“STP”营销是企业营销战略的核心,也是决定营销成败的关键。

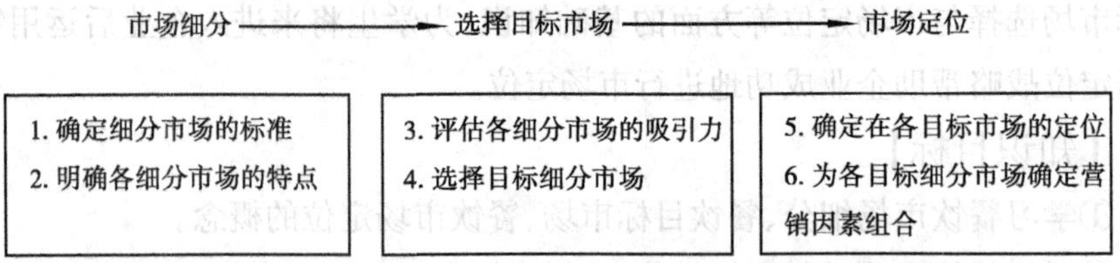

图 3-1 市场细分、选择目标市场和市场定位的步骤

3.1 餐饮市场细分

实施市场细分、选择目标市场是企业制定市场营销战略的前提条件。餐饮企业必须根据自己的实际情况,有针对性地满足某一部分消费者的特定需求。

3.1.1 市场细分的概念及其客观基础

1) 市场细分的概念

市场细分思想最早是 20 世纪 50 年代由美国市场营销学家温德尔·史密斯

提出的。市场细分又称为市场分割，它是按照购买者的需要和欲望、购买态度、购买行为特征等不同因素，把一个市场划分为若干不同的购买者群体的行为过程。这一概念的提出是市场营销思想和战略的新发展，它是针对现代市场的复杂性以及庞大的规模而提出的一种需求分类方法，对企业提高营销效率具有十分重要的意义。

2）市场细分化的客观基础

首先，市场细分化是由于市场需求存在着差异性和近似性决定的。

市场细分化是从消费者“需求异质性”理论引出的，按照这一理论，可以将市场分为“同质市场”和“异质市场”。同质市场是某种商品的消费者对商品的需求和对企业营销策略的反应具有一定程度的一致性。而在大多数市场上，消费者对企业提供的产品的各种特性和企业市场营销策略的要求是各不相同的，这种市场就是异质市场。具体而言，有以下三个类型：

（1）同质偏好型

某种商品的消费者对商品的需求和对企业营销策略的反应具有一定程度的一致性。例如食盐市场，所有消费者对食盐的需求无大差异，每月购买的数量和每日的消费量也几乎相同，而且普遍要求食盐价格便宜，购买方便，因此，食盐市场就是一个典型的同质市场。这类市场相对来说比较容易经营，不同的营销者向市场提供的产品和采用的营销策略大致相同。通常，生产和销售这类产品的企业采用整体市场策略，而不必细分市场，也即在此市场中不存在市场细分的客观基础。但是，只有少数商品市场像食盐市场一样属于同质市场，如糖、新鲜蔬菜等。

（2）分散偏好型

该市场上消费者的需求偏好很不集中，呈现分散状态，极端的情况是任何两个消费者的需求都有差异。在理论上可将每一位消费者都作为一个细分市场，但在实践中分别针对每一位顾客制定产品及营销组合往往不现实，所以这类市场虽然属于异质市场，但是一般也不存在市场细分的问题。

（3）集群偏好型

该市场上各类消费者的需求呈现几种基本状态或类型，彼此有明显的差异，而在每一个同类消费者群内部，其成员的需求偏好又具有高度的近似性，可以通过细分的方法按照一定的标准将这些具有类似需求的消费者加以归类，从而将一个整体市场划分为若干个不同的子市场。例如餐饮企业所面临的就是一个由许多具有不同需求的消费者所组成的异质市场，餐饮市场的消费者口味、消费档次、要求的服务质量、消费的目的等是千差万别的，不同消费者对餐饮产品的色泽、味道、外形、配料、营养成分、烹调方法、价格等的要求就各不相同。因此，如果按照传统的统配统销的方法，是远远不能满足其餐饮市场消费者的不同需求的，餐饮企业需要根据不同消费者对餐饮产品的不同需求和偏好，按照年龄、性别、职业、收入、宗教等变量将餐饮消费者划分为若干个不同的细分市场，进而采取不同的市场营销策略，向不同细分市场的消费者提供不同的餐饮产品。

其次，市场细分的产生还在于买方市场的全面形成和卖方竞争的日益激化。随着市场经济的高度发展，有厚利可图的市场越来越少了。较弱的竞争者只有依靠市场细分化来发现未满足的需要，捕捉有利的营销机会，在激烈的竞争中求得生存和发展。事实证明，企业进行市场调研，实行市场细分化和目标化经营的现代营销系统，必然会取得良好的经济效益和社会效益。

3.1.2 餐饮市场细分概念及其作用

餐饮市场细分是在市场细分的基础上发展起来的，其概念也是以市场细分为基础的。

1)餐饮市场细分的概念

餐饮市场细分是指餐饮企业营销管理人员根据消费者对餐饮产品需求的差异性，将餐饮消费者市场划分为若干具有不同需求特征的子市场，从而使餐饮企业有效地分配和使用现有资源，进行各种营销活动的过程。

2)餐饮市场细分的作用

一些资料分析表明：有些餐饮企业经营不景气最重要的原因是没有明确自己的细分市场，无的放矢。尤其当市场上已有相当数量的同类产品时，市场细分就显得十分重要，餐饮市场细分对餐饮企业的作用，主要表现在以下几个方面：

(1)有助于餐饮企业发现市场机会，选准目标市场

通过市场细分，餐饮企业可以有效地分析和了解各细分市场需求的满足程度和市场竞争状况，从而发现哪类需求已经满足，哪类需求未被满足或未被全部满足。与此同时，根据本企业目前的实力，比较市场竞争状况，抓住那些需求潜力大、竞争少且可以利用本企业优势迅速占领的细分市场，作为本企业的目标市场，从而扩大企业经营，提高市场占有率，取得市场营销的优势地位。

发掘最优的市场机会,对于中小餐饮企业来说至关重要。因为中小餐饮企业资源有限,管理技术水平相对较低,因此在餐饮市场上与实力雄厚的餐饮大企业相比,缺乏竞争能力。如果把有限的资源分散于各个细分市场,不仅不能取得较好的经济效益,在竞争激烈的情况下反而会面临很大的风险。但是,如果通过市场细分,中小餐饮企业就可以根据自身的经营优势,选择一些大型餐饮企业没有顾及的细分市场,集中力量满足这一特定市场的餐饮消费者的需求,取得较好的经济效益,在竞争中求得生存和发展。

(2)有助于针对目标市场制定营销组合方案,将有限的资源集中在目标市场上

通过市场细分,餐饮企业可根据自身的状况和条件,选择适合本企业发展的一个或几个目标市场,根据目标市场的需求,有针对性地开展营销活动,确定服务方向、产品战略,更合理地确定营销组合策略。这样可以使餐饮企业减少经营上的盲目性,有效利用人、财、物、时间、空间和信息等有限资源,以较少的营销费用取得较大的经营效益。相反,如果餐饮企业普遍撒网,力求在每个细分市场上都有一席之地,则会由于企业自身的资源有限,不能有效地满足各细分市场的需求,最后还是以失败告终。

(3)有助于制定灵活的竞争策略,最大限度地提高经济效益和社会效益

通过细分市场,餐饮企业了解到目标市场的消费特征之后,可集中力量对一个或几个细分市场进行市场营销,突出餐饮企业产品和服务特色,制定灵活的竞争策略,及时调整餐饮企业产品、价格、销售渠道及促销手段,提高餐饮企业的竞争能力。因为就整体市场而言,一般信息反馈比较迟钝,不易敏感地觉察市场的变化。而在细分市场中,企业为不同的细分市场提供不同的产品,制定相应的市场营销策略,企业能较容易地得到市场信息,察觉消费者的反应,这有利于餐饮企业发掘潜在需求,适时调整营销策略。同时还可以向满足需求的多样性和深层次发展,从而使餐饮消费者的满意程度提高,企业的经济效益和社会效益也必然会不断得以提高。

3.1.3 餐饮市场细分的原则

对餐饮市场进行细分,既不能使之粗放,忽视消费者需求的差别,又不能过于琐细,使市场细分失去经济意义。要使餐饮市场细分能真正有效地发挥作用,必须符合以下原则:

1)可衡量性原则

即各细分市场的需求具有明显差异性,不同细分市场的需求特征、购买行为等要能被明显地区分开来,各细分市场的规模和购买力大小等要能被具体测度,可以从质和量两个方面为制定营销策略提供可靠依据。这也是市场细分的根本意义所在。

2)可赢利性原则

即要求细分出的市场在顾客人数和购买力上足以达到有利可图的程度,能保证餐饮企业的获利目标得以实现。同时,该细分市场还应具有一定的发展潜力,即企业不仅在短期内可以从中赢利,而且通过调整餐饮企业产品、价格、销售渠道及促销方式等手段,市场还可以进一步扩大,使之保持持久收益。若无利可图,市场细分就失去了意义。

3)可进入性原则

即餐饮企业对细分出的市场能够达到有效地进入并占领的程度。市场细分的目的是为了找出可进入并能够占领某市场的机会。如果餐饮企业进行市场细分的结果表明,该细分市场竞争十分激烈,本企业现有实力根本无法与之竞争,或虽然竞争不太激烈,但本企业不具备占领该细分市场的能力和条件,则这种细分也是无效的。

4)稳定性原则

即要求细分后的市场应具有相对的稳定性。严格的餐饮市场细分是一项复杂而又细致的工作,因此如果细分后的目标市场变化太快、太大,会使制定的营销组合很快失效,造成营销资源分配重新调整的损失,并形成企业市场营销活动的前后脱节和被动局面。

5)合法性原则

即餐饮企业的市场细分还必须在法律和道德允许的范围内进行。有些不健康的市场需求虽然厚利可图,但为法律或道德所不允许,也不可作为细分市场的依据,不得选为目标市场。

3.1.4 餐饮市场细分的标准

市场细分的依据是客观存在的需求差异性,而差异性很多,究竟按哪些标准进行细分,没有固定不变的模式。各餐饮企业可选择适合自身资源的一种或多种不同变量进行细分,以求得最佳的营销机会。影响餐饮市场消费者需求的因素,即用来细分餐饮消费者市场的变量可以概括为四大类:地理变量、人口统计变量、心理变量和行为变量。

1)地理变量

餐饮企业可以依据消费者所在地理位置、地形气候、自然环境、空间位置等变量细分市场。以地理环境因素作为餐饮市场细分的依据,主要是由于不同地理环境下的消费者,对产品和服务往往会有不同的需求和偏好,以至于对餐饮企业所实施的各种营销措施的反应也常常存在差别。按照地理环境细分餐饮市场,不仅有利于餐饮企业研究不同地区消费者的需求特点、需求总量及其发展变化趋势,也有利于餐饮企业开拓区域市场,将自己有限的资源投入到最能发挥自身优势的区域市场中。例如,我国幅员辽阔,自古以来就有“南甜北咸”、“东辣西酸”之说,口味的巨大差别是由各自的地理环境、气候的差异而决定的。因此,餐饮企业必须准确地把握不同地区、不同消费者之间饮食习惯上的差异,方能做到有的放矢、投其所好。

(1)地理区域变量

这是细分餐饮市场最基本的变量,具体又可分为洲别、国别和地区等变量。不同地理区域的地理位置、自然环境、经济环境与人文环境的综合差异,深刻影响、制约着其餐饮消费者对餐饮产品需求的综合差异。

按国别细分餐饮市场是细分国际餐饮市场最常用的形式。由于国界因素的强化,一国内部的消费需求往往有更多的相似性,而国与国之间则往往出现较多的差异性。从我国餐饮企业角度来看,可以分为中餐市场和西餐市场。美国的麦当劳和肯德基、韩国烧烤、日本料理等风味饮食在中国均有着各自的消费者市场。

按地理区域细分餐饮市场,可分别根据其自然、经济、人文三大方面因素对餐饮需求特征的不同影响来加以考虑。如我国的四大菜系或八大菜系的形成就兼有地理环境、自然条件、经济发展和人文等方面的综合影响。桃丹所著《风味流派略识》一书中指出:“所谓地方风味特色,即选用本地优质烹饪原料,用本地习用的优良的烹饪方法，制作出本地风味的肴馔，其中特别是口味上的差异，尤为重要。”因此，餐饮企业在根据地理区域对目标市场进行细分之后，要选择那些凭借企业自身的条件和资源（如厨师队伍、烹调风格等）能够满足的消费者群作为目标市场，提供他们最钟爱的具有地方特色的餐饮产品，并采取相应的营销策略，以实现最终的营销目标。

(2)气候变量

在我国，气候对人们主食影响最典型的可算是“南稻北麦”了。雨量丰富，适合种植水稻的南方人们以大米及其制品为主食，例如米饭、米糕、米团等。而北方地区春天雨水稀少，适合种小麦，人们也主要以面粉制品如面条、馒头、饺子、大饼等为主食。在降水更少的内蒙古、西北地区和夏季很冷的青藏高原上，不能生长庄稼、树木，只能长草，当地人们主要以放牧牛羊为业，因而便以牛羊肉、奶为主食。

季节与饮食关系更为密切。冬季人们热量消耗很大，食欲好，多吃高蛋白动物型食物如热性的羊肉、狗肉，吃法多用火锅。夏季天气炎热，人们多爱好新鲜爽口、易消化的清淡食物，菜也是肉少而蔬菜多。冰棍、雪糕等冷饮和啤酒、汽水等饮料销售量随气温的升高而直线上升。西瓜和绿豆汤则是民间清凉去火的消暑佳品。在我国四川、湖南、贵州等西南地区，当地居民都喜欢吃辣椒，民间素有“湖南人不怕辣，贵州人辣不怕，四川人怕不辣”之说。这是因为这些地区一年四季特别是冬季比较阴冷潮湿，吃辣椒有祛风去湿、散寒健胃之效。

因此应把气候作为一个重要变量对市场加以细分，根据所处的地理区域和四季的更迭给人们带来的饮食习惯的变化来提供适宜的餐饮产品，迎合餐饮消费者的需要。

(3)空间位置变量

餐饮消费者与餐饮企业即餐厅或其他餐饮产品的提供地之间在空间上的距离也是细分餐饮消费市场的重要依据。餐饮消费者愿意前来就餐或购买餐饮产品，而且通过步行、坐车能够到达的范围就是餐饮企业的市场区域，可以分为步行市场区和驶车市场区。

步行市场区一般以餐饮企业为圆心，3 ~ 4 个街区为半径的范围内，或者在行走 15 ~ 20 分钟的距离范围内。要找出这个市场区范围内有哪些人口集中区域，包括当地居民和外来从事商务和旅游等的流动人口。驶车市场区一般是指坐车或开车 20 ~ 30 分钟内的范围。要调查附近有哪些公共交通设施的站点，它们路经哪些重要的居民住宅区、大型商店集中区和企事业单位。

影响餐饮企业市场区大小的因素主要是其档次和所处的地理位置。首先是档次。档次越高，人们购买决策越慎重，为就餐愿花的时间就更多些。一家有特色、闻名的餐厅，人们往往愿意花较多的时间前来就餐。而经济餐馆和快餐店的购买决策属于即时性决策，人们一般不会为吃顿快餐而坐车或走很远的路。其次是地理位置。餐饮企业所处的地理位置影响市场区域的大小。台湾的餐饮管理学家认为，在商业中心的餐厅其市场区是以餐厅为中心，200 米距离为半径的商圈为第一商圈；在较为僻静的城镇，半径为 300 米；市郊路段为 2 千米；如果是大厦内的餐饮店，则以大厦为第一商圈。因此，各餐饮企业要根据所处的地理位置和档次来确定目标顾客群体，采取相应的营销策略。

2）人口统计变量

人口统计细分是将市场按年龄、性别、家庭规模、婚姻状况、收入、教育、职业、信仰、种族、国别等为依据划分不同的群体。由于人口统计变量较其他变量更容易衡量和区分，它与餐饮消费者的口味、饮食偏好和生活习惯等都有密切联系，因此成为区分消费者群体常用的依据。综合考虑，可形成如下基本标准：

(1）年龄和性别

建立在人口最基本自然属性基础上的年龄、性别两个变量因素，不仅能从生命活动过程与生理上直接影响餐饮消费需求，而且还能通过影响其收入和社会角色等因素间接影响餐饮消费需求。

人口年龄变量是细分旅游市场最主要的变量之一。餐饮消费者的需要和欲望随年龄变化而变化，餐饮企业根据年龄来划分餐饮市场，提供不同的餐饮产品和服务，使用不同的营销方法，目的就是为了吸引不同年龄阶段的餐饮消费者群体，使自己的营销活动更具有针对性。一般来说，餐饮市场按年龄可以分为儿童餐饮市场、青年餐饮市场、中年餐饮市场和老年餐饮市场四个部分。每个细分市场对餐饮产品和服务都有自己独特的要求。儿童餐饮市场对食品的要求是安全卫生、易消化、有营养，口味以甜为主，以适合儿童的饮食习惯；青年人在外出就餐时考虑的主要因素之一是餐厅的就餐环境和氛围，气氛浪漫、格调高雅是他们所刻意追求的；中年和老年人则讲究就餐的实惠性，物有所值是他们对餐厅的评价标准之一。另外，中老年人追求健康的心理也使他们在选择时更偏好起滋补强身作用的食品。

男女在膳食方面也存在一定的差别。男性饮食较注重滋补强身，多吃大鱼大肉，喝酒的数和量也较女性多；而女性则更注重美容养颜，保持身材，多吃清淡爽口、易消化的蔬菜、水果等。男女在膳食方面的不同需求也日益受到许多餐饮企业的重视,如针对男性推出各种滋补酒、甲鱼汤及各种鞭、肾类菜品,针对女性制作乌鸡汤、四季鲜蔬、水果沙拉等,分别迎合这两类消费者群不同的需求。

(2)收入、受教育程度和职业

收入主要是指餐饮消费者的家庭收入和个人收入水平。由于餐饮消费属于家庭基本的生活消费支出,家庭收入和个人收入水平的高低直接影响餐饮消费水平、消费构成、购买习惯和偏好。因此,以消费者收入水平细分餐饮市场具有较为普遍的意义。如果按餐饮消费者的收入来分,可将餐饮消费者分为三个阶层:高收入者、中等收入者和低收入者。高收入者就餐要求餐厅要有档次、上规模、服务水平要高,以体现自己的身份和地位;中等收入者则追求经济实惠,在此基础上会顾及餐厅的档次、服务等其他方面;而低收入者由于自身经济实力所限,只求价格低廉和满足充饥的需要。

实践证明,受教育程度不同,人们认识商品的方式及对产品的价值观等都显示出不同,这一点在餐饮市场细分过程中也同样体现出来。一般受教育程度越高,需求层次越高、品味越高,他们对于菜品的营养价值、烹调方法的考究、服务质量和水平等方面的要求会相对较高。他们十分注重就餐的环境,安静、幽雅、富于文化气息,能体现文化品位的餐厅十分受他们的欢迎,嘈杂、拥挤、混乱的就餐环境是他们无法忍受的。相对而言,文化程度较低的消费者对就餐环境的要求则低得多。

职业特征对餐饮需求的影响也比较大,如机关、企事业单位的白领一族更注重餐饮产品的口味和营养价值,而从事体力劳动的蓝领则更希望物美价廉,价格不要太高,只要能够充饥就满足了。

收入、受教育程度与职业往往是相互关联的,尤其是在发达国家。管理人员大多受过高等教育,收入也较高,且具有较多公务就餐的机会,其餐饮开支较大,要求也较高。

(3)民族和宗教

民族和宗教涉及餐饮消费者的文化背景。不同民族和宗教信仰的人,饮食习惯有着巨大的差异,例如,回族有不食猪肉的禁忌;而伊斯兰教徒把牛作为他们的崇拜对象,视为神圣之物。我国是多民族国家,不同的民族都有独特的宗教信仰,对饮食的要求千差万别,餐饮企业一定要事先深入调查研究,避免与消费者的饮食习惯发生冲突。

3)心理变量

这是根据餐饮消费者心理特征细分市场。按照上述几种标准划分,即使是同一细分市场的消费者群体，由于有着不同的心理特征，对同类产品的偏好和态度也会各异。心理特征十分复杂，包括个性、购买动机、价值观念、生活格调、追求的利益以及对营销策略的反应程度等变量。人们去餐厅就餐，并不单单是为了填饱肚子、满足食欲，他们的购买选择往往体现了他们的心理追求。只有正确地把握餐饮消费者的心理特征，在营销活动中才能做到有的放矢。

根据餐饮消费者的就餐动机，可细分为充饥、美食、会议或旅游团队用餐、宴请等消费者群体。第一，充饥。人们外出办理公务、求学，无法返回家中而不得不在外就餐时，一般对就餐环境和服务状况并不苛求，只要求环境清洁卫生、食品可口，价格实惠就行。第二，美食。出于“美食”动机的消费者，外出就餐就是为自己改善生活或款待亲友。因此，他们希望餐厅提供的产品具有独特风味，要不同于并高于家庭或食堂的饭菜；要求就餐环境富有情调；服务讲究技巧和方法等。为了享受，他们也愿意支付较高的价格。第三，会议或旅游团队用餐。人们为了开会、旅游必须在外就餐。团体就餐一般统一订餐和付款，餐厅提供的产品要符合大多数人的口味，同时要求制作简单，使饭菜在较短的时间内大批量供应，服务迅速，但价格不宜太高。餐厅环境宽敞、明亮、干净即可。第四，宴请。人们为了商务目的宴请合作者，或为了私事如结婚和生日举行宴请活动。他们希望这些宴请搞得体面、欢快，要求餐厅环境要豪华，气氛要热烈，服务要一流，菜品和餐具要高级、漂亮，当然价格可以适当高些。由于不同餐饮消费者就餐动机不同，他们对餐厅的环境和气氛、对菜单的设计和定价、对服务的要求都各不相同，所以餐饮企业首先要确定招徕哪类消费者，以便对餐厅的经营范围和宗旨做好决策。

4)行为变量

按餐饮消费者的行为因素进行细分也被称之为“行为细分”，具体细分变数主要包括购买时机、追求的利益、消费状况和频率、品牌忠诚程度，等等。由于消费者的行为导致消费的最终实现与否，因而成为细分市场至关重要的出发点。

(1)购买时机

按消费者购买和使用产品的时机细分餐饮市场已成为越来越多的餐饮企业扩大销售的常用手法之一。例如，在春节、中秋节、国庆节等节日的前后，许多餐饮企业都会发现此时的营业额是平常的数倍，也就是俗称的“旺季”。这样，餐饮企业就可以把特定时机的市场需求作为短期营销目标来扩大销售。

(2)追求的利益

消费者去餐厅消费所要追求的利益，往往各有侧重，可据此细分餐饮市场。

一般来说,餐饮消费者所追求的利益主要表现为满足食欲、调节口味、方便省事、体现身份和地位等几种。据此,餐饮企业应明确将为之服务的目标市场及其特征是什么,主要竞争对手又是谁,市场现行餐饮品牌缺少什么利益,从而决定对自己现有产品和服务如何改进,以满足餐饮市场上未满足的需要。

(3)消费状况和就餐频率

餐饮市场按照消费者去餐厅的消费状况和就餐频率可分为四种群体:第一,尝试者群体。这类消费者愿意到各处新开业的餐厅去尝试,并判断该餐厅是否可接受,他们的消费者一般年纪不太大,是经济比较宽裕、敢冒险的美食家。新的餐饮企业应该设法吸引这类消费者,并注意第一次就让他们满足,以便靠这类消费者为企业做口头宣传,扩大餐饮企业的知名度,从而吸引更多的客源。第二,尝试者的朋友群体。这类消费者往往是经尝试者推荐而去就餐的,他们常外出就餐,经济状况高于一般人水平。他们的意愿容易变化,尝试一次可能再也不回头。第三,多数人群体。这类消费者只在餐饮企业经营成功并出名之后才去就餐,若满意会成为回头常客,一旦成为常客便会十分忠诚。这类群体的经济状况属于一般水平,年纪稍大,他们有外出就餐的习惯但不经常。第四,稀客群体。这类消费者不常外出就餐,经济不甚宽裕,一年内外出就餐次数较少,只在庆祝周年、生日或一些特殊场合下才外出就餐。不同的餐饮企业对消费状况和频率不同的消费者在广告宣传及推销方式等方面,都应有所不同。

(4)品牌忠诚程度

单就消费者对品牌的忠诚程度来看,许多消费者都不同程度地存在着"品牌偏好"这样一种购买行为。根据一项调查显示,北京15~19岁的消费群中,去过麦当劳的人数比例在90%以上;而在麦当劳的消费者群中,有59.6%的人是忠诚消费者,即最经常光顾的消费者。由此可见,年轻人对"麦当劳"这个餐饮品牌的忠诚程度是非常高的。因此,根据对品牌的偏好状况,可将餐饮消费者划分为单一品牌忠诚者、多品牌忠诚者和无品牌忠诚者等不同类型的群体,采取不同的品牌决策和相应措施以扩大销售。

以上四种变量是餐饮市场细分的主要依据,在实际营销过程中究竟采取哪些变量细分,餐饮企业应根据自身的优势和外部环境给予的条件等具体情况灵活运用,而不能生搬硬套。餐饮企业还应经常调查研究所用标准的变化情况和趋势,据以调整细分市场。

3.1.5 餐饮市场细分的方法

餐饮企业市场细分的方法很多,通常要根据企业所选用的细分标准的多少来决定具体采用哪一种方法。主要有以下几种:

1)完全细分法

完全细分是采用近于无限多的变量把市场上每一个消费者都看作一个独立的细分市场的方法,细分后的市场数量就是市场消费者总数。显然,这种细分方法只适用于绝对分散型市场。但这种市场客观上并不存在,因此完全细分法没有实际意义,仅是理论上的一种假定。

2)单变量细分法

这种方法是选择一个影响餐饮市场需求的变量作为细分标准,来划分市场中不同的消费者群体的方法。所选择的变量通常是对市场需求影响最强、最显著的一个变量。例如,餐饮市场按年龄可以分为儿童餐饮市场、青年餐饮市场、中年餐饮市场和老年餐饮市场四个部分;如果按餐饮消费者的收入可分为高收入者、中等收入者和低收入者三个部分。单变量细分法的优点是可以形成清晰的细分市场,在多数情况下可以满足营销管理人员的需要。其缺点是不能对市场进行深刻的调研分析。

3)多变量细分法

这是选择两个或两个以上显著影响餐饮市场需求的变量作为细分市场的依据,划分市场中的消费者群体的方法。多变量细分法的优点是能准确、深入地划分餐饮市场中每一个不同的消费群体,更准确地认识市场的需求状况,有助于餐饮企业做出准确、合理的市场营销策略。但缺点也较为明显,即使用多变量细分市场会大大增加市场细分的时间和费用等。同时,如果市场细分的变量数目不能科学合理地掌握,极易造成市场的完全细分,将市场上每一个消费者个体作为一个单独的细分市场,从而失去市场细分的意义。因此,在使用这一细分方法时,要科学合理地控制所选择的细分组合变量的数量。

4)顾客赢利能力细分法

所谓顾客赢利能力指餐饮企业顾客在未来较长一段时间内(指其作为企业顾客的时间长度内)为企业贡献利润的一种能力。根据顾客赢利能力的不同进行市场细分，就是把顾客赢利能力作为市场细分的变量，把每一个顾客都当作一个细分市场，分析企业服务每个顾客的成本和收益，得到每个顾客对企业的财务价值，然后与企业设定的顾客赢利能力水平进行比较，如果顾客的赢利能力达到或超过企业设定的顾客赢利能力水平，那么他就是企业目标市场中的一员，所有满足这个条件的顾客构成企业的目标市场，否则，企业就不向他们提供服务。这种细分方法的优点是直接界定细分市场是否能为企业带来赢利，能真正达到市场细分的目标，完全满足目标营销的需要，是实现“一对一营销”的前提基础，从而保障餐饮企业能更有效地针对每个顾客提供产品和服务。

市场细分充分地显示了旅游企业所面临的各种市场机会。但细分的目的并不仅限于此，它最终使旅游企业的产品和营销策略有效地用于最有吸引力的机会市场。因而，旅游企业在众多的细分市场中，须选择其目标市场。

3.1.6 餐饮市场细分的步骤

市场细分的步骤因市场类型不同而各有差异，美国市场营销学家麦卡锡提出了市场细分通常采取的 7 个步骤，可供餐饮企业细分餐饮市场时借鉴。从总体上看，餐饮市场细分的一般程序如下：

1）选择准备研究的餐饮市场或其产品与服务的范围

餐饮企业准备研究的餐饮市场可能是企业已经为其提供产品和服务的，也可能包括企业正准备开发的，餐饮产品与服务可能是餐饮企业已经在营销的，也可能是正在开发准备投入市场的，还可能包括更为广泛的相关产品。范畴的确定应视餐饮企业市场细分的目的而定。

2）探查潜在餐饮消费者的基本需求

在选定产品市场范围的前提下，餐饮企业可从地理、人口、心理、行为等各种因素方面，大致估算潜在消费者的需求，并采取开放性面谈等方式进行尝试性调查，以了解市场需求状况。将所有可能的影响因素收集起来之后，餐饮市场研究人员凭直觉、创造力和市场知识，从中选择较为重要的因素作为进一步深入定量调查的变量。

3）正式调查并确定餐饮市场细分变量

在初步调查结果的基础上，餐饮企业根据已经确定的变量设计正式的调查问卷，设计抽样样本，开展正式调查。对不同类型、具有鲜明特征的潜在消费者进行调研，了解他们较为迫切的需求，然后加以归纳、总结，选出两三个作为市场细分的标准。

4）分析和预测并划分相应的市场群

对正式的问卷进行分析，一方面要找出各个细分市场之间的差别，另一方面要预测各个细分市场的潜力。

5）描绘细分市场

应当包括细分市场的规模、增长潜力、品牌状况、潜在利润等，还应当包括各种变量，如个性变量、心理变量、社会变量、文化变量、顾客决策行为等在各个细分市场中的重要性和影响方式。最后，结合细分市场的消费者的特点，为每个细分市场用最显著的差异进行命名。

6）进一步分析各细分市场的具体特点

深入考察细分市场的特点，分析各市场的不同需求及购买行为，了解影响细分市场的新因素，以决定各细分市场有无必要再做细分或重新合并，以不断适应市场变化。

7）评估各细分市场

基本决定各细分市场的类型后，餐饮企业应测量每个细分市场潜在顾客的数量，因为它决定餐饮企业产品的潜在销售量，影响企业的获利机会。

3.2　餐饮目标市场选择

通过餐饮市场细分，餐饮企业会发现不同欲望的消费者群，发现市场上未得到满足的需求。在任何时候和任何地点，都会经常存在一些“未满足的需求”，这种“未满足的需求”就是市场机会。但并不是所有的市场机会都会成为餐饮企业的机会。一般来说，只有与餐饮企业的目标、任务、资源条件相一致并且比其他竞争者有更大优势的市场机会才是企业机会。

3.2.1　目标市场与餐饮目标市场的概念

市场的选择事实上是对满足餐饮市场上哪一类消费者需求所做的选择，确定了市场机会,也就基本上确定了餐饮企业的目标市场。

1)目标市场的概念

目标市场是指企业在评价各细分市场的基础上,根据自身的条件,所选定的一个或几个能给企业带来最佳经济效益的细分市场。

2)餐饮目标市场的概念

餐饮目标市场是指餐饮企业在市场细分的基础上,将其确定为企业服务对象的最佳细分市场。餐饮目标市场是餐饮企业为满足现实和潜在的餐饮消费需求而即将开拓的特定市场,这一类的消费者群体的市场需求将成为餐饮企业进行营销活动的对象。

餐饮目标市场与餐饮市场细分是两个既有区别又有联系的概念。餐饮市场细分是发现餐饮市场上未满足的需求与按不同标准划分消费者群的过程,而确定餐饮目标市场则是根据餐饮企业自身条件和特点选择某一个或几个细分市场作为营销对象的过程。因此,餐饮市场细分是选择餐饮目标市场的前提和条件,而餐饮目标市场选择则是餐饮市场细分的目的和归宿。

3.2.2 餐饮目标市场选择的意义

选择好目标市场,对于餐饮企业来说具有十分重要的意义。

1)目标市场选择准确与否,直接关系餐饮企业的兴衰成败

餐饮企业所面对的目标市场的状况,在一定程度上预示着企业未来的命运。如果餐饮企业所选择的是一个繁荣的、蒸蒸日上的目标市场,会促使企业兴旺发达,前景广阔;反之,如果面对的是一个萧条的、日益衰败的目标市场,则会使企业前途暗淡。所以,选择一个良好的目标市场,是餐饮企业生存和发展的重要条件。

2)可以更好地发掘和把握市场机会,提高餐饮企业的竞争力

研究各个细分市场的大小、需求被满足的水平,竞争者活动等情况,可以确定本企业在该市场的销售潜力。这么做可以发现哪些市场尚未开发,哪些已经饱和。这样可以帮助餐饮企业确定这种市场机会是否与该餐饮企业的任务和目标相一致,是否具备利用市场机会的条件,在利用这种市场机会时是否具有较其他竞争者更大的优势,从而把握市场机会,避开威胁。一个餐饮企业,如果目标

市场选择合理,能够扬长避短,发挥自己的优势,就可以增强自己的竞争能力。

3)选择目标市场,是餐饮企业制定营销策略和选择营销组合的前提条件

选择好目标市场之后,餐饮企业要分析对各细分市场可采用的市场营销组合,并据以判断该细分市场的机会是否足够收回所花费的市场成本。如果餐饮企业资源有限,可以集中力量于一个或少数几个能赚钱的细分市场,实行集中市场营销。反之,餐饮企业资源丰富,可拥有广度和深度较大的产品组合,便可依据不同细分市场的相对吸引力分派力量,覆盖全市场。营销人员还要依据不同市场的需求和吸引力,从下到上,一步步建立起可行的市场营销目标和决策预算分配。相反,要是由上到下,硬性地指定市场营销目标,不分轻重地随意分派力量到各市场,不仅会浪费餐饮企业资源,还会使企业做出错误的市场营销努力,严重影响企业收益。

3.2.3 餐饮目标市场选择程序和原则

正是因为目标市场的选择对餐饮企业至关重要,餐饮企业选择目标市场时,必须认真评估目标市场的营销价值,研究企业所面对的各类细分市场的规模、赢利能力、需求变动趋势,并分析本企业对细分市场的招徕和控制能力等。这就要求餐饮企业在进行目标市场选择时,遵循一定的程序和原则。

1)评估细分市场

这是选择目标市场的第一步,即对各细分市场规模、增长率、结构、吸引力等方面予以准确评估,把握最佳的市场机会,决定细分市场的取舍。

(1)细分市场规模和增长率

目标市场应具备一定规模,使餐饮企业有利可图。市场规模是一个相对的概念,大餐饮企业偏好大市场,往往对潜在消费者感兴趣。而一些中小型餐饮企业则可避开与大餐饮企业的竞争,以经常光顾的老客户为主要服务对象。市场规模可以用市场容量来衡量。选择目标市场,一定要考虑市场的现实容量,即市场现实的需求量,要使其与企业的营销规模相适应,过大或过小对餐饮企业都是不利的。一个理想的市场,既要有适当的现实容量,又要有良好的发展前途,即有一定的潜在容量,才会符合餐饮企业不断发展的需要。市场增长率也会影响市场状态,餐饮企业总希望销售量和利润上升,与此同时,竞争者数目也会上升,从而改变市场竞争格局,使销售量和利润下降。

(2)细分市场结构吸引力

哈佛大学商学院波特教授指出,影响一个市场或一个细分市场长期赢利的因素有五个:行业竞争、潜在进入者、替代者、购买者和供应者。细分市场结构吸引力可以视为对该市场利润的期望值。期望值高,则吸引力大。而吸引力的大小则是上述五种要素在细分市场上的强度的一个函数。分析每一个细分市场的吸引力,是餐饮企业选择目标市场的基础和出发点。

2)选择目标市场

对各细分市场进行评估后,餐饮企业应根据一定的原则来确定其中的一个或几个作为目标市场。餐饮企业在进行目标市场选择时应遵循以下原则:

(1)目标市场必须与餐饮企业的经营目标和企业形象相符合

高档次、集团化的餐饮企业不适宜打入中、低档,大众化的消费者市场。反之,中、低档的餐饮企业对经济收入较高,社会地位较高的消费者不构成吸引力。即使是吸引力大的细分市场,一旦与企业的长期经营目标相偏离,餐饮企业也只能放弃这一细分市场。因而,餐饮企业选择目标市场时应考虑到企业形象和经营目标。

(2)目标市场必须与餐饮企业所拥有的资源相匹配

餐饮企业所拥有的人力、物力、硬件设施、软件条件等成为选择目标市场的重要依据。对适合企业经营目标的细分市场,餐饮企业则要考虑自身的生产能力,拥有的各种资源和技术,选择那些本身有能力满足其需要的细分市场作为目标市场。在所选择的目标市场上,餐饮企业应该能充分地发挥自身的优势,充分利用自身资源,扬长避短,突出自己的特色,方能使营销获得成功。

(3)目标市场必须具备结构性吸引力

如果一个细分市场具备众多竞争者,则该细分市场对于餐饮企业而言吸引力下降。餐饮营销业的市场进入几乎没有壁垒,资本和劳动力自由流动,因而目标市场的吸引力并不高。另一方面,替代品会限制该细分市场的潜在收益。并且,买方市场的吸引力也有限,除非餐饮企业有独特的竞争优势,有足够的力量将消费者争取过来。因此,餐饮企业选择目标市场不仅要注意结构性吸引力,同时,还要预测目标市场是否具有潜在效益;不仅要注重销售量,更应该重视利润,应选择赢利的细分市场为目标市场。

(4)餐饮企业必须对目标市场有较强的控制能力

即不容易被竞争对手排挤掉。市场控制力表现在三个方面:一是目标市场上没有竞争对手或竞争对手很少;二是有少数竞争对手,但竞争不激烈;三是餐饮企业有足够的实力击败竞争对手。

3.2.4 餐饮目标市场营销策略的选择

选择目标市场的目的,是为了开发和占领目标市场。因此,餐饮企业必须进一步研究、制定和实施进入、占领目标市场的营销策略问题。

1)餐饮目标市场基本营销策略

与其他企业一样,餐饮企业占领目标市场的基本策略有三种,即无差异性目标市场策略、差异性目标市场策略和集中性目标市场策略。餐饮企业可以根据实际情况和具体需要从三种目标市场策略中择优选择而为之。

(1)无差异性目标市场策略

即餐饮企业只提供一种产品和实施一种市场营销组合,试图去满足整体市场上大多数消费者某种共同需求的策略,如图3-2所示。显然,该战略的目标市场就是整体市场。

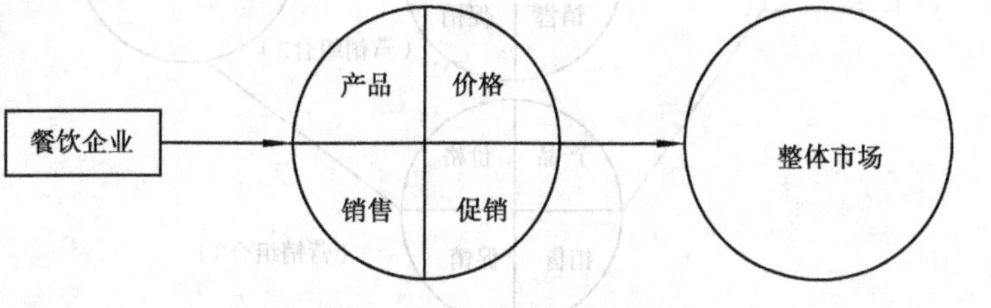

图3-2 无差异性目标市场策略

餐饮企业采用这一策略一般要具备以下条件:第一,有大规模的单一餐饮产品生产线;第二,有广泛的销售渠道;第三,餐饮产品在消费者中有广泛的影响,且质量好,企业有独特的不易外泄的生产诀窍;第四,餐饮产品用于满足人们的基本需求,消费者的需求差异较小;第五,企业目前处于需求大于供给的卖方市场。

无差异性目标市场策略的优点在于:可以减少餐饮企业的经营成本和营销费用。因其销售量较大,餐饮企业的生产能力易实现经济规模,单位产品和服务的生产成本和营销费用都比较低,因而有利于降低成本而获利。其缺点在于:易使餐饮企业忽略市场需求的差异,对市场需求的变化反应迟钝,市场适应能力差。无差异营销不能适应竞争激烈的市场环境,当多数餐饮企业都采用这种策略时会导致较大市场的内部竞争加剧，从而增加餐饮企业的经营风险。所以，餐饮企业如果选择无差异性目标市场策略，关键在于把单一的产品做出特色，做出品牌来。

(2)差异性目标市场策略

即餐饮企业为细分出的所有子市场提供互有区别的产品，并分别为各子市场组织实施一组富有特色的市场营销组合，以满足所有子市场各自特殊需求的策略，如图3-3所示。显然，这种目标市场策略虽然进行了市场细分，但仍然视整体市场为其目标市场。

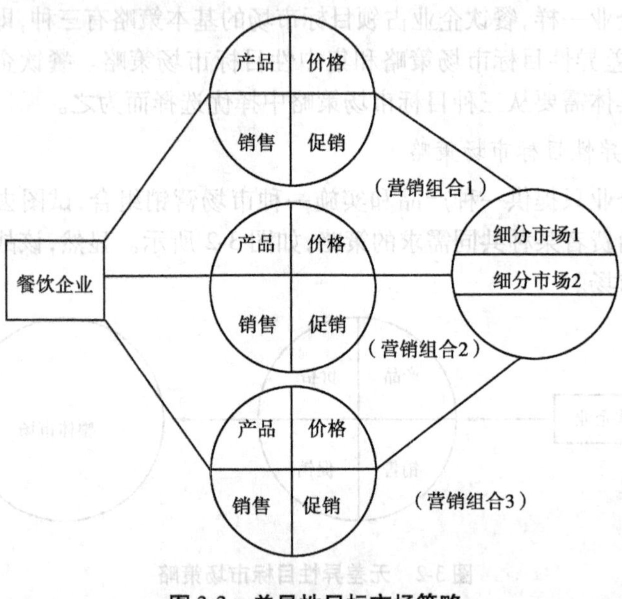

图3-3 差异性目标市场策略

选择这一策略的餐饮企业需具备如下条件：第一，有一定的规模，人力、物力、财力较雄厚；第二，餐饮企业的技术水平、设计开发能力与之相呼应；第三，餐饮企业有较好的营销能力，具有鲜明的形象；第四，市场的需求差异较大，而各自的细分市场吸引力均衡。

采取差异性目标市场策略的优点在于：由于餐饮企业推出多种产品，实施多种营销组合，以便尽可能地满足整体市场中各个子市场的特殊需求，因而大大地提高了销售总额，扩大了在整体市场中的总市场占有率，同时，亦有利于提高企业的知名度和树立企业形象。其缺点在于：由于资源分散经营，不能产生理想的经济效应，产品的种类和市场营销的多种组合，相应增加单位产品的生产成本和经营费用。因此，差异性目标市场策略是一些财大气粗的大型餐饮企业经常采用的策略。

(3)集中性目标市场策略

即餐饮企业将自身的资源和营销集中在某一个或少数细分市场上,实行专业化生产和销售,使餐饮企业在目标市场上有较大的市场占有率,以此弥补在较大市场上的较小市场占有率,如图3-4所示。这一策略适合于实力薄弱的中小型餐饮企业,尤其是市场上存在一些被大的餐饮企业所忽略的“空白”地带,即存在被他人遗忘因而尚未得到满足的需求时更是如此。

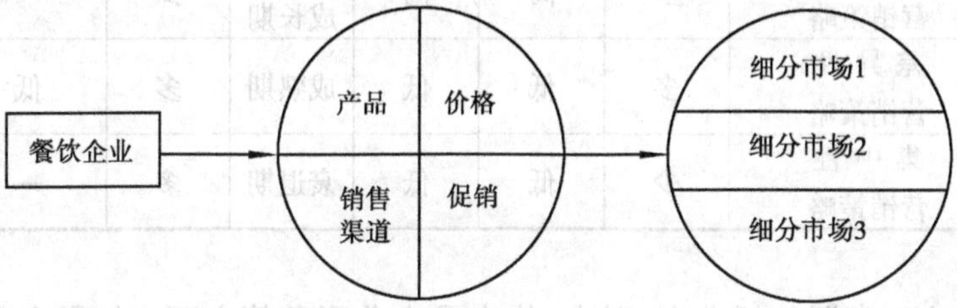

图3-4 集中性目标市场策略

采用集中性目标市场策略的优点在于:有利于餐饮企业在目标市场中取得有利的地位。由于生产、服务和销售等方面的专业化,能够规范生产和服务,同时可大大降低餐饮市场营销的成本。正确地实施这一策略,使餐饮企业能够在一个或少数几个子市场中占有较大的份额,同样可以获得可观的利润,其经济效益远远胜过于分散力量。其缺点在于:集中营销无形中增加了餐饮企业的经营风险。餐饮企业的所有资源过分地依赖于一个细分餐饮市场上,当目标市场发生不利于餐饮企业的变化时。例如,潜在消费者的需求在短时期内发生了较大的变化,老顾客转向竞争者,竞争者推出更富有竞争力的产品和服务等,将会使企业经营陷入困境之中。此外,餐饮企业在某一目标市场确定了自己的地位,树立了自己的形象后,很难再改变形象,去吸引其他的细分市场。

2)餐饮目标市场营销策略选择的影响因素

目标市场选择的正确与否,对于餐饮企业的营销成败极为关键。影响和制约餐饮企业选择目标市场策略的因素是多方面的,必须将各种相关因素综合起来加以考虑,如表3-1所示。具体包括:

(1)餐饮企业资源

餐饮企业在选择目标市场策略时,一定要充分考虑本企业的竞争实力与资源等情况,其中特别是资金问题。因为竞争是残酷无情的,在竞争的僵持阶段餐饮企业如果没有充足的后备力量,是很难避免失败的悲惨命运的。所以,对自身实力清醒认识是餐饮企业选择目标市场战略的前提和关键。

表 3-1 餐饮企业目标市场营销策略的决定因素

参考标准 营销策略	企业资源	市场同质性	产品同质性	产品生命周期	竞争对手数目	竞争对手营销策略
无差异性营销策略	多	高	高	介绍期 成长期	少	—
差异性营销策略	多	低	低	成熟期	多	低
集中性营销策略	少	低	低	衰退期	多	—

餐饮企业资源包括人力、财力、物力及企业形象等方面。如果企业规模较大,实力雄厚,有能力占领更大的市场,可选择差异性营销策略和无差异性营销策略。反之,如果企业资源有限,实力薄弱,无力兼顾整体市场或更多的细分市场,可采用集中性营销策略。

(2)市场同质性

若餐饮市场上消费者的需求或偏好具有类似性,购买数量和方式无明显差异,说明市场同质性较多,可采用无差异性营销策略。反之,如果市场需求差别较大,则采取差异性或集中性营销策略。

(3)产品同质性

产品同质性是指本企业产品与其他企业产品的类似性。一般而言,如果餐饮企业提供的产品与其他企业产品同质性较高,宜采用无差异性营销策略。反之,如果餐饮企业提供的是异质产品,则适合差异性或集中性营销策略。

(4)产品生命周期

一般而言,如果产品处于投放期或成长期,竞争者少,可采用无差异性营销策略,以尽快进入市场。而当产品处于成熟期时,竞争者的数量增多,则改用差异性营销策略更有效。当产品走向衰退之后,则应采用集中性营销策略较为合适。

(5)竞争者数目

竞争者的数量较少,一般采用无差异性营销策略。而当竞争者的数量较多,竞争激烈,则宜采用差异性或集中性营销策略。

(6)竞争者的营销策略

一般来说,餐饮企业应尽量采取与竞争对手相悖的营销策略,以避免与其正面冲突。当然,这要具体分析本企业与竞争对手之间的实力状况,如果实力强于对手,亦可采用与竞争对手相同的营销策略。

总之,餐饮企业应综合考虑各方面因素,选择适宜的营销策略,或将多种营销策略组合运用,扬长避短,把握有利的市场机会,获得良好的营销效果。

3.3　餐饮市场定位

同选择目标市场一样,定位也是餐饮企业一项重要的营销战略。消费者常被太多的产品和服务信息所包围,他们不能在每次做购买决策时都重新评价产品。为简化购买过程,消费者把产品分类,他们在脑中将产品、服务和企业进行"定位"。这种定位是知觉、印象和消费者比较产品后的感觉的混合物。另一方面,在餐饮企业选定的目标市场上,往往会有竞争对手的同类产品和服务出现。也就是说,竞争者已在这个目标市场上捷足先登,甚至已占据了有利地位。因此,餐饮企业为了出奇制胜,就必须了解现有竞争者的实力、经营特色和市场地位等,从而确定本企业的产品或市场营销组合,进入目标市场后的相应的市场地位。

3.3.1　市场定位与餐饮市场定位的概念

早在20世纪40年代,"定位"一词就出现在市场营销的著作中。随着市场营销研究的发展,市场定位逐渐包括使产品在消费者心目中更加具有吸引力,并创造一个更加有利的销售地位的含义。60年代,公司形象受到理论界和实业界的重视和研究,进入了所谓的形象时代,市场定位得到进一步发展。70年代后,人们更加重视消费者的心理因素及定位,更加重视产品在消费者心目中形象的塑造。随着研究的逐步深化,市场定位的概念也日趋完善和成熟。

1)市场定位的概念

简言之,定位就是找准自己在顾客心目中的位置,其任务是为本企业或本企业产品在目标顾客心目中树立和造就一个与众不同或突出的地位。作为市场营销中的一项战略性工作，定位指的是旨在完成上述任务的活动过程；作为这一工作的结果，定位指的是本企业旨在使自己或自己的产品在目标顾客心目中所要占据的地位，也就是说，在目标顾客心目中所要树立起来的形象。

2）餐饮市场定位的概念

所谓餐饮市场定位，是指针对市场的竞争态势，餐饮企业在市场中即在潜在顾客的心目中为自己的产品和市场营销组合寻求和确定一个最恰当的位置的活动。换言之，餐饮市场定位就是塑造餐饮产品和服务在餐饮市场上的位置，这种位置取决于消费者和用户怎样认识这种产品和服务。具体地讲，就是餐饮企业从各方面为餐饮企业创造特定的市场形象，使之与竞争对手的产品显示出不同的特色，以求在目标消费者心目中形成一种特殊的偏爱。

餐饮市场定位的实质是取得目标市场的竞争优势，确定餐饮产品在消费者心目中的适当位置并留下值得购买的印象，以便吸引更多的潜在消费者。因此，餐饮市场定位是餐饮企业目标市场营销战略体系中的重要一环。它对建立有利于餐饮企业及其产品的市场特色，满足消费者的某种需求或偏好，从而提高餐饮企业竞争力具有重要意义。

3）餐饮企业成功定位的条件

餐饮企业在确定自己的餐饮市场位置之后，应当努力维持或提升其相对于竞争者的市场定位。一个成功的市场定位必须具备以下特征：

（1）定位应当是有意义的

餐饮企业要在市场中使自己的产品、品牌、包装、广告、服务等被消费者所识别，需要给予这些有关营销变量专门的特色，使他们和竞争者相应的营销组合变量有明显的区别，并使消费者可以方便地或习惯地认定，这就需要市场定位。但通过定位传递给消费者的信息变量应是其所关心和需要的。如果这些信息对消费者来说无关紧要、定位就没有达到应有的目的，也就不能使餐饮企业同竞争者区别开来。例如，有的餐饮企业经常宣传其历史悠久，但对消费者来说，这一信息对其购买决策的影响程度是极其有限的，他所关心的是口味、卫生、价格等涉及切身利益的问题。因此，餐饮企业在定位时，应当瞄准消费者的具体要求，避免华而不实。

（2）定位应当是可信的

理论上一个餐饮企业能为所有人提供所有的餐饮服务，但是这在实践中是难以实现的。往往行业中的领先者，并非那些声称无所不能的企业，而是集中某一专门领域的可信任的企业。事实上，那些吹嘘自己的中餐、西餐、南菜、北菜样样精通的餐饮企业，非但达不到宣传的预期效果，反而会使消费者产生疑惑，得不偿失。因为这样反而突出不了其定位的特色。如果餐饮企业能够根据自己的实际情况客观地进行市场定位，则会收到良好的效果。

(3)定位必须是独一无二的

餐饮企业应当在既定的市场上发掘能持续地使自己保持领先地位的方法。餐饮市场上存在许多不同的差异化途径能够使企业成为领先者。立足于企业层次的定位必须致力于管理和宣传自己差异化的位置，以提高企业的知名度和可信度，为此，企业必须不断地与顾客交流以期获得他们的支持，从而提升其市场位置。

3.3.2　餐饮市场定位的内容

餐饮企业市场定位包括的内容很多，主要有形象定位、产品定位、价格定位、消费群体定位、服务标准定位等。

1)形象定位

即餐饮企业以何种形象面对目标市场，为消费者提供何种产品和服务。这里所说的形象是餐饮企业的外观，包括建筑外观、餐饮企业的名称、标志、标准字体、标准色。所有这些视觉因素，直接影响人们对餐饮企业形象的看法。餐饮企业的建筑外观是消费者对餐饮企业最初的视觉接触点，必须结合自己的实际，体现自己的风格特色。餐厅的名称应体现餐饮企业经营宗旨，有助于餐饮企业形象的塑造。餐饮企业标志通常采用特定而明确的图案、造型、文字、色彩，以体现该企业的经营理念、服务风格。

2)产品定位

即餐饮企业为消费者提供何种类型的产品。根据自己产品的某种或某些优点，或者说是根据目标顾客所看重的某种或某些利益去进行定位。餐饮企业营销人员在为产品定位时，应该强调三个要点：第一，为产品创造和培养一定的特色，树立一定的市场形象。这种特色有的可从产品实体上表现出来，有的可以从消费者的心理反映出来。第二，详细说明产品能为目标市场消费者提供的各种利益。第三，强调本餐饮企业产品与竞争对手产品的差异。

3)价格定位

价格是餐饮企业营销组合中最为敏感的一个因素。营销人员如何制定餐饮企业产品的价格,是定高价以吸收少数客人,还是定低价以吸引大多数客人。餐饮企业可以将其产品的价格作为反映其质量的标识,用以象征产品的质量。产品越具有特色,即产品的性能越好或者提供的服务越周到,其价格也就越高。对于一个提供全方位侍应服务的高档餐厅来说,为自己的产品制定高价,本身就会对顾客起到一种知觉暗示的作用,即他们可在这里得到周到的高等级服务。

4)消费群体定位

即餐饮企业以何种类型的消费者群体作为自己的目标市场。消费群体可以按前面所述的地理变量、人口统计变量、心理变量和行为变量等进行具体的细分,企业可以综合考虑自身的资源条件、产品特色和能够为消费者提供的利益等,定位于能够满足的消费者群体。通常,餐饮企业不会只选择某一类消费群体为目标市场,而是根据其实际情况选择几类消费群体作为自己提供产品和服务的对象。

5)服务标准定位

即以何种服务标准为消费者提供产品和服务。餐饮企业经营人员为自己餐饮企业确定何种服务质量标准,则完全要视其吸引哪种细分市场及其所处的市场竞争地位而定。餐饮企业服务的国际标准,是由业内人士经过长期研究与实践总结出来的,有丰富的内涵,主要包括:第一,服务的态度标准,是美国商业酒店业的创始人埃尔斯沃思·斯塔特勒先生曾经提出的,“服务指的是一位雇员对客人所表示的谦恭的、有效的关心程度”。第二,服务的行为语言标准,即微笑(Smile)、出色(Excellent)、准备好(Ready)、看待(Viewing)、邀请(Inviting)、创造(Creating)、眼光(Eye)这7个词所概括的服务(Service)标准。第三,服务要满足宾客个性需要的标准,即要求服务人员事先了解宾客的各种不同的需求问题,并且根据宾客的物质性的需求差别与心理性的需求差别来分别满足宾客的需要。第四,服务工作的指导方针,即以顾客为中心,微笑、真诚、友好地为顾客提供快速敏捷的服务,同时服务人员要有与其他人互助合作的团队工作精神,并非常熟悉自己的业务。服务标准种类很多,有国家标准、行业标准、国际标准等,究竟选择哪种服务标准,要视餐饮企业自身的实力而定。服务标准定得越高,对餐饮企业越有利。

6)销售渠道定位

即通过何种销售渠道将餐饮企业的产品和服务传递给消费者。餐饮企业应设计一套销售渠道选择标准,包括渠道成员获利情况、渠道成员经营情况、是否销售补充产品、所吸引的客源市场情况、是否为本企业做宣传、是否同时也推销竞争产品、声誉情况、是否及时付款、是否雇用别的销售人员、是否提供所要求的服务、经营管理制度如何、是属于容易满足型还是唯利是图型等。通过对渠道成员的选择、评估,餐饮企业确定其所要使用的渠道成员,从而形成理想的销售渠道结构。

3.3.3　餐饮市场定位的原则

对于餐饮企业而言,赢得和保持顾客的关键是比竞争者更好地理解顾客的需要,尽可能向他们提供更多的价值,如提供比竞争者较低的价格,或者是提供更多的价值以使较高的价格显得合理等。餐饮企业可以把自己的市场定位为:向目标市场提供优越的、难以替代的消费差异,从而为企业赢得大量的非同寻常的优势。因而,餐饮企业定位最基本的原则在于运用差异竞争策略。具体包括:

1)餐饮经营方式差异化

即要求餐饮企业能够突破饮食的基本概念,在特色经营方式上做文章。例如,提倡"休闲餐饮"理念的必胜客西式连锁餐厅,扬州融饮食、理发、沐浴于一体的"三把刀"休闲文化的出现,使饮食消费出现了休闲消费的趋势。再如,体现文人菜特点的淮扬菜和淮扬文化的挖掘依赖的则是文化发展餐饮业的思路。由此可见,传统的餐饮经营方式和经营内涵正在悄然改变,许多原本附带的场景和服务项目正在快速地提升着餐饮附加值,多样化的经营方式在不断丰富着餐饮市场。餐饮企业要充分发掘自身优势,走特色经营之路。

2)餐饮产品差异化

餐饮产品差异化主要包括餐饮产品的质量、特色及产品形式等方面。突破单纯追求餐饮产品"色、香、味"俱全的传统观念,人们日渐注重食品、菜品的营养、健康和安全。因此,"营养、健康、安全"这三大概念,是未来餐饮产品的主导趋势。例如,强调"原汁原味,符合饮食养生之意"的土菜市场的兴起,花样繁多的"绿色"食品受欢迎的程度,让许多餐饮企业都意识到了这一点,并开始注重符合人们新的饮食理念的特色产品的研发和制作。

3)餐饮服务差异化

当某一餐饮产品较难区别于其他竞争产品时,其在市场竞争中取胜的关键就是服务了。服务差异化体现在服务的种类、规格以及质量等方面。例如,肯德基在全球推广的“CHAMPS”(冠军计划),是肯德基取得成功业绩的主要精髓之一。其内容为:保持美观整洁的餐厅(Cleanliness);提供真诚友善的接待(Hospitality);确保准确无误的供应(Accuracy);维持优良的设备(Maintenance);坚持高质稳定的产品(Product Quality);注意快速迅捷的服务(Speed)。冠军计划有非常详尽、操作性极强的细节,要求肯德基在世界各地每一处餐厅的每一位员工都严格地执行统一规范的操作。这不仅是行为规范,而且是肯德基企业的战略,是肯德基数十年在快速餐饮服务经营上的经验结晶。再如,有些餐饮企业实行与超级市场类似的固定客户“会员制”,有些餐厅还为客人配备“职业点菜师”、“营养配餐员”等,都是特色服务的体现。随着消费者品位的不断提高,餐饮企业应该更加重视服务的个性化和差异化。

4)从业人员差异化

餐饮企业最根本的资源是人,任何差异化的竞争策略最终归结为人员差异,人员差异主要体现在能力、品德、知识和仪表等方面。餐饮企业应该重视对人力资源的开发,努力培养和打造一支具有本企业特色的、代表企业形象的忠诚的员工队伍。

以上各种差异策略最后构成餐饮企业的市场形象差异,使餐饮企业以鲜明的个性、生动的形象奠定其市场位置。

3.3.4 餐饮市场定位三步曲

确定餐饮企业的市场定位,首先要调查目标消费者的需求和爱好,研究目标消费者对于餐饮产品的实物属性和心理方面的要求及重视程度;其次,研究竞争者产品的属性和特色,以及市场满足程度。在此分析研究基础上,餐饮企业可根据产品的属性、档次、用途、消费者心理满足程度、产品在市场上的满足程度等因素,做出产品的市场定位决策,对本企业产品进行市场定位。具体而言,餐饮市场定位工作包括三个步骤:

1)确定自己的竞争优势

消费者一般会选择那些能给他们带来更大价值的餐饮产品和服务。所以,赢得和留住消费者的关键是要比竞争者更加了解他们的需要和购买过程，并给消费者带来更大的价值。如果餐饮企业定位在为目标市场提供更大的价值，那么餐饮产品售价一定要比竞争者低；如果定价定得较高，则一定要提供相应的利益。只有这样，餐饮企业才能具有竞争优势。

一般来说，餐饮企业可以在产品、服务、人员和形象等四个方面与其竞争对手创造差别，形成本企业的竞争优势。例如，在产品方面，餐饮企业可以宣称自己的某道拿手菜绝无仅有。我国许多传统的餐饮老字号在宣传时经常采用这种方法。在服务方面，餐饮企业可以在服务的周到、快速方面做文章。在人员方面，餐饮企业可以强调企业员工的高素质、专业化。在形象方面，可以在餐饮企业的标志、装修档次和特色等方面下工夫。这些都可以使餐饮企业与其竞争对手形成差异。

2）选择相对竞争优势

相对竞争优势表明餐饮企业能够胜过竞争者的能力。这种能力既可以是现有的，也可以是潜在的。准确地选择相对竞争优势是餐饮企业各方面实力与竞争对手的实力相比较的过程。比较的指标应是一个完整的体系，只有这样，才能准确地选择相对竞争优势。通常的方法是分析本企业与竞争者相比较在以下几个方面的优劣势：

（1）技术开发方面

主要分析企业的技术资源（如专利、技术、诀窍等）、技术手段能力和资金来源是否充足等。

（2）产品方面

主要考虑企业本身可利用的特色、价格、质量、服务、市场占有率、信誉等。

（3）采购方面

主要分析企业所采用的采购方法、储存、运输系统、供应商合作以及采购人员水平与能力等。

（4）生产方面

主要分析企业的生产能力、技术设备、生产过程控制以及职工素质等。

（5）经营管理方面

主要考察企业管理层的领导能力、决策水平、计划能力、组织能力以及应变能力等。

(6)市场营销方面

主要分析营销人员开拓市场的能力、销售能力、市场研究、分销网络、服务与销售战略、广告、资金来源是否充足以及市场营销人员的能力等。

(7)财务方面

主要考察企业长期资金和短期资金的来源及资金成本、支付能力、现金流量以及财务制度与人员素质等。

通过对上述各方面的分析和比较,餐饮企业可以发现一些现实的与潜在的竞争优势,不过,它必须选择其中一个或几个来完成定位策略。在这方面,营销学界也存在认识上的差异。许多市场营销人员认为企业在目标市场只需全力展示一种优势。正如广告人罗瑟·瑞弗所言:企业应为每个品牌开发一种独有的营销主题,每个品牌都应该有其特点,并努力展示自己是"第一名",消费者容易记住这个"第一名",尤其是在信息泛滥的社会。不过,也有些市场营销人员主张餐饮企业应依据多种特点定位,如果几个竞争对手都称在某方面是最好的,这种多特点定位就很有必要了。当然,不论如何定位,餐饮企业都应避免模糊定位。

3)显示独特的竞争优势

这一步的主要任务是餐饮企业要通过一系列宣传促销活动,使其独特的竞争优势准确地传播给消费者,并在消费者心目中留下深刻印象。为此,餐饮企业要做如下工作:

①餐饮企业应使目标消费者了解、知道、熟悉、认同、喜欢和偏爱本企业的市场定位。在消费者心目中建立与该市场定位相一致的企业形象和产品形象。

②餐饮企业要通过一切努力强化自己的产品在目标消费者心目中的形象,保持对目标消费者的了解、稳定目标消费者的态度和加深目标消费者的感情,来巩固与市场定位相一致的企业形象和产品形象。

③餐饮企业应注意目标消费者对其市场定位理解出现的偏差或由于餐饮企业市场定位宣传上的失误而造成目标消费者模糊、混淆和误会,及时纠正与市场定位不一致的形象。

餐饮企业一旦有了定位,必须采取有力措施去向目标消费者交流并传递这种定位形象。餐饮企业的全部营销组合策略也必须支持这个定位。例如,如果餐饮企业定位是好的质量和服务,设计营销组合策略,确定产品、价格、渠道、促销等都要围绕着这个定位。因此,如果餐饮企业实施了高质量定位,那么它必须生产高质量产品，制定高一些的价格，雇佣和培训高素质的服务人员，选择高效率的广告媒体，从而建立起令人信服的高质量和高水准市场定位。另外，餐饮企业一旦在市场中有了自己的位置，要通过持续的努力和交流来保持它。针对不断变化的市场需求，餐饮企业要经常调整自己在市场中的位置，以适应消费者的需要和竞争对手竞争策略。

3.3.5 餐饮市场定位战略

市场营销专家指出：没有一个定位方法能用之四海而皆准。因此，在制定定位战略时，餐饮企业一定要一切从实际出发，正确处理本企业与消费者、竞争对手三者之间的相互关系，具体问题具体分析。一般而言，首先要弄清楚在客观环境条件的制约下，消费者在想什么，他们为什么会这样想；竞争者正在和将要干什么，他们为什么要这样做；本餐饮企业应该干什么，应该怎样去做才是上策。然后，从潜在消费者的心理入手，根据市场竞争态势，其中特别是要慎重考虑企业与主要竞争对手在市场中的竞争地位，是市场主导者（领先者、领导者）、挑战者、追随者，还是补缺者（利基者），酌情量化处理或应用定位图等工具，为餐饮企业向目标市场所提供的产品和营销组合寻求和确定最恰当的市场定位。可供选择的餐饮市场定位的基本模式有：

1）市场主导者定位战略

餐饮企业在目标市场中始终保持第一位的优势，在产品质量、规格及服务上要先声夺人，始终以领袖地位引导着这一市场的消费需求的发展方向。餐饮企业应从以下几方面着手：第一，扩大总需求，寻找新消费者；第二，保持现有市场份额，通过扩大或缩小经营范围来实现；第三，继续提高市场占有率，提高营销数量。

2）市场挑战者定位战略

餐饮企业致力于改善自己的市场地位，争夺领先者市场，可采用以下策略：

（1）毗邻定位战略

这是一种定位于紧贴某一竞争对手的附近，集中力量向竞争对手的主要强项挑战，是一种向竞争者正面进攻的战略。由于二者所提供的产品及营销组合极其相似，因而不可避免地会导致激烈的竞争，所以，餐饮企业在选择这种定位战略时，必须慎重考虑是否拥有竞争优势、在竞争的相持阶段是否有足够的资金支持以稳住阵脚,等等。否则,极易招来杀身之祸。通常,只有充当市场领袖或者拥有杀手锏(如专利产品等)的餐饮企业,才采用毗邻定位战略。

(2)侧翼定位策略

这是一种定位于主要竞争对手侧翼,集中优势力量攻击竞争对手弱点的战略。在制定定位战略时,市场领袖们的自由度比较大一些,即他们可以比较自由地对自己的产品和营销组合定位。而一般的餐饮企业则要受到多种条件的约束,面对强大的竞争者,明智之举应该是避实就虚,酌情定位于主要竞争对手的侧翼,首先吞食其市场份额。等待时机成熟后,再一拳将竞争对手击倒在地。只要定位准确,一针见血,尽管是侧翼,也同样能达到击败竞争对手的目的。

3)市场追随者定位战略

餐饮企业为避免在市场竞争中损失增大而自觉维护与领先者共存的局面。追随并不意味着单纯模仿。追随者设法给自己的目标市场提供特殊利益,培养自己的优势,降低成本,保持较高的产品和服务质量。

4)市场补缺者定位战略

即定位于市场"空白"地带的战略。精心服务于市场某些细小部门的专业性旅游企业,可以根据消费需求变化,寻找市场"空白"或薄弱环节。当发现整体市场中尚有未开发的子市场即"空白"地带时,餐饮企业可以长驱直入,通过专业性经营占据有利的市场位置。但必须认真考虑:该空白地带是否具有商业开发的价值;一旦开发成功且有利可图,竞争者是否会蜂拥而来,届时是否能够应付等问题。通常,具有某种特长的企业以及那些对市场变化反应灵敏的企业常采用这种定位战略。这种情况在现实的市场上也是经常发生的。

总之,市场定位强调"差异性"和"个性",即餐饮企业通过使自己的产品、服务和营销组合在消费者的心目中树立起有别于竞争者的独特而鲜明的市场形象,且尽可能形成强烈的"第一印象",促使潜在消费者认识、偏爱、购买和形成习惯购买,以便使餐饮企业能占领市场而最终拥有竞争优势。

教学实践

根据某餐饮企业(如学校附近的小吃店)提供的资料或自己通过市场调查得来的资料,运用餐饮市场细分标准对此餐饮企业所面临的整体市场进行市场细分，选择适合的餐饮目标市场营销策略，帮助餐饮企业有效地进入、占领目标市场并成功地进行市场定位。

本章自测

1. 什么是"STP"营销？

2. 什么是餐饮市场细分？餐饮市场的细分标准有哪些？细分的方法和步骤怎样？

3. 什么是餐饮目标市场？为什么餐饮目标市场的选择对于餐饮企业来说意义重大？

4. 餐饮目标市场选择的程序和原则是什么？餐饮企业目标市场营销策略有几种？

5. 什么是餐饮市场定位？包括哪些内容？何谓餐饮市场定位"三步曲"？定位战略有哪些？

相关链接

1. 中国金融网 http://www.zgjrw.com
2. 壹食品中国网 http://www.ifood1.com
3. 企业信息化联盟 http://www.globrand.com
4. 全球品牌网 http://www.226e.net

知识链接

肯德基的市场定位

肯德基以家庭成员为主要目标消费者。推广重点是较容易接受外来文化、新鲜事物的青少年，一切食品、服务和环境都是有针对性地设计的。这是因为青年人比较喜欢西式快餐轻快的就餐气氛，并希望以此影响其他年龄层家庭成员的光临。另外，肯德基也在儿童顾客上花费大量的精力，店内专门辟有儿童就餐区，作为儿童庆祝生日的区域，布置了迎合儿童喜好的多彩装饰，节假日还备有玩具作为礼品。

老字号红星二锅头的创新之路

所谓“兵无常势，水无常形。能因敌变化而取胜者，谓之神”。北京红星股份有限公司在积极推进企业从传统营销向现代营销转变过程中成效卓著。该企业在注重产品、价格、渠道、促销的同时，更加注重市场调研，市场细分、选择目标市场、明确市场定位，并不断进行市场整合、产品整合、品牌整合，在扩大规模的基础上努力提高产品档次和市场份额。到北京有三乐——登长城、吃全聚德烤鸭、喝红星二锅头，原本是一句流行语，现在，它已变成一种切实的营销手段。2005年1月，红星与全聚德强强合作，把红星二锅头与全聚德烤鸭一起摆上了餐桌。现在人们到全聚德吃饭，就可以在菜单上看到“全聚德—红星二锅头酒”，这是红星在营销中的又一创新。不仅利用全聚德在全国50家连锁店的优势进行配送，也避免了同类白酒间的相互竞争，同时又提升了双方的品牌影响力，构成红星、全聚德两大企业共同打造北京老字号的新方式。

第4章 餐饮产品策略

【学习目标】

本章通过对餐饮产品基本概念，餐饮产品生命周期各阶段的特点及营销策略的系统讲授；为学生制定餐饮产品组合策略和新产品开发的策略提供分析技能和操作手段。

【知识目标】

①理解餐饮产品的基本概念。

②掌握餐饮产品生命周期各阶段的特点及营销策略。

【能力目标】

①能够对餐饮产品生命周期进行分析。

②能够制定餐饮产品组合策略和新产品开发的策略。

【关键概念】

餐饮产品　餐饮整体产品　餐饮产品生命周期　餐饮产品组合　餐饮新产品

案例导入：

作为餐饮营销组合的四大要素之一的餐饮产品,不仅是旅游企业赖以生存和发展的基础,也是餐饮企业开始其经济活动的出发点。从经济学的角度来看,餐饮产品策略属于生产领域,而价格、渠道、促销则属于流通领域。所以,制定合理、有效的餐饮产品策略,直接决定着其他三大策略。即餐饮产品成功与否直接决定了整个餐饮市场营销的成败。

随着消费水平的不断提高,居民消费观念日趋转变,餐饮消费大众化趋向愈加明显,消费品位和服务层次也不断提高,餐饮业发展呈现出多元化,快速发展的繁荣势头。中国商务部2007年3月29日发布的数据分析显示,2007年中国人均餐饮消费支出预计将达915元,餐饮业市场运行将继续以17%左右的速度高速增长,全年零售额有望达到12 100亿元。餐饮消费将保持旺盛的发展势头。目前,中国人均餐饮消费刚刚达到100美元,与美国1 600美元、法国1 050美元,相比之下仍有较大发展空间。但餐饮业的发展也面临着企业自身和外部环境两个方面的压力。餐饮企业如何设计产品以满足市场需求,提高企业竞争力,成为当务之急。

4.1 餐饮产品概述

餐饮产品是餐饮企业生产经营活动的核心物质载体,是餐饮企业的"生命",没有产品,餐饮企业的生产经营也就无从谈起。

4.1.1 餐饮产品概念

人们经常把具有实体形态的物品叫做产品。现代经济学把所有凝结人类的一般劳动,具备使用价值和价值,准备进入市场的有形或无形的东西都定义为产品。餐饮产品由有形的菜点和无形的服务两部分构成并被归为服务类产品。有人认为餐饮产品以有形的菜点部分为主体,服务部分为辅助。有人认为餐饮产品以无形的服务部分为主体,有形的菜点部分为辅助。可谓仁者见仁,智者见智。

4.1.2 餐饮整体产品的概念

从餐饮产品的整体概念来看,餐饮产品整体概念从满足消费者的需求来说,可分解为三个层次：核心产品、形式产品和附加产品。

核心产品是餐饮产品整体观念中最基本、最主要的部分，是指消费者购买某种餐饮产品时所追求的根本利益，是宾客需求的中心内容。不同的宾客在购买餐饮产品时所需解决的基本问题是不同的。如有的宾客是为了便宜、实惠，而有的宾客是为了讲氛围、讲排场。所以餐饮营销人员应善于发现宾客购买餐饮产品时他所追求的根本利益，从而提供符合宾客需求的餐饮产品。

形式产品是指核心产品借以实现的形式，即向市场提供的实体和服务的具体形象。餐饮产品的基本效用必须通过具体形式得以实现，如盛菜的器皿（包括质地、形状等）、盛饮料的杯子的形状、大小、质地等。营销者应首先着眼于顾客购买餐饮产品时的核心利益，设计形式产品以求更完美地满足顾客的需要，从而获得利益。

延伸产品是指顾客购买餐饮产品时所得的附加服务与利益，它能给顾客带来更多的利益和更大的满足。如顾客购买某种菜时能给客人提供这种菜的热量信息、各种功效，以及有关这道菜的典故。美国学者西奥多·莱维特（Theodore Levitt）曾经指出："真正的竞争不是发生在各个公司的工厂生产什么产品，而是发生在其产品能提供何种附加利益。"延伸部分通过给顾客提供多种附加利益，能形成吸引顾客的独特因素，创造顾客对产品的忠诚度，有助于餐饮经营者保持和扩大市场。

4.1.3 餐饮产品的特点

餐饮产品除具备一般产品的特性外还有其独特的部分，主要表现为：

1）餐饮产品是有形性与无形性的辩证统一

菜点产品与一般商品一样，有着具体的物质形态，可以在生产过程中制定详细具体的质量标准进行控制。宾客在食用前可以就其色、香、味、形等进行检查，发现明显的数量、质量问题可以要求退菜或更换。餐厅服务产品不具有具体的形态，宾客无法事前对服务进行检验和试用。服务一经实施，或优或劣就成定局。因而提高服务质量，必须探索并实行与一般商品不同的管理思路和方法。

2）餐饮产品的风味性

"一方水土养一方人"，不同国家、不同地区、不同民族的地理、气候和生活环境、生活习惯不同，各地物产不同，食品原材料不同，从而使餐饮产品形成各种不同风味，具有鲜明的民族性和地方性。例如，西餐有法式、美式、俄式、英式之分，中餐有鲁菜、川菜、淮扬菜、粤菜之别。长期的历史发展，餐饮风味积淀成餐饮文化，餐饮管理拥有了继承与创新的广阔空间。

3）餐饮产品生产、销售、消费的同一性和同时性

宾客入座点菜，既是消费的开始，也是餐饮产品生产与销售的开始。宾客用餐的过程，也是服务生产与提供的过程。没有宾客进餐厅消费，就没有餐饮菜点与服务的生产与销售。一般商品的生产、销售、消费是各自独立可以分离的过程，可以发生在不同的时间、不同的地点。餐饮产品与服务是生产者与消费者直接接触，不经过中间环节，当场生产、销售与消费。因而餐饮质量的控制没有回旋余地。餐饮管理的方法要适宜餐饮产品的特点。

4）餐饮产品的不可贮存性

菜点的原材料是提前准备的，但菜点的生产过程一般时间较短暂，并且是专为宾客的预订或现点而生产的。菜点一般不宜提前预制或规模化、批量生产，这正是餐饮生产与其他工业生产的根本区别。餐饮服务更不存在独立的生产过程和独立的存在形态，不存在丝毫贮存的可能性。这就决定了餐饮产品的产量只能跟随宾客的上座率而波动，餐饮管理必须以营销为龙头，有效地控制宾客的流量，从而达到餐饮生产负荷的平衡与经济。

5）餐饮产品的文化知识含量

菜点生产需要高超的烹饪技术和艺术，这包括食品营养学知识、烹饪中的物理与化学知识、微生物及毒腐现象的知识、机电设备的使用知识、菜点设计造型装点的历史文化知识和美术知识等。厨师劳动看似简单，实则不易。前厅服务需要掌握用餐环境、氛围、花草、灯光、音响、空调等知识，尤其需要服务心理学、消费心理学知识，以便顺应宾客情绪，搞好服务，还要掌握烹饪常识，以利推介菜点。因而，餐饮工作是一项知识、技术含量较高的复杂劳动，比一般工厂流水线上的单工序劳动要复杂得多。

4.1.4 餐饮产品体系

世界上的餐饮产品的品种多种多样，国内的如重庆的火锅、广东的蟹肉桂花翅、西北的猫耳朵、东北的小鸡炖蘑菇、北京的烤鸭、上海的松江鲈鱼、金华火腿等；国外的如法国的鹅肝、西班牙蒙茄尔的雪糕三文治、美国加州扬特维尔的鱼子酱配蚝等，无一不丰富着人们的餐饮选择。

世界餐饮业发展至今，餐饮产品日趋丰富和完善，主要源于市场竞争的激烈和消费者需求的增加。要想在餐饮市场中争得一席之地，靠单一的餐饮产品是达不到目的的。因此，餐饮产品的品种和数量的增加十分迅速，逐步形成完善的产品体系。

1）餐饮产品种类

按照不同的市场细分标准，产生了不同系列的品种丰富的餐饮产品体系。

（1）依据餐饮产品的国别可分为中餐和西餐

西餐是我国对以欧美为主的国外餐饮食品特色的统称，从口味、制作、文化三个方面区别，主要分为口味各异的欧美、自成体系的东南亚、日韩等几大类，包括法国菜、俄国菜、意大利菜、墨西哥菜、日本菜、美国菜等。

（2）依据菜系可分为八大菜系或十大菜系

中国是一个餐饮文化大国，长期以来在某一地区由于地理环境、气候物产、文化传统以及民族习俗等因素的影响，形成有一定亲缘承袭关系、菜点风味相近，知名度较高，并为部分群众喜爱的地方风味著名流派，称作菜系。它由历代宫廷菜、官府菜及各地方菜系所组成，主体是各地方风味菜。其中最有影响和代表性的也为社会所公认的有鲁、川、粤、闽、苏、浙、湘、徽等菜系，即人们常说的“八大菜系”。加上京菜和鄂菜，即为“十大菜系”。

（3）以餐饮产品本身属性分为风味餐饮和主题餐饮

餐饮企业以产品为纲，如海鲜、野味、佛家素食、火锅、包子、烤鸭等，都有较为明确的产品特色。

①风味餐饮。风味餐饮主要是经营具有地方特色或民族特色的菜品，并以其特定风味来吸引目标客人的餐饮企业。风味餐饮可分为三类：一是经营风味菜系；二是经营风味菜肴；三是经营地方或民族风味小吃。风味餐饮具有明显的地域性，强调菜品的正宗、地道，否则就难以吸引顾客。风味餐饮装潢简单、质朴，气氛轻松和谐，与经营菜品的地方或民族风格相一致，但不降低卫生档次和服务标准。风味餐饮实行简化了的餐桌服务方式，即是一种非正式的、简便而经济的服务方式，具有家庭气氛，对客人有亲和力。风味餐饮餐具种类有限且简单。

②主题餐饮。主题餐饮主要是通过特殊环境布置、特殊装饰或娱乐安排等，全方位创造出具有特定文化主题的餐饮企业。主题餐饮为客人提供一种整体感受，而不单纯是餐饮。主题餐饮经营规模一般不大，提供餐桌服务。所以，这类

餐饮所提供的餐饮品种有限,但富有特色。主题餐饮的菜品不一定是最好的,但给人们提供的环境氛围和文化感受是最美的。可以说主题餐饮提供的是一种文化餐,满足人们对餐饮产品更高层次的需求,价格一般比餐桌服务型餐饮更高。

此外,餐饮根据在流通产品时间上的差异可分为正餐、快餐、茶餐、酒吧和"咖啡"餐饮。根据档次不同可以划分为高、中、低三个档次。但确立产品体系与目标客户接受产品体系是两个截然不同的概念。在现今的市场中,后者更需要餐饮企业通过系统化的营销工作来完成,这就需要时间和餐饮企业扎扎实实的工作。

2)餐饮产品质量

产品质量是餐饮企业的生命。餐饮产品的质量内容一般包括:产品使用价值的大小、产品生命周期的长短、产品可靠性和安全性、产品的价格。

(1)餐饮产品的使用价值

指能够满足顾客需求程度的高低,即餐饮产品的性能。因此,在餐饮产品的生产中,如何设计产品,恰如其分地满足不同顾客的需求,是餐饮业经营能否成功的关键。

(2)餐饮产品生命周期

餐饮产品生命周期就是在市场中所存在的时间,随着市场竞争的加剧,现代餐饮产品的市场生命周期日趋缩短,一方面反映了餐饮需求的多变,另一方面也加速了餐饮产品的更新换代。

(3)餐饮产品的可靠性和安全性

餐饮产品的可靠性和安全性主要从餐饮企业接待顾客的能力和接待环境中体现。餐饮业要求有卫生、健康的餐饮食品。同时,餐饮产品的安全程度,则要求顾客的安全和财产有保障,因此任何的疾病、自然灾害都可能影响其质量。

(4)餐饮产品的价格

餐饮产品的定价要合理。这主要从两个方面进行分析:一是质与价相符,二是要拉开价格档次。只有这样才能满足各种层次顾客的需要。

4.2 餐饮产品生命周期

产品生命周期是指产品从进入市场到退出市场所经历的市场生命循环过

程。餐饮产品也不例外,餐饮产品只有经过研究开发、试销,然后进入市场,其市场生命周期才算开始。餐饮产品退出市场,标志着其生命周期的结束。典型的产品生命周期一般可分为四个阶段,在生命周期的不同阶段,餐饮产品应采取不同的产品策略。

4.2.1 餐饮产品生命周期的含义

菲利普·科特勒指出,谈及产品生命周期(Product Life Cycle),实际上要说明四个问题:①产品有一个有限的生命;②产品销售经过不同的阶段,每一个阶段都对销售者提出不同的挑战;③在产品生命周期的不同阶段,产品的利润有高有低;④在产品生命周期的不同阶段,产品需要不同的营销决策。

餐饮产品生命周期是就餐饮产品的销售量与边际利润而言的,是指一项餐饮产品从进入市场到退出市场的整个时间过程。它一般要经过4个阶段:导入期、发展期、成熟期和衰退期。

4.2.2 餐饮产品生命周期各阶段的特点

餐饮产品在生命周期的不同阶段呈现出不同的特点,如表4-1所示。

表4-1 餐饮产品生命周期各阶段的特征

阶段	导入期	发展期	成熟期	衰退期
销售	销售量低	销售量激增	销售量最大	销售量减少
成本	单位顾客成本高	单位顾客成本一般	单位顾客成本低	单位顾客成本低
利润	利润低或亏本	利润激增	利润高	利润下降
顾客	创新者	早期使用者	中期大众	落后者
竞争者	很少	增多	数量稳中有降	下降

1)导入期

导入期是餐饮产品生命周期的第一阶段,又称为介绍期、初创期。在这个时期内,餐饮产品刚进入市场,还处在试销阶段,是否符合顾客需求,餐饮企业并无把握。而对于顾客来说,这些餐饮产品也还处在潜在阶段或观望阶段。因而这一时期的投资额很大,而销售额很低,利润极小甚至亏损。所以,在餐饮产品投放市场前,必须对产品的市场需求进行预测和可行性研究。对该产品是否具有特色,能否经得起竞争,消费者是否喜爱,能否取得可能的利润额,都必须进行充分的论证。

2)发展期

在发展期内,产品基本定型,已为广大顾客所熟悉和欢迎,并逐渐增加购买量。产品销售额开始快速增长,市场份额逐渐扩大,单位产品的广告费因畅销而降低,使成本大幅度下降,该产品开始赢利。顾客的日益青睐与媒体的关注提升了餐饮企业的市场形象。

3)成熟期

餐饮产品进入成熟期后,销量仍有一定增长,但增长速度逐渐缓慢,甚至逐渐趋向停滞。这时期餐饮产品的特点是:产品在市场上处于平稳饱和;更多的企业参与生产该类产品的竞争,使竞争更为激烈;产品的质量不断提高,服务项目增多,成本降到最低点,利润相对稳定。

4)衰退期

随着新产品进入市场或消费者需求偏好的改变,此时餐饮产品的销售量下降,利润低微甚至等于零或出现亏损。顾客对市场变化无动于衷,反应迟钝,不愿接受餐饮产品的新成分,甚至对餐饮产品中的原有成分也表示厌倦。产品营销的效果并不明显,许多竞争者也纷纷退出。与此同时,市场上开始出现新的换代产品或替代产品。

4.2.3 餐饮产品各阶段的营销策略

餐饮企业应用产品生命周期理论的目的主要在于:缩短餐饮产品的导入期,使顾客尽快熟悉与接受餐饮产品;设法保持与延长餐饮产品的成熟期,防止餐饮产品过早被餐饮市场淘汰;对已进入衰退期的餐饮产品应明确是尽快退出市场,以新产品代替老产品,还是通过促销使餐饮产品的生命力再度旺盛。

1)餐饮产品导入期的营销策略

餐饮产品在导入期的营销策略重点在于:加强与顾客的沟通,让顾客熟悉与了解餐饮产品;扩大餐饮市场营销渠道,扩大餐饮产品的市场占有率;提高餐饮企业的利润。

(1)加强广告宣传

餐饮产品在导入期阶段,应以产品知晓、创造产品知名度为营销重点。但该阶段餐饮企业由于广告费用过大,会出现一定程度亏损的局面。因此,广告宣传应有针对性,而且要注重效果。餐饮企业应注意凭借社会重大活动和造成广泛影响的事件,适时进行餐饮产品宣传,以引起社会的轰动效应,从而吸引顾客对餐饮产品的注意和激发顾客的购买热情。

(2)拓展餐饮产品市场

餐饮产品的市场开发是一项独立的创造活动,它不仅限于一般性的宣传,而且包括全方位扩展餐饮产品的销售渠道,通过价格策略占领市场份额或获取理想利润等。

(3)进行餐饮产品质量控制

餐饮产品初入市场,顾客对其产品质量的印象直接导致相应的口碑宣传,将会影响到该餐饮产品今后的发展。因此,餐饮企业要继续改进餐饮产品的生产设计和完善其配套服务,逐步提高餐饮产品的质量。

2)餐饮产品发展期的营销策略

餐饮产品发展期的营销策略的重点在于:提高餐饮产品的特色与优势、努力寻求和开拓新的细分市场、开辟新的销售渠道。

(1)继续扩大广告宣传

餐饮企业在这一阶段仍应重视广告宣传,但是广告宣传的重点应从建立产品的知名度转移到说服顾客购买餐饮产品上来。同时,餐饮企业要在广告宣传中提醒顾客本餐饮企业餐饮产品的特点。在这一阶段,餐饮企业还应进行各种公关活动,努力塑造餐饮企业在社会上的良好形象,增强顾客对餐饮企业及其餐饮产品的信任感。

(2)提高市场占有率

餐饮产品在发展期的市场机会是最大的,但市场变化也很快,机会往往稍纵即逝。因此,餐饮企业在这一阶段应以挖掘餐饮产品的市场深度为主,即餐饮企业要不断提高餐饮产品的质量,发展餐饮产品的品种和规模,以系列化的产品满足不同目标市场的需要。通过开拓新的销售渠道和加强销售渠道的管理,在巩固原有渠道的基础上开拓新市场。选择适当时机调整价格,以争取更多的顾客。

(3)努力创造名牌

发展期是餐饮企业创造名牌的最佳时期。餐饮产品要在顾客心目中留下深刻的印象,必须突出产品的特色,形成自身的优势。因此,餐饮企业要进一步改进餐饮产品的生产设计和完善配套服务。

餐饮产品的发展期,是餐饮企业获利的"黄金时期",也是创造名牌的最佳时期。餐饮企业同时面临着"高市场占有率"和"高利润率"的选择。实施市场扩张和渗透策略虽然会使餐饮企业暂时利润减少,但强化了餐饮企业的市场地位和竞争力,有利于维持与扩大企业的市场占有率。从长期利润观念看,餐饮企业更应该选择以扩大市场占有率为此阶段的主要目标。

3)餐饮产品成熟期营销策略

餐饮产品成熟期营销策略的重点在于:尽量回收资金;在保持原有产品优势的基础上,进行餐饮产品及营销组合的调整变革;努力延长这一阶段。

(1)尽量回收资金

餐饮产品在这一阶段销售增长率达到一个相对高点,然后便趋于下降,利润也开始缓慢下降,但是餐饮产品在这一阶段的销售量仍然处于较高的水平,而且成本能控制在较低的水平。此时,餐饮企业应保证尽量回收资金,不能因此时餐饮产品好销又赚钱,进行重复性投资。因为此时该餐饮产品的市场已趋于饱和,重复性建设难以吸引到客源,反而使餐饮企业出现资金浪费或亏损。

(2)改进餐饮产品设计

餐饮产品的改进主要表现在两个方面:一是餐饮质量与服务的改进,即根据顾客的反馈信息来完善餐饮产品,并以稳定、优质的服务来吸引顾客;二是对原有的营销组合因素进行调整,如进行新的市场开发、开辟多种销售渠道、采用灵活的定价策略等增强餐饮产品的市场竞争力。

(3)开发餐饮新产品

餐饮企业此时应准备实行餐饮产品更新换代,以适应顾客日益变化的需求。只有餐饮新产品与老产品保持良好的衔接关系,餐饮企业才会保持生命力。

餐饮产品的成熟期是餐饮产品社会需求量最旺盛的时期,此时对餐饮企业存在着一种诱惑。餐饮企业的决策者应清醒地认识到重复性投资的危害。在这一阶段,餐饮企业应通过产品改革、市场改革、调整营销组合、开发餐饮新产品等措施来尽量延长这一阶段,形成新的销售高潮。

4)餐饮产品衰退期的营销策略

餐饮产品衰退期的营销策略其重点在于:决定是逐步退出市场还是迅速撤

离市场。

(1)继续保留策略

继续保留策略即餐饮企业继续沿用过去的营销组合策略;将企业资源集中于最有利的细分市场,维持餐饮产品的集中营销,从最有利的市场和渠道中获取利润;大幅度削减营销费用,让餐饮产品继续衰落下去,甚至完全退出市场。

(2)立即放弃策略

立即放弃策略即餐饮企业一旦觉察到该餐饮产品已进入衰退期,就毫不犹豫地撤离市场。

餐饮产品在衰退期已经没有生命力,到了淘汰阶段。这一时期,餐饮产品的销售量会迅速下降,勉强维持下去会使餐饮企业处于极其被动的局面。因此,餐饮企业的决策者此时应果断处理餐饮产品在市场上的去与留。也就是说,要尽可能地缩短餐饮产品的衰退期,以减少对餐饮企业的损失。

4.3 餐饮产品组合

餐饮市场竞争的需要以及餐饮产品自身生命周期的限制,使餐饮企业不能单纯地经营一种产品,但也不是经营的产品越多越好。那么,一个餐饮企业究竟应当经营多少产品?这些产品如何搭配?这需要餐饮企业根据市场的需求以及企业的实力来制定合理的餐饮产品策略,优化餐饮企业的产品组合。

4.3.1 餐饮产品组合的含义

餐饮产品组合就是指餐饮企业通过对不同规格、不同档次和不同类型的餐饮产品进行科学的整合,使餐饮产品的结构更趋合理、更能适应市场的需求,从而以最小的投入尽可能大地占领市场,以求实现餐饮企业最大的经济效益。

餐饮产品的组合,一方面是指菜品和饮料在数量、风味特色、档次高低上的组合,另一方面也包括餐饮产品与服务上的组合。

餐饮产品的组合原则应以最有效地利用资源、最大限度地满足市场需要和最有利于竞争为标准。

4.3.2 餐饮产品组合的作用

不论何种市场,其需求总是在时间和空间上不断变化的,顾客需求也不例外,在不同的时代和地区,顾客的需求倾向各有特点。这些多样化的需求是餐饮企业组合开发餐饮产品的重要依据。餐饮企业通过产品的组合使其更能适应需求的变化。

通过进行餐饮产品的组合开发,可以使经过组合后的餐饮产品系列更具竞争力,更加适销对路,更能以最快的速度占领目标市场。

以长远的眼光来看,餐饮产品的组合能符合餐饮企业的发展战略,在既定的规划框架内着手开展,能使餐饮产品结构更加科学、合理化。

4.3.3 餐饮产品组合策略

所谓餐饮产品组合是指一个餐饮企业生产或经营的全部产品线、产品专案的组合方式,它包括三个变数:广度、深度和相关度。

1)餐饮产品组合的广度

这是指餐饮企业生产和经营餐饮产品组合类型的总和。餐饮产品组合类型多则为宽产品线,少则为窄产品线。宽产品线的组合,由于产品丰富程度较高、适应性强,故可以从多方面满足顾客需求,拓宽市场面,增加销售额,提高经济效益,同时还可以使餐饮企业的人、财、物得到有效利用,充分发挥其潜力,减少市场变化带来的各种风险,增强企业自身的调节功能和应变能力。相对而言,窄产品线的组合,则可以使餐饮企业集中优势力量,不断提高餐饮产品的质量,它有利于促进餐饮企业专业化水平的提升,也有利于餐饮企业集中力量创造名牌产品,降低其经营成本。

2)餐饮产品组合的深度

这是指餐饮企业每一个组合产品中所包含的不同类型、档次、品种、特色的单项餐饮产品,即餐饮产品的个数。较深的餐饮产品组合,能在市场细分化的基础上扩大市场,满足多种类型顾客的消费需求,提高市场占有率,在生产上实现批量少、品种多的特点。增加餐饮产品组合的深度,可以同时满足餐饮消费者的多种需求,更能提高餐饮消费者的满意程度,因而有利于餐饮企业提高服务质量和竞争力。而较浅的餐饮产品组合,便于餐饮企业发挥自身特色和专长,以塑造品牌来吸引消费者,增加销售量,可进行批量生产以求得规模效益。

3)餐饮产品组合的相关度

这是指餐饮企业生产经营的各类餐饮产品和各单项餐饮产品在生产、消费之间的联系程度,如在经营费用、广告宣传、销售渠道、餐饮内容替代方面互相支持的程度。注意关联度问题,在于表明进行餐饮产品组合时应注意到的限制条件。餐饮企业在增加餐饮产品组合广度时,如果产品系列之间的关联度过低,就会加大经营风险,因此,餐饮产品组合关联度是餐饮产品决策的重要概念。关联度大的产品组合可以使餐饮企业精于专业,使餐饮企业与产品的市场地位得到提高,使餐饮产品的整体形象得以突出,从而有利于经营管理水平的提高。对中小型餐饮企业而言,比较适宜关联度大的产品组合;而对于那些综合实力强的大型企业集团来说,关联度小的产品组合具有一定的垄断性,采取这种组合尽管成本昂贵,但足以保持其在这种产品领域的强势地位。

4.3.4 餐饮产品组合的评价指标

由于市场环境的不断变化,餐饮产品组合中的每一个因素也会随着形势的变化而不断变化。因此,管理者必须经常分析自己产品组合的状况和结构,根据市场环境的变化调整产品组合,在变动的形势中寻求产品组合的最优化。要达到优化餐饮产品组合的目的,首先必须对各产品项目在市场上的发展状况和趋势进行评价。餐饮产品组合的评价标准主要可归纳为以下三个方面:

1)发展性

根据餐饮产品生命周期理论,处于生命周期发展阶段或成熟阶段早期的产品,一般具有良好的发展前途。评价餐饮产品的发展性,应超越某个具体的范围,并根据整个市场上同类餐饮产品的总体情况进行评价。说明某种餐饮产品发展前途的主要指标是销售增长率。

2)竞争性

竞争性表明餐饮企业在整体市场上的竞争能力,最主要的评价指标是市场占有率。

3)赢利性

赢利性主要表现为利润额、成本利润率、资金利润率、资金周转率等,其中资金利润率是最具综合性的指标。

4.4 餐饮新产品开发

餐饮企业的新产品犹如企业的新鲜血液,能够给企业带来新的活力和动力。许多餐饮企业就是因为餐饮产品持续老化,而新产品不能有效适应市场,而导致竞争力低下,甚至企业倒闭。因此,餐饮企业能否持续不断地开发新产品,并得到市场的认可,是餐饮企业能否在市场竞争中获胜,实现企业的可持续发展的关键因素。

4.4.1 餐饮新产品的含义及类型

餐饮产品是一个通常包括实物产品形式、餐饮经营环境和气氛、餐饮服务特色和水平、产品销售形式等四方面内容的有机组合。所以在新产品的设计与开发上,要综合考虑这些因素。

餐饮新产品是指餐饮企业初次设计提供的,或者原来提供过、但做了某些改进,在内容、结构、服务方式、设备性能上更为科学、合理,更能体现餐饮企业特色,与原有餐饮产品存在差异的产品。即只要是整个餐饮产品构成中任何一部分进行了创新或改革,这种产品就属于新产品之列。

作为餐饮产品设计与开发中的核心部分,菜品创新一直是酒店餐饮不遗余力的主攻点。菜品创新是多种因素的组合,要兼顾到菜品的色、香、味、形、器、质等基本属性,同时要考虑到新原料的开发运用、原料组配创新、营养功效配比平衡、投入市场后的发展潜力等生产经营要素。

餐饮新产品按照其自身所具有的创新程度大致可以分为以下三种基本类型:

(1)全新型新产品

全新型新产品即为了满足顾客一种新的需求而设计、提供的具有新原理、新技术、新内容等的创新餐饮产品。由于新产品的设计、提供难度较大,产品开发周期较长,且投资多,风险大,故这类产品较为少见。

(2)改进型新产品

在原有的产品上进行改良,例如在原料搭配、菜点口味以及色泽、形状和烹制工艺上进行改进。这是目前餐饮业所谓创新菜点的主体。

(3)引进型新产品

引进型新产品也就是克隆复制他人的产品，这是一种餐饮业普遍采用的方法。由于现阶段的餐饮产品很少有专利权，一旦何种风味菜点经营成功，跟随者就会蜂拥而至，照抄照搬。虽然这种方法缺乏自己的特色，但却具备了成本低、风险小的优势。

4.4.2 餐饮新产品开发的过程

餐饮新产品的开发过程可以分为方案构思与筛选、餐饮产品试制、营销规划与商业分析以及餐饮产品试销和商品化等四个阶段。

1)方案构思与筛选

进行餐饮产品的开发，必须要充分了解创意阶段的市场信息和顾客需求情况，掌握最新的一手资料，在此基础上采取“走出去请进来”、集思广益的做法进行多种方案的构想。对构思的多种方案进行筛选，确定开发的品种或更新改造的最佳方案。

2)餐饮产品试制

在形成新产品概念的基础上进行试制和设计。产品创意是餐饮企业从自身角度去考虑，而产品概念则是指餐饮企业站在消费者的立场上看待产品。企业要根据消费者的需求把产品创意发展成为产品概念，将产品概念通过文字、图画描述或用实物等形式展示给消费者，观察他们的反映。

3)营销规划及商业分析

对已经形成的新产品概念进行营销战略规划，并在以后的开发阶段中不断完善。餐饮营销战略规划包括三个方面：第一，分析目标市场。在对目标市场的规模、结构和消费者偏好进行分析的基础上，对新产品的定位、市场占有率、销售额和利润率进行分析和预测。第二，制定短期营销策略，对新产品的价格策略、分销策略和近期的营销预算进行规划。第三，制定长期营销策略。

商业分析主要是针对新产品进行财务方面的分析，即估计销售量、成本、利润和风险，判断该新产品是否满足餐饮企业开发的目标。

4)餐饮产品试销和商品化

接下来就进入了产品的试销阶段，可以通过推荐品尝的方式征求顾客的意见,或者将试制的菜点制成即时性菜单进行销售。

在商品化过程中,最重要的就是把握新产品导入市场的时机、场所和方法。餐饮产品在其生命周期各个阶段的特点是不同的。在导入市场之前,首先就要分析市场中该类产品是否已经出现,出现了又是一种什么样的销售状态,自己的产品能否在这种态势下脱颖而出,然后再制定详细的上市营销计划。

4.4.3 餐饮新产品开发的策略

餐饮企业投入资金、人力、物力开发新产品的目的,是为了更好地满足顾客需要,获取更大的企业利润。但是新产品开发的风险又是客观存在的。不同的企业,由于实力不同,在新产品开发上的能力也各不相同,因此,餐饮企业应根据具体情况,选择适当的新产品开发策略。餐饮新产品开发策略主要有以下几种:

1)抢先策略

抢先策略是指餐饮企业在老一代产品衰退前,率先推出新产品,使其占领市场的新产品开发策略。

采用抢先策略的餐饮企业,必须随时注意市场上消费者的需求动向,同时把握竞争对手的状况和变化,当消费者需求开始变化时,及时推出新产品,始终占据市场领先地位。选用该策略的餐饮企业一般应具有较强的技术和管理实力,并且有一套灵敏的市场处理和反馈系统。

一些餐饮企业设立专门的菜品研究所,组织专业化的研究和试制人员,确定一系列的任务指标,这些就是在新产品开发上采用抢先策略的表现。

2)仿制策略

仿制策略是指餐饮企业将市场上已经存在且竞争者很少的其他企业产品,仿制成自己的新产品的开发策略。

使用这种策略要求餐饮企业随时关注市场上新产品的动向,包括新的餐饮形式、餐厅装修、餐厅风格、餐饮经营新模式等,它们可供借鉴,用以仿制出新的餐厅;也包括其他餐厅推出的受市场追捧的新菜品,经过吸收、改良,成为本企业的新菜品。

对大多数中小餐饮企业来说,它们更多地采用仿制策略。因此,应就新产品仿制制订周密的计划,并建立一整套工作程序,力求在减少投入的同时,不断推出市场反应好的新产品,提高企业的市场竞争力。餐饮企业广泛采用的“试味”就是仿制策略的体现。

3) 最低成本策略

最低成本策略是指在新产品开发时力求降低成本,以便用较低的价格渗透市场,扩大市场占有率。

该策略要求餐饮企业在新产品开发时,通过餐厅经营的组织形式、经营模式等的创新,通过烹饪方法、原料使用等技术手段的改进,或通过生产组织消耗控制等管理水平的改善,努力降低新产品的成本,使之有活力并迅速占领市场。

4) 市场服务策略

市场服务策略是在原有产品基础上,通过提供附加服务,增加产品的让渡价值,进一步吸引消费者关注的策略。市场服务策略创造的实际是一种改良新产品,也是使餐饮产品寿命周期再循环的一种手段。

教学实践

学生利用掌握的餐饮产品策略,对自己所在城市的某家餐饮企业的餐饮产品进行实地调查,分析其餐饮产品组合,分析其一种或几种招牌餐饮产品所处的生命周期阶段,并思考所处阶段应该采取的营销策略。

本章自测

1. 什么是餐饮产品?餐饮整体产品可以分为几个层次?
2. 一个餐饮产品从开发到淘汰要经过哪几个阶段?各个阶段有什么特征?能否人为地改变各阶段的时间长短?为什么?
3. 针对不同的餐饮产品生命周期,应该采取什么样的营销策略?
4. 如何对一个餐饮产品进行产品策略组合?应从哪些方面对其进行评价?
5. 一家餐饮企业要想开发新产品,应该有怎样的一个过程?可以选择哪些开发策略?

相关链接

饭桶网 http://www.fantong.com

知识链接

餐饮业2006年发展趋势

中西合璧成趋势:餐饮界2006年是创新的一年,推出新的菜品都是每个餐厅所注重的,从新式菜品人们会发现餐饮正在借鉴西餐、引入西餐,打造中西合璧的菜品。除了菜品外,在餐饮服务中也融入了西方的服务方式,像一些高档酒楼和京城的官府菜都是运用西餐的分餐服务方式。连餐厅环境都打造成西餐厅的风格,如俏江南走的就是中餐西做的道路。

西餐化的菜品为越来越多的人所接受,不少中餐餐厅也开始融入西式菜品,在制作过程中稍做变动,让它更适合中国人的口味习惯。菜品的中餐西做,体现在菜品口味特点和菜品制作两个方面。西式面点已占面点市场的重要份额。中餐面点中吸收西点制作方法制作的食品早已出现在中餐宴会和百姓餐桌上。

餐饮进入订制时代:人们的生活节奏日益提速、餐饮业也是日益火暴,排队等位成了很多餐厅的正常现象。这种形式下就使得餐厅的订制时代来临,提前订餐电话、网络预订成了今年餐饮界的一个流行趋势,也越来越受到人们的喜好。

数据显示,2006年从饭桶网提前预订的食客就达到了90万人,这不仅仅是因为其方便省事,还因为在网上预订有折扣优惠。提前预订不用排队还有折扣,可以说是商家顾客的双赢,2006年是餐饮进入订制时代的一年。

八大菜系特点及代表菜

山东菜系由济南和胶东两部分地方风味组成。

特点:味浓厚、嗜葱蒜,尤以烹制海鲜、汤菜和各种动物内脏为长。

名菜:油爆大虾、红烧海螺、糖酥鲤鱼

四川菜系有成都、重庆两个流派。

特点:以味多、味广、味厚、味浓著称。

名菜:宫保鸡丁、一品熊掌、鱼香肉丝、干烧鱼翅

江苏菜系由扬州、苏州、南京地方菜发展而成。

特点:烹调技艺以炖、焖、煨著称;重视调汤,保持原汁。

名菜:鸡汤煮干丝、清炖蟹粉、狮子头、水晶肴蹄

浙江菜系由杭州、宁波、绍兴等地方菜构成,最负盛名的是杭州菜。

特点:鲜嫩软滑,香醇绵糯,清爽不腻。

名菜:龙井虾仁、西湖醋鱼、叫花鸡

广东菜系有广州、潮州、东江3个流派,以广州菜为代表。

特点:烹调方法突出煎、炸、烩、炖等,口味特点是爽、淡、脆、鲜。

名菜:三蛇龙虎凤大会、烧乳猪、盐焗鸡、冬瓜盅、咕咾肉

湖南菜系注重香辣、麻辣、酸、辣、椒麻、香鲜,尤为酸辣居多。

名菜:红煨鱼翅、冰糖湘莲

福建菜系由福州、泉州、厦门等地发展起来,并以福州菜为其代表。

特点:以海味为主要原料,注重甜酸咸香、色美味鲜。

名菜:雪花鸡、金寿福、烧片糟鸡、橘汁加吉鱼、太极明虾

安徽菜系由皖南、沿江和沿淮地方风味构成。皖南菜是主要代表。

特点:以火腿佐味,冰糖提鲜,擅长烧炖,讲究火工。

名菜:葫芦鸭子、符离集烧鸡

第5章

餐饮产品价格策略

【学习目标】

通过对餐饮产品价格定义、特点、构成、影响因素、定价方法、定价策略的简单介绍，使学生初步通晓餐饮产品价格策略的基础知识，同时，也为学生将来的餐饮产品价格营销提供可用的技术操作手段。

【知识目标】

①了解价格策略对餐饮企业营销的重要性、餐饮产品价格制定的影响因素。

②理解餐饮产品价格的概念。

③掌握餐饮价格的构成及其特点、餐饮产品的定价方法、定价程序。

【能力目标】

①能够制定餐饮产品的价格。

②能够运用价格策略开展餐饮的营销工作。

【关键概念】

餐饮产品价格　成本导向定价　需求导向定价　竞争导向定价　固定成本　不固定成本

案例导入：

在餐饮业的经营中，产品的定价，也就是价格策略是一个非常重要的问题。一方面，餐饮产品的价格制定要以经济学的价格理论为基础；另一方面，市场环境的千变万化使得餐饮业必须在分析各种制约条件的基础上，灵活多变地制定餐饮产品价格。价格是餐饮营销组合的一个重要组成部分，它有着若干独特而鲜明的特征。在营销组合各因素中，价格是一个作用最直接、见效最快的变量，也是唯一的一个与可能获取的收入大小直接相关的营销手段。价格运用效果如何，在很大程度上取决于价格策略的质量，包括价格的定位是否适当，是否能有效地组织其他资源为价格策略的实施创造条件等。大量营销的实践表明，价格不仅直接关系到餐饮业获得收益的大小，而且也是决定餐饮经营活动的市场效果的重要因素。餐饮产品市场占有率的高低、市场接受新产品的快慢、餐饮产品在市场上的形象等都与价格有密切的关系。

总之，价格是餐饮经营中极为重要的问题之一，价格的变化对餐饮企业的最终经济效益有着决定性的影响。因而，它成为市场营销组合中的一个重要因素。餐饮企业必须根据整体营销的要求，采用恰当的定价方法与策略，与其他营销手段相配合，发挥整体营销的威力。

5.1　餐饮产品价格构成

餐饮产品的价格确定，是建立在对餐饮产品价格的正确认识基础上的。正确认识餐饮产品的概念、餐饮产品的构成是餐饮产品定价的前提。

餐饮产品与其他产品一样，是人类劳动的结晶，凝结了人类的一般劳动，并具有满足消费者物质需要和精神需要的使用价值，因而餐饮产品在市场中也和其他商品一样要通过交换而表现出自身的价值。餐饮产品价格，就是消费者为满足自身需要而购买的餐饮产品的价值形式，它是由生产同类产品的社会必要劳动时间决定的。

5.1.1　餐饮产品价格的具体构成

价格构成又称“价格结构”或“价格组成”，是构成商品价格的各因素以及各因素在价格中所占的比重。它一般包括生产成本、流通费用、税金和利润四个部分。生产成本和流通费用是构成商品生产和销售中所耗费用的总和，即成本。这是商品价格的最低界限，是商品生产经营活动得以正常进行的必要条件。生产成本是商品价格的主要组成部分。构成商品价格的生产成本,不是个别企业的成本,而是社会成本。流通费用包括生产单位支出的销售费用和商业部门支出的商业费用。商品价格中的流通费用是以商品在正常经营条件下的平均费用为标准计算的。税金是纳税人按照法律规定向国家交纳的一部分纯收入,可以分为价内税和价外税。利润是劳动者为社会创造的一部分剩余产品的货币表现,是国家积累的主要来源。计算和分析商品的价格构成,是运用价值规律,制定商品价格的理论依据,也是促进生产部门和流通部门节约社会劳动,提高经济管理水平的重要手段。

餐饮产品价格也是由四大部分构成,即成本、费用、税金和利润。成本包括原料和燃料两部分。原料成本指形成菜肴的主料、配料和调料的成本。费用是指营业费用、管理费用和财务费用。税金包括营业税、城建税和教育附加税。利润则是一定时期内营业收入额扣减成本、费用和税金之后的余额。

在餐饮产品价格构成中还有一个重要概念——毛利。毛利是餐饮产品价格减去成本后的差额,由费用、税金和利润组成。因此,餐饮产品价格还可表示为原料成本与毛利之和。

5.1.2 餐饮产品价格的特点

餐饮产品与制造业产品有某种相似的地方,即都需要购进原材料进行生产。产品的价格结构中,占较大比例的是原材料成本。在高档餐厅中这部分变动成本约占餐饮产品价格的35%以上,而在低档餐厅所占的比例更大,因而餐饮定价往往要以这部分变动成本为基础。

由于餐饮业属于服务性行业,它的产品不能大批量生产,而是根据顾客的需要进行小批量生产,并且由服务员直接向顾客服务。在高档餐厅中,人工费在餐饮价格中占很大比例,餐厅中有些菜品的加工生产费用远远超过原材料成本,有的餐厅提供的送餐服务,其服务费用也很高。因此,在定价时人工费是一个不可忽视的重要因素。

餐厅业主既是生产商又是销售商。餐厅生产的产品一般不通过中间商销售,而是直接向顾客销售。由于餐厅直接与顾客交往,产品定价决策与顾客的反应、顾客就餐喜好以及他们对价格的敏感度有直接关系,这一点与制造业不同,制造企业远离顾客,无法根据顾客的直接购买反馈调节价格,而餐饮业可利用价格直接影响需求,应付竞争。正因为餐饮产品价格的这种特点,餐饮定价还要考虑顾客的要求。

5.2 餐饮产品价格的制定

餐饮产品的价格形成,还受到其他诸多因素的影响,并且受到一定的定价目标的制约或引导,同时,餐饮产品的价格确定有着严格的程序要求,客观上要按照一定的科学步骤进行。

5.2.1 餐饮产品定价的影响因素

餐饮产品的最终定价是众多影响因素相互作用的结果,归纳起来有餐饮企业内部因素和外部因素两个方面。餐饮企业的管理者们在做出定价决策之前应充分考虑这些因素。

1) 内部影响因素

影响餐饮产品定价的内部因素是指餐饮企业在定价时自己有能力控制的因素,如成本、餐饮产品、档次、原料、工艺、人力资源、经营水平等。

(1)餐饮产品成本

餐饮产品成本是由产品的生产过程和流通过程所花费的物质消耗和人力资本所形成的,它是构成产品价值的主要组成部分。不同的餐饮产品,其成本构成也不相同,它是饭店在正常的市场环境下定价的最低限度,从而构成了促进饭店价格运动的内在动力,是决定餐饮产品价格的基本因素。市场竞争中,产品成本较低的饭店在价格决定方面往往具有较大的主动性,较易于保持竞争优势,并能得到预期合理的利润回报。

(2)餐饮产品差异性

餐饮产品差异性包括有形产品本身的差异和产品设计、名称、产品的载体(例如餐具)、服务以及销售渠道等各方面的差异。如果餐饮产品在上述差异性方面有独到之处,则其定价的灵活性较大,使得餐饮企业有可能赢得较高的利润。这是因为:首先产品的差异性使得竞争对手之间产生区别,且由于消费者对品牌的忠诚,使得餐饮产品价格的刚性增加;其次,产品的差异性使得消费者无法相互比较,价格的敏感性相对减弱。餐饮产品的差异性对产品价格的影响可以表现在以下几个方面:

①档次。餐饮企业档次的高低直接影响餐饮产品的定价水平。如“香菇菜

心”在一家普通的社会餐馆的定价为6.00元，而在一家四星级饭店的餐厅，其定价可高达20.00元。这充分说明餐厅档次对定价的影响。

②原料。餐饮原料对价格的影响显而易见。如市场上普通的养殖甲鱼售价为28.00元/kg，而野生甲鱼的售价却高达360.00元/kg。原料成本不同，其定价必然不同。

③工艺。餐饮产品的制作工艺对定价水平的影响也非常大。一般说来，工艺复杂的菜肴，其销售价格较高，而工艺相对简单的菜肴，其销售价格则较低。

(3)餐饮产品的定价目标

餐饮产品的定价目标规定了其定价的目的与水平。该定价目标最终取决于饭店的经营目标。一般说来，饭店可能同时追求多项目标，目标越清晰和量化，则价格越易确定。而每一价位的设定，又都影响到利润、销售收入以及市场占有率等目标的实现。

(4)人力资源

餐饮企业人力资源数量的多少和质量的高低势必会影响其定价水平。因为这涉及餐饮企业的经营费用。如果餐饮企业用工数量较多，为保证其正常的赢利水平，其定价水平必然较高；如果餐饮企业招用较多的名厨(厨师)、名师(服务师)，其定价水平也必然较高。

(5)餐饮企业发展战略

餐饮企业在市场经营中，由于所处环境、自身实力、对市场的判断等因素的影响，采取的经营发展战略是不同的，一般有密集性、一体化和多元化三种基本发展战略。餐饮企业采取的经营发展战略不同，相应的旅游产品价格策略和政策也不一样。若餐饮企业采取密集性发展战略，则企业可能通过降价来进一步占领现有的市场，或通过改进原有产品，相应地提高产品价格，从而增加在现有市场及新开发市场上的销售；若餐饮企业采取一体化发展战略，以提高赢利能力和控制能力，则企业采取优惠价的形式，加强与供应商、销售渠道或生产同类产品企业的联系；若餐饮企业实行多元化发展战略，则企业往往在实施战略的初期，保持旅游产品价格的相对稳定，在实施战略较为成功后才可能对餐饮产品实施降价等政策调整。

(6)旅游营销组合的其他要素

价格决策与产品决策、促销决策、分销决策等其他营销决策相比，是营销组合中最灵活的一项，营销人员可以在短时间内比较迅速地制定、调整或变更产品的价格，但餐饮产品的价格决策不能与其他营销决策相分离而单独进行。首先，定价体现着餐饮产品的定位,因此产品决策影响着定价决策。促销决策也往往要求以一定的价格变化作为辅助手段。许多餐饮企业在推出新产品时,常见的一种促销活动就是降低价格或免费为首批客人提供服务,以便使潜在顾客能够积极加入,由此扩大产品的知名度。因此,价格决策应与其他营销决策综合考虑,不应单独进行。

2)外部影响因素

影响餐饮产品定价的外部因素是指餐饮企业无法控制的、但对企业定价有较大影响的因素,如消费者需求、竞争、市场的发展和环境等。

(1)消费者需求

消费者需求对餐饮企业定价的影响可以从需求能力和消费偏好反映出来。前者,即消费者的实际支付能力,餐饮产品定价应充分考虑消费者意愿和支付的水平。它构成餐饮产品在市场中的价格上限。消费者对于餐饮产品的选择常常会受到消费时尚的影响。由于饭店产品的弹性较大,因此消费偏好的变化会直接影响饭店产品的定价。如在20世纪90年代初,由于消费者攀比的心理,很多餐饮企业都推出了高价的极品宴;而从90年代末开始,由于倡导绿色健康消费,国内许多餐饮企业竞相推出价格不菲的野菜宴。

(2)市场发展情况和竞争状态

市场发展过程一般包括导入期、发展期、成熟期和衰退期。不同的市场发展阶段要求制定不同的价格策略。如一家餐饮企业在正处于初期缓慢增长阶段的市场中开业,制定相对比较低的价格策略,以便在这样的市场阶段赢得更多的消费者;在发展期可适当提高产品的价格;成熟期可保持产品的价格的稳定;衰退期可针对市场情况降低产品的价格。餐饮企业定价的范围和自由度首先取决于市场竞争格局,商品经济中的市场竞争是供给方争夺市场的竞争。在激烈的市场竞争中,餐饮产品价格往往受同行同类产品价格的影响和制约。

(3)政府的宏观管理

政府的干预主要表现在相关法律法规和货币、财政、税收政策等方面。在现代经济生活中,我国政府对价格的干预程度在不同行业有着很大的区别。餐饮产品的特性使餐饮企业不仅要关注本行业的政府行为,还要注意相关行业的政府行为。如1999年国家民航总局对于机票价格的政府干预,致使国内长途机票价格猛涨,由于交通成本大幅增加,导致前往海南的国内旅游团急剧减少,从而使得海南餐饮业的价格一路下滑。

(4)环境

餐饮企业在制定价格策略时,必须考虑到企业所处的外部环境,如餐饮行业的气候和发展趋势、餐饮原材料的通货膨胀、国家有关价格、竞争、行业结构等方面的政策法规;社会公众和消费者的意见等。餐饮企业应认真分析这些环境因素,从而制定出既适合环境,又具有一定竞争力的价格策略,以保证企业的经济效益。

(5)本地区人民生活水平

餐饮企业的价格水平受到当地人民平均生活水平的影响程度很大。一般说来,当地人民的生活水平高,餐饮企业的定价水平就会高一些;而如果当地人民生活水平较低,则餐饮企业的定价水平也就会低一些。当然,餐饮企业竞争的激烈程度也在很大程度上影响餐饮企业的定价水平。

5.2.2 确定餐饮产品的定价目标

餐饮企业在具体定价时,总要有明确的定价目标。定价目标是指企业根据经营目标、经营方针和竞争态势来制定特定水平的价格,并凭借价格产生的效用来达到预期的目的。企业的定价目标一般有以下几类:

1)以利润为定价目标

以利润为定价目标又可以分为以下三种:

(1)以实现预期利润为定价目标

所谓预期利润是指企业将预期利润水平定为占投资额或销售额的一定比率,用预期的投资利润率或销售利润率等指标来反映。企业在定价时,要考虑把价格定在什么水平,才能在预定时间内收回投资,并获得预期的利润。在这一目标下,定价除了产品成本外,需再加入预期利润。一般说来,预期利润率应高于银行存款利率。如果企业竞争对手少,可将预期利润率定得适中,以便实现中长期稳定的利润。

(2)以追求赢利最大化为定价目标

赢利最大化是指企业在一定时期内可能获得的最高赢利总额。利润最大化并不一定意味着要制定最高的价格,因为最大的赢利往往更多地取决于合理价格所推动的需求量和销售规模。此目标是以良好的市场环境为前提的。它一般只适用于一些专卖商品,如烟、酒或某些功能较优的新产品初始营销。任何产品在市场上处于绝对优势或有利地位时,以此目标来定价还是较易操作的,但想长期维持不合理的高价位是不现实的,它可能会导致需求减少、购买延迟、竞争者大量加入,从而削弱产品的竞争能力。

(3)以赚取合理利润为定价目标

餐饮企业出于长期经营的考虑,为减少风险、扬长避短,往往以合理利润为定价目标。合理的限度应考虑既能使消费者接受,保持一定的销售量,又要保证饭店有利可图,同时减少经营风险。

2)以防止和应付竞争为定价目标

价格竞争是市场竞争的一个重要方面,餐饮企业往往运用价格差异使其在竞争中处于有利地位,所以在定价之前,应广泛收集资料,将本企业产品同竞争者类似产品进行比较,根据其经营战略来作出选择。对于拥有垄断技术或实力雄厚,美誉度和产品知名度都较高的餐饮企业,可以选择高于一般竞争产品的定价目标;而在竞争者实力相当、市场容量宽松的条件下,可以采取随行就市的定价抉择,以免两败俱伤。

3)以餐厅销售为基础的定价目标

餐饮管理人员有时从经营的角度考虑,在定价时力求增加客源、增加菜品的销售数量。在一段时间里,将菜品价格定得比同行低些,以增加竞争力,吸引更多的客源。以此来提高餐厅的知名度,吸引回头客。也有些餐饮企业在遇到激烈竞争时,为了扩大或保持市场高占有率,甚至为了控制市场,也会用低价来吸引客源,餐饮企业可能会失去一些利润,但靠卖"量"及酒水销售,餐饮企业仍有利润可赚,总比抱着高价不放而客源不足要好得多。

4)以刺激其他消费为目的的定价目标

有时餐饮企业的经营管理者,会从企业整体经营目标的角度去考虑餐饮菜品的定价;例如以接待国内公务客人、国内会议内宾旅游团队为主的企业,会考虑到内宾们房费可以报销,每天的餐费却是定额补助的。因此可能将餐饮价格定的稍低些,以此来吸引公务客人、会议团体及旅游团队入住饭店,使饭店的整体利润得到提高。有的饭店甚至是以客房养餐厅方式进行定价。

餐饮经营中,经营者们往往还会推出"特价菜",以此来刺激其他产品的销售。如某餐厅将鲜活基围虾定价为 18 元一斤,食客们冲着活基围虾而来,他们不可能只吃一斤基围虾,必然还会点其他的菜肴、酒水及主食,以此来刺激其他产品的消费。

5)以生存为定价目标

餐饮企业在遇到金融危机、市场疲软或行业竞争危机的情况时，经营者们为了能使企业生存下去，在定价时只求保本经营，待市场情况好转需求回升或餐厅已打响知名度后，再提升价格，这是餐饮企业遇到危机时的基本定价目标。

6)以企业形象为导向的定价目标

有些大型餐饮企业，在餐饮产品的定价目标上，以树立自己在社会上的企业形象为主导，不会轻易随着市场行情的变化而涨价或降价，以此来树立自己在客源定位消费群体中的形象和信誉。如北京凯宾斯基饭店提出决不降价——五星饭店五星价。

5.2.3 餐饮产品定价步骤

餐饮产品的价格确定是建立在科学基础之上，必须遵循一定的程序和步骤。一般说来，餐饮产品定价可分为六个步骤。首先对目标市场的购买力及倾向评估，然后对餐饮企业的产品成本估测，再次对餐饮企业的市场环境进行了解、调研，接着确定企业的定价目标，然后选择餐饮企业定价的方法及相应策略，最后定价。

1)评估目标市场购买力及购买倾向

目标市场是餐饮企业开展营销活动的空间和获取预期收益的来源。目标市场的大小及购买倾向就成为企业定价的前提条件。因此，餐饮企业通过对目标市场的评估，可从中发现消费者的现实需要，了解到消费者对餐饮产品的价值理解程度和价格承受力，并发掘出消费者的潜在需要及消费偏好变化，以便采取主动、灵活的价格政策，引导目标市场的成长。因而对目标市场购买力的评估，除要了解消费者的总收入、纯收入外，更重要的是掌握消费者可自由支配收入和可能用于餐饮产品购买的比例，还要了解目标市场中的消费者对餐饮产品的喜爱程度和兴趣转移的可能，以及对价格的敏感性等。评估目标市场购买力及倾向的方法可采用问卷调查、面对面交谈和专家意见征询等方法。

2)估测餐饮产品成本

通过评估目标市场购买力，就可以确定餐饮企业产品供给的总量和价格的上限,再通过对企业单位产品成本估测,就可寻找到企业可以支撑的价格下限,从而使企业明确产品价格灵活变动的允许范围。对单位产品成本进行分析,可找出其最佳规模时的最低成本,并从中看出产品成本发展的趋向,从而为确定最佳的产品价格提供可靠的依据。

餐饮产品成本包括两部分:一是固定成本,二是变动成本。固定成本指的是固定资产(主要指建筑物、机器设备等)折旧费、租金、利息、办公费用、上层管理人员报酬等相对固定的开支,一般不随产量的变动而变动。它不能计入某阶段的某项产品之中,而是以多种费用的方式分别计入各种产品成本中。变动成本(又叫可变成本、直接成本)是指原材料、生产用燃料、职工工资等随产量的变动而变动的成本。这部分成本随产品产量的变动成正比例变化,它可直接计入各种具体产品之中。

3)了解餐饮企业市场环境及变化

餐饮产品价格的确定,还必须考虑企业内外环境要求及其变化。对于餐饮企业内部而言,供货商的价格稳定性、供货的时间衔接性和供货的品种齐全性等,关系到餐饮企业是否能顺利地控制原材料、燃料采购成本,从而为产品成本奠定良好的基础;对企业外部环境而言,政府规定的最高限价是餐饮企业价格上扬的警戒线,国民收入水平、消费结构、产业结构、经济增长率、政府支出等经济环境因素的变化也会制约或促进餐饮产品价格的升降。

4)确定餐饮企业定价目标

目标市场购买力的大小、企业产品成本的高低、企业市场环境的走向决定了企业定价的时间考虑、报酬取舍、市场占有率分析和防止竞争等目标的选择。因而,旅游企业确定定价目标关系到企业生存和发展的时间、空间,无论企业作何种定价目标决策,都必须考虑到自身的规模实力,考虑到市场拓展的有利因素和障碍,考虑到目标市场的转移、替换以及企业资源配置的可能和变化等,进而与旅游市场中现在和今后可能变化的最高限价和理想价格比较,从而在诸多的定价目标中选择出符合自己实际的定价目标。

5)选择定价方法

定价方法取决于企业的定价目标和影响价格的主要因素,同时还要根据不同产品本身的特点。定价过程中还必须充分考虑到定价的策略,要从竞争者和消费者的心理上、市场的差异上、需求的差别上等巧妙地进行定价工作,既使定价工作与企业其他营销工作相配合,为企业的全面发展创造良好的环境和条件,又能在定价工作中充分体现出定价的科学性、艺术性和技巧性,更加增进消费者对产品的价格理解和偏爱。

6)确定最终价格

运用一定的方法定出基本价格后,还需要考虑其他有关情况,如政府有关政策法规、消费者心理等。这就需要运用一定的定价策略,确定最终价格,以取得最佳效果。确定最终价格应遵循这样四项原则:

①与企业预期的定价目标的一致性,有利于企业总的战略目标的实现。

②符合国家政策法令的有关规定。

③符合消费者整体及长远利益。

④与企业市场营销组合中的非价格因素是否协调一致、相互配合,达到为企业营销目标服务。

5.3 餐饮产品定价方法

定价方法是餐饮企业为实现其产品定价目标所采取的具体方法。在实际工作中,餐饮企业的定价方法多种多样、丰富多彩。企业为了在目标市场上实现预期目标,要从诸多的定价方法中挑选确定适当的方法,以便制定出自己的餐饮产品基本价格水平。一般说来,无论采用何种定价方法,旅游企业必须分析市场需求、产品成本和竞争状况。因而,餐饮企业的定价方法就可根据定价时侧重考虑的因素不同,分为成本导向定价、需求导向定价和竞争导向定价等方法。

5.3.1 成本导向定价法

成本导向定价法就是以产品的成本为中心来制定价格的定价方法。这也是传统的、运用较普遍的定价方式。具体做法是按照产品成本加一定的利润定价。如生产企业以生产成本为基础,商业零售企业则以进货成本为基础。由于利润一般按成本或售价的一定比例计算,故将一定的期望利润比率(%),又叫成本加成率,加在成本上,因此,常被称为成本加成定价法。此方法的优点在于所定价格如能被接受,则能保证企业全部成本得到补偿,企业成本量自己掌握,计算方便,同时在成本没有大的波动的情况下,有利于价格的稳定,并给消费者一种可靠成本定价——“将本求利”的印象。其缺点在于不能反映市场需求状况和竞争状况。

成本加成法包含不同的具体种类,其中主要有:

1)完全成本加成定价法

完全成本加成定价法,即按产品单位成本加上一定比例的加成(毛利),定出售价。这是成本加成定价法的最基本的形式。这种方法主要用于制定食品和饮料的价格,可分为三个步骤:

①算出产品成本。

②估计产品成本加成率(%) 这主要是由经营人员根据过去的经验,结合直觉来判断决定。

③利用公式算出价格 商品售价=完全成本×(1+成本加成率)。

例如:某菜肴的原料成本为10元,餐饮经理确定成本加成率为40%。那么,该菜肴的价格为:$P=10\times(1+40\%)=14$(元)

成本加成定价法的优点是计算简便,而且在市场环境诸因素基本稳定的情况下,采用这种方法可以保证各行各业获得正常的利润率。另外,若整个行业都采用这种定价方法,各饭店的成本和加成率都比较接近,定出的价格相差不大,则相互间的竞争就不会太激烈。最后,这种定价方法在心理上给人一种公平合理的感觉。但是,它毕竟是一种典型的生产导向观念的产物。这种方法只考虑了成本因素,而没有分析市场的需求弹性和消费者心理,就很难使饭店获得最高利润。

2)因素定价法

这是成本加成定价法的一种简单的变化形式。因素定价法是根据产品所包含的组成因素确定产品的价格。这种方法适用于餐饮部门。这是由于高档餐厅在产品定价时,不仅考虑食品原料成本,还要考虑餐厅的地理位置、声誉、气氛、菜肴的外观等,是根据多因素来制定的。它的优缺点类似于完全成本加成定价法。

3)实际成本定价法

该方法主要是针对餐饮部门设计的。这种方法只是为餐厅产品的成本确定一个上限,定价人员根据这个上限来制定适当的价格。实际成本定价法可按以下五个步骤进行:

①估计销售收入。

②确定目标利润,可用销售收入的百分比表示。

③详细算出除食品原料成本以外的所有其他成本费用。

④计算出食品成本上限(1)-[(2)+(3)],即:

食品成本上限=销售收入-(目标利润+其他成本)

⑤根据食品原料成本来设计菜品价格。

4)收支平衡定价法

收支平衡定价法是运用损益平衡原理实行的一种保本定价方法。它以盈亏分界点的总成本为依据来确定产品价格。盈亏分界点是指饭店在收支平衡、利润为零时的销售水平。

收支平衡定价法用途广泛,能帮助定价人员找出理想的价格和最理想的饭店获利机会,是定价人员分析餐饮产品价格的一种十分有效的工具。但是,由于产品销售量和产品单价的估计存在一定的难度,再加上产品成本费用有时不易计算,因此,这种方法带有一定的局限性。

5)目标收益定价法

成本加成法的缺陷之一就是不考虑饭店投资回收情况,而有些定价法却能弥补这一不足,如目标收益定价法。目标收益定价法是饭店按预期获得的利润量来确定餐饮产品价格的方法。餐饮产品价格是由目标收益率所决定的。其定价的步骤如下:

(1)确定目标收益率

由餐饮企业投资者决定。在估计目标收益率时,应考虑风险程度、机会成本及竞争对手的投资收益率。

(2)确定目标利润总额

目标利润总额=投资总额×目标收益率。

(3)预测销售量或客人需求量

(4)计算餐饮产品价格

目标收益定价法的优点在于它同时考虑了投资消费水平、收入、价格及利润等因素,可以保证实现既定的目标报酬率。可是,该方法的一个严重缺点在于未考虑价格与需求的关系。因此,用这种方法计算出来的价格,不可能保证销售量必定会实现,尤其是需求弹性大的产品,这个问题会更突出。

5.3.2 需求导向定价法

需求导向定价不再是以成本为基础,而是以宾客对产品价值的理解和认识程度为依据。需求导向定价法是市场导向观念的产物,包括理解价值定价法和需求差异定价法。

1)理解价值定价法

这是企业根据消费者对产品价值的感觉而不是根据卖方的成本制定价格的办法。各种商品的价值在消费者心目中都有特定的位置,当消费者选购某一产品时常会将该商品与其他同类商品进行比较,通过权衡相对价值的高低而决定是否购买。因此,企业向某一目标市场投放产品时,首先需给这种产品在目标市场上"定位",即企业要努力拉开本产品与市场上同类产品的差异,并运用各种营销手段来影响消费者的价值观念,使消费者感到购买该产品能比购买其他产品获得更多的相对利益。然后,企业就可根据消费者所形成的价值观念大体确定产品价格。

2)需求差异定价法

这是根据需求的差异,对同种产品制定不同价格的方法。它主要包括以下几种形式:

(1)对不同的顾客采取不同的价格

如同种产品对购买量大和购买量小的采取不同价格;对贵宾、会员用餐价格打折优惠。

(2)相同的产品在不同的地区销售,其价格可以不同

例如,同样的餐饮产品在沿海和内地的价格是有差异的。

(3)相同的产品在不同时间销售其价格可以不同

如需求旺季的价格要明显地高出需求淡季的价格,有些餐饮企业下午2点后用餐比正点用餐价格低。

5.3.3 竞争导向定价法

这是一种以同类餐饮产品的市场供应竞争状态为依据,以竞争对手的价格为基础的定价方法。这种方法是以竞争为中心,同时结合餐饮企业自身的实力、

发展战略等因素的要求来确定价格。由于不同的餐饮企业对餐饮市场竞争有不同的判断，这种定价方法就可大致分为两类：

1）率先定价法

这是一种主动竞争的定价方法，一般为实力雄厚或产品独具特色的餐饮企业所采用。在制定价格时，餐饮企业首先将市场上竞争产品价格与企业估算价格进行比较，分为高于、一致、低于三个层次；其次将企业产品的性能、质量、成本、产量等与竞争企业进行比较，分析造成价格差异的原因；再次根据以上综合指标确定本企业产品的特色、优势及市场定位，在此基础上按定价所要达到的目标，确定产品价格；最后，要跟踪竞争产品的价格变化，及时分析原因，相应调整本企业的价格。这种方法所确定的餐饮产品的价格若能符合市场的实际需要，率先定价的餐饮企业会在竞争激烈的市场环境中获得较大的收益，居于主导地位。

2）追随核心定价

这是根据餐饮市场中同类产品的平均价格水平，或以竞争对手的价格为基础的定价方法。在有许多同行相互竞争的情况下，每个餐饮企业都经营着类似的产品，若价格高于别人，就可能失去大量销售额；若价格低于别人，就必须增加销售额来弥补降低了的单位产品利润，而这样做又可能迫使竞争者随之降低价格，从而失去价格优势。因而在餐饮市场营销活动中，由于"平均价格水平"易被餐饮消费者接受，认为是合理的价格，而且也能保证企业获得与竞争对手相对一致的成本利润率，使许多企业倾向于与竞争者保持一致的价格，尤其在少数实力雄厚的企业控制市场的情况下，大多数中小餐饮企业市场竞争力有限，无力也不愿与生产经营同类餐饮产品的大企业作"硬碰硬"的正面竞争，就跟随大企业同类产品的价格，从而制定大致相仿的价格并随其价格变化而相应地调整本企业的价格。

5.4 餐饮产品定价的策略

餐饮产品定价策略是餐饮企业根据餐饮市场的具体情况，从定价目标出发，灵活运用价格手段进行定价，以实现企业的营销目标。在现代餐饮竞争十分激烈的今天，市场变化多端，机遇稍纵即逝。餐饮经营者只有根据不同的市场行情,采取富有针对性的经营策略,方能在竞争中立于不败之地。一般来说,餐饮企业的产品定价策略主要有新产品价格策略、心理价格策略、折扣价格策略、招徕价格策略和区分需求价格策略等。

5.4.1 新产品定价策略

新产品价格策略既包括新开业餐厅的产品价格策略,也包括已开业餐厅推出的新产品的价格策略。对于餐饮新产品的定价,经营者可根据具体情况,采取以下三种策略:

1)撇脂定价策略

也称市场暴利策略,是一种高价格策略,指餐厅新研制开发出的产品,此时市场上暂时还没有竞争者,属"独家经营"。此时该产品没有可比性,餐厅可将价格定得高些,以牟取高额利润。随着市场上别的餐厅也模仿制作出了此产品,再把价格降下来,这样较为符合消费者对价格从高到低的心理预期。而且,因为事先得到了利润,甚至可以把价格定得比别人更低些,使产品仍然具有竞争力。采取这种策略能在短期内获取尽可能的利润,尽快回收投资成本。餐饮产品没有高科技之言,利润高的产品很快就被同行模仿,因而会很快形成激烈的竞争,从而导致价格下降。

由于餐饮产品的价格不能简单地认为只是原料成本加利润,还应包括许多无形的、精神文化的成本在内,如餐饮企业的建筑特色、装潢风格、知名度、服务人员的气质风度等,一些餐饮产品的价格定得高一些,如五星级饭店餐厅一支雪茄定价 300 元,政府并不会去干预。

2)渗透价格策略

渗透价格策略与撇脂价格策略相反,这是一种低价格策略,这种策略是将新产品一开始就以低价格投放市场,目的是为了使新产品迅速地被消费者接受,迅速地占领市场,从而取得较高的市场份额,尽早在市场上取得领先地位,扩大市场销量,增加赢利。由于此策略价格较低,竞争者觉得无利可图,故还能有效地排斥竞争者进入市场,从而能在较长时间内居市场领袖地位。

3)满意价格策略

这是一种折中价格策略,吸取了上述两种定价策略的长处,制定比撇脂价格低,但比渗透价格高的适中价格,既能保证企业获取一定的初期利润,又能为消费者所接受，因而，这种价格策略确定的价格称为满意价格。

5.4.2 心理定价策略

心理定价策略就是经营者在制定餐饮产品的价格时，不但要考虑消费者对餐饮产品的理性分析，而且更要注重消费者在心理情绪上对餐饮产品价格的反应。因而，在定价中利用消费者对价格的心理反应制定适宜的价格，可以刺激消费者对餐饮产品的消费。通常有以下三种方法：

1) 吉利数定价策略

即在给餐饮产品定价时，经营者充分利用人们在日常生活中喜欢讨吉利的心理而制定价格。比如，餐厅推出一道菜，若定价170元/500克就不如定为168元/500克，虽然只相差2元钱，但后者谐音寓意为“一路发”，所以后者价位也更能被消费者接受。吉利数很多，像“6”、“8”等在定价时都被广泛应用。反之，对那些非吉利的数字，在定价时要慎用，如“4”、“250”、“314”等。

2) 尾数定价策略

这种定价策略也称为非整数定价策略，既给餐饮产品定一个零头数结尾的非整数价格。比如甲餐厅一种菜每份定价100元，乙餐厅同样的菜定价为99元，尽管两餐厅定价几乎相等，但给消费者的印象却是乙餐厅菜价便宜，甲餐厅菜价贵。

3) 声望定价策略

这种定价策略是指针对消费者“价高质必优”的消费心理的一种定价策略。一些餐饮企业将餐饮产品制定较高价格。这是因为价格的高低常被当做产品档次的直观的反映。消费者在识别高档产品时，这种心理尤为强烈。高价与高档次比较协调，能显示出产品的高层次，给消费者留下高档的印象，甚至使消费者感到购买此产品可提高自己的声望、档次。

5.4.3 折扣定价策略

这种定价策略是指餐饮企业在既定的产品价格基础上打折优惠消费者，目的是吸引、鼓励消费者积极消费。这是一种以实惠争夺顾客、适应需求、灵活经营的策略，对提高餐饮企业的竞争能力、扩大销售、增加利润都有很大作用，为餐饮企业普遍采用。常用的折扣价格策略有：

1)数量折扣

这是指餐饮企业的生产经营者为了鼓励消费者大量购买，根据购买者所购买的数量给予一定的折扣。数量折扣又可分为以下两种：

(1)累计数量折扣

这是指在一定时间内，消费者购买总数超过一定数额时，餐饮企业按消费总数给予一定的折扣。一般情况是消费者消费数量越大，折扣越多。这种定价策略有利于加强餐饮企业与消费者之间的联系。如餐厅为鼓励客人常来消费，实行“积分制折扣”，即每次客人无论消费多少，达100元就可积1分，当消费者积到500分时，餐厅发给客人一张银卡，积到1 000分时，发给金卡，积到1 500分时发VIP卡，积到2 000分时，发特权卡，各卡的优惠程度分别为九五折、九折、八五折和八折。

(2)一次批量折扣

既消费者一次购买数量达到企业所规定的数量，就可得到一定的折扣优惠，超过数量越多折扣越大。这能刺激顾客多消费，增加利润，又能减少交易时间，节约开支。如团体用餐优惠。餐饮经营者为促进销售，提高本企业在社会上的知名度，往往对旅游团队、会议用餐等大批量就餐的客人给予折扣。尽管团体客人每人的消费标准并不高，但由于量大，起到了薄利多销的作用。同时，团体往往都有豪华大客车接送，内宾、外宾经常进出餐厅，能起到提高餐饮企业社会知名度的作用。

2)现金折扣

这种折扣又称为付款期限折扣，是指对现金交易或按期付款的消费者给予价格折扣。具体操作方法是若卖方规定的付款期以前若干天内付款，卖方就给予一定的折扣。其目的是鼓励买方提前付款，以便尽快收回货款，加速资金周转。

5.4.4 差别价格策略

在激烈的市场竞争中，餐饮企业采取相同的餐饮产品以不同价格出售的策略，其目的是通过形成数个局部的市场而扩大销售，增加企业的赢利来源。

1)地理差价策略

这是指餐饮企业以不同的价格在不同地区营销同一产品。形成这种差价主要是由于不同地区的消费者具有不同的爱好和习惯,因而各地市场就有不同的需求曲线和需求弹性。如沿海地区与内陆的消费者的饮食习惯和偏好有很大的不同点,对同样的海鲜菜品的需求有明显不同,价位也就存在不同。

2)时间差价策略

按照消费者需求的时间不同,餐饮企业对相同的产品制定不同的价格。例如:“幸福鱼”是隶属于云南天天集团的一家以经营风味快餐为主的连锁公司,该公司在昆明推出了“分时段价格消费”,不同的时间用餐,价格不同。

教学实践

根据餐厅的性质,对某餐厅的菜单进行分析,指出其不合理之处,并能够运用价格策略提出针对此餐厅的餐饮营销建议。

本章自测

1. 解释概念

   需求导向定价　餐饮产品定价目标　成本加成法

2. 简述餐饮产品定价的程序。
3. 餐饮产品主要有哪些定价方法?
4. 简述餐饮产品价格的具体构成。
5. 餐饮产品定价中有哪些影响因素?

知识链接

“幸福鱼”是隶属于云南天天集团的一家以经营风味快餐为主的连锁公司，该公司在昆明首次推出了“分时段价格消费”，在昆明餐饮界发生了一场不小的轰动。

“幸福鱼”餐饮超市的“分时段价格消费”具体做法是：餐饮超市分四个时段进行分别定价；每个时段的价格固定。每周一至周四上午10:30至下午3:30为一个时段，这期间，每位顾客只需花10元钱即可品尝到200多种风味小吃美味；下午4:30至晚8:30为一个时段，每位顾客只需花19元钱即可以尽情享受到各种风味小吃、自助火锅和酒水；而每周六和星期日及其他国家法定节假日的上午10:30至下午3:30又为一个时段，每位顾客只需花19元就可享受到小吃、火锅和酒水、饮料；下午4:30至晚上8:30每位顾客只需花23元钱就可以享受到小吃、火锅、酒水饮料以及海鲜、扎啤等。

第6章 餐饮营销渠道策略

【学习目标】

通过本章的学习,使学生了解营销渠道的概念与类型、选择中间商的原则,掌握餐饮产品营销渠道的概念,影响中间商选择的因素,激发中间商积极性所采取的措施,以及怎样正确对待和处理渠道冲突,培养学生对旅游产品销售渠道的选择决策能力。

【知识目标】

①了解营销渠道的概念与类型、选择中间商的原则。

②理解餐饮产品营销渠道的概念、影响中间商选择的因素与激发中间商积极性所采取的措施。

【能力目标】

①具有一定的对旅游产品销售渠道的选择决策能力。

②掌握正确对待和处理渠道的基本方法。

【关键概念】

餐饮产品　营销渠道　网络营销　中间商　策略　网络营销

案例导入：

餐饮产品的特殊性决定了在其销售时往往受多种因素的制约，同时，在客源量大、客源结构复杂的条件下，餐饮企业除发挥自身的营销资源优势外，还必须运用中间商的力量，与之形成较为稳定的营销利益共同体，促使餐饮产品在广阔的空间为广大的餐饮消费者所认可。所以，餐饮营销渠道的利用、中间商的选择占有举足轻重的作用。本章对餐饮产品的营销渠道类型，中间商的选择，有关营销渠道的形式、管理、冲突与调整等策略应用问题进行了探讨，从而进一步提升餐饮企业的竞争能力，提高企业的经济效益。

6.1 餐饮营销渠道概述

餐饮产品从餐饮生产企业到餐饮消费者的过程，是通过一定的渠道来实现的，是在特定的时间与特定的地点，以特定的方式提供给餐饮消费者，以满足他们的需求，从而实现餐饮企业营销的目标。

6.1.1 餐饮产品营销渠道的含义

餐饮产品营销渠道是指餐饮产品从餐饮生产企业向餐饮消费者转移过程中所经过的一切取得使用权或者帮助使用权转移的中介组织和个人，也就是餐饮产品在使用权转移过程中所经过的各个环节连接起来而形成的通道。换而言之，即出售或者代理出售餐饮产品和服务的企业和个人，如向餐饮生产企业代订餐饮活动和其他服务项目的代理商等。

具体内涵包含以下几方面：

①从餐饮产品营销渠道的结构来看，餐饮营销渠道是指餐饮产品从餐饮企业到餐饮消费者所经过的一切组织机构和个人。起点是餐饮产品生产者和供应者，终点是餐饮消费者，只有这些机构或个人的相互配合，产品才能从生产者转移到消费者。

②从餐饮产品营销渠道的功能上来看，餐饮营销渠道是指使餐饮产品及其使用权从餐饮企业到消费者转移的所有活动。餐饮产品和服务被转移的是其一段时间的使用权，而非永久使用权，更不是所有权。

③从餐饮产品营销渠道的转移过程来看，餐饮营销渠道是指餐饮产品由餐饮企业到消费者所经过的途径。包括餐饮企业直接向餐饮消费者或通过自己在异地所设的销售点直接向消费者销售其产品和服务，还有餐饮企业借助中间商

向餐饮消费者出售其产品和服务的间接销售方式等多种层次。

6.1.2 餐饮产品营销渠道的类型

在餐饮产品营销中，由于餐饮市场、餐饮企业、餐饮中间商以及餐饮消费者等多种因素的影响，餐饮产品营销渠道也就形成了很多类型。特别需要注意的是，餐饮产品通过销售转移与普通的实物产品不同，餐饮消费者所购买的餐饮产品在绝大多数情况下是在一定的时间与地点，对餐饮产品的一种经历和体验，只有有限使用权而不拥有所有权。所以餐饮消费者都必须在指定的时间到指定产品的所在地消费。所以作为餐饮产品就要根据不同的产品、不同的销售对象、不同的销售地区，采用最恰当的营销渠道，以取得最好的营销效果。

1)基本类型

根据餐饮产品销售过程中是否涉及中间环节来划分，餐饮产品的销售渠道可以分为两大类：一是直接销售渠道，二是间接销售渠道。

(1)直接营销渠道

直接营销渠道是指餐饮产品生产企业直接向消费者销售其产品，而不通过任何一个中间商的销售途径。这种营销渠道只是一个结构单一的营销通道。餐饮企业选择直接销售渠道，可以省去支付给中间商的费用，从而降低成本，还有利于餐饮企业直接获得餐饮消费者的信息，及时根据市场需求改进产品，有助于提高餐饮产品的质量，强化餐饮企业的形象。

从餐饮产品的销售实践看，直接销售渠道一般有三种模式：

①餐饮产品生产企业—目的地的餐饮消费者。在这一模式中，餐饮产品生产企业在产品的生产地向前来购买产品的消费者直接销售其产品，充当了餐饮零售商的角色。如饭店等客上门购买其产品的销售方式即属于这种模式。

②餐饮产品生产企业—客源地的餐饮消费者。在这一模式中，餐饮消费者通过电话、网络等通讯方式向餐饮产品生产企业购买或预订餐饮产品，其扮演的仍然是餐饮零售商的角色。近年来，这种模式有了新的发展和突破，很多餐饮企业都已开始借助计算机预订系统直接向目标消费者出售其产品，如一些饭店集团通过因特网向餐饮消费者宣传和销售其产品。

③餐饮产品生产企业自营的销售网点—产品销售地点的餐饮消费者。在这一模式中，餐饮产品生产者通过自己在目标市场设立的销售网点，直接面向餐饮消费者销售其产品。如餐饮生产企业在码头、机场设立销售点，直接向消费者销

售产品;连锁饭店通过其成员饭店之间的相互代理预订来方便消费者的购买等。

(2)间接营销渠道

间接营销渠道是指餐饮产品生产企业通过两个或两个以上的中间商把餐饮产品推销到餐饮消费者的销售渠道。采用间接销售渠道,餐饮企业不但充分借助中间商的专业性和其他优势,而且还扩大自己产品的市场占有率,在一定程度上有助于消除单纯采用直接销售渠道的局限性。但渠道越长,餐饮企业对产品销售的控制能力和信息反馈的清晰度就越差。

间接营销渠道按使用中间商的多少分为三种模式:

①餐饮产品生产企业—零售商—餐饮消费者。这种模式也可称为单层次销售渠道或一级营销渠道,即餐饮产品的销售只经过了一个中间环节,而且所经过的中间环节主要是从事餐饮零售业务的餐饮代理商或其他代理机构,仅适宜于营销批量不大、地区狭窄或单一的餐饮产品。餐饮产品的生产者需要向餐饮零售商支付佣金或手续费。这种营销渠道具有降低成本、减少开支,从而提高餐饮企业经济效益的优点。

②餐饮产品生产企业—餐饮批发商—餐饮零售商—消费者。这种模式又可以分为双层次销售渠道和多层次销售渠道。所谓双层次销售渠道或二级营销渠道,即餐饮产品的销售经过了一个批发商和一个零售商,最终出售给餐饮消费者。这种渠道模式在国际餐饮业中被广泛运用,批发商和零售商利用各自的优势联合推介餐饮产品,餐饮批发商还会利用自己拥有的广泛网络、规模巨大等优势,自行组合设计适合市场需要的餐饮产品。

所谓多层次销售渠道或三级营销渠道模式,即餐饮企业通过三个层次的中间商销售餐饮产品,即在二级渠道中增加了餐饮代理商,由它联系餐饮生产企业和批发商,经过两个以上的批发商和零售商。这种渠道模式在国际餐饮市场营销中也被广泛采用。这是因为餐饮企业对另一国家的餐饮市场不熟悉,与该国餐饮批发商和零售商的接触较少,必须借助代理商与该国的批发商和零售商联系。这种营销渠道增加了餐饮代理商。所以餐饮代理商的选择是这种营销渠道的关键,直接关系到这种营销渠道的效果。

当然在实际中还存在很多其他模式,而且餐饮企业往往同时选用多种销售渠道,特别是规模较大的餐饮企业。既可以在各地设立销售点,直接向消费者销售其产品;也可以通过餐饮中间商进行产品销售的间接模式。

2)其他类型

(1)长渠道和短渠道

根据餐饮产品销售过程中所经过中间环节的多少,可以划分出长渠道和短渠道,也就是餐饮产品销售渠道的长度问题。餐饮产品从餐饮企业向消费者销售过程中所经过的中间环节越多,销售渠道就越长;反之,则越短。直接面对消费者出售产品的销售渠道最短,这也就是人们常说的直接销售渠道,简称直销。例如,餐饮消费者直接到餐饮生产企业购买产品,不经过任何中间环节,这样的销售渠道就短。又如,消费者在他常住地的地方旅行社购买了去异地的三日游的食宿小包价,该线路产品又是地方旅行社从旅行总社处购买的,而旅行总社出售的该产品又是从餐饮企业的餐饮代理人处购买的,即消费者购买的餐饮产品经过了多层中间渠道,这样的销售渠道就较长。

(2)宽渠道和窄渠道

这是根据餐饮营销渠道的宽度来说的。所谓宽度一般是指一个时期内销售网点的多少、网点分配的合理程度以及销售数量的多少。

所谓宽渠道,是指使用的同类中间商较多、餐饮产品在市场上的销售面较广的餐饮营销渠道。一般化、大众性的餐饮产品主要是通过宽渠道进行销售的,通过多家餐饮批发商或代理商批发给更多的零售商去进行销售,从而能大量地接触餐饮消费者,大批量销售餐饮产品。

所谓窄渠道,就是使用的同类中间商较少,餐饮产品在市场上的销售面较窄的餐饮营销渠道。窄渠道对餐饮产品生产企业而言,比较容易控制,但市场的销售面就会受到限制,因此窄渠道一般只适用于专业性较强的或费用较高的餐饮产品的销售。

(3)单渠道和多渠道

根据餐饮企业所采用的渠道类型的多少,餐饮营销渠道又可分为单渠道和多渠道。有些餐饮企业采用的渠道类型比较单一,所有产品全部由自己直接销售或全部交给批发商经销,这称之为单渠道。有的餐饮企业则根据不同层次或地区消费者的不同情况而采用不同的营销渠道。如在本地区采用直接渠道,对外地采用间接渠道,或同时采用长渠道和短渠道,这就称为多渠道。一般情况下,餐饮企业生产规模较小或经营能力较强,可采用单渠道销售餐饮产品;反之,则可采用多渠道,以便扩大产品的覆盖面,灵活地大量销售自己的餐饮产品。

6.1.3 餐饮产品营销渠道的特点

餐饮产品营销渠道呈现出自身的特点,主要表现为:

1)连续性

连续性是指营销渠道的各环节环环紧扣。餐饮企业通过销售渠道能够保证餐饮产品不断地从生产者或供给者转移到消费者,整个销售渠道与消费者保持紧密联系。消费者的信息也可以通过销售渠道及时传递给企业,使餐饮企业与消费者之间构成了一个完整的闭合系统,使双方的所有信息处于一个连续的动态之中。

2)稳定性

餐饮企业一旦选择了某种营销渠道,将在一定时期内依赖于该营销渠道,不会发生重大变化,所以营销渠道具有相对的稳定性。因而,企业在选择营销渠道时,既要考虑企业的现状与市场环境,也要考虑今后企业的发展趋势与动态。

3)协调性

在营销渠道系统中,只有中间环节相互配合,协调一致,才能有效完成营销任务。任何一个中间环节的失误都会导致整个营销链条的断裂,营销目的无法实现。

4)系统性

餐饮企业的产品决策、价格决策、促销决策都与营销渠道的决策息息相关,营销渠道的选择直接影响到市场产品的最终价格、产品形式以及促销方式等诸多营销环节。为达成共同的营销目标,必须将渠道策略与其他策略相互配合,组成一个有机的系统。因而,要强调以系统的、动态的观点来看待营销渠道决策与其他营销决策的关系。

6.1.4 餐饮产品营销渠道的作用

餐饮产品销售渠道是由餐饮产品生产者、中间商和餐饮消费者等若干组织机构和个人所构成的一个较为完整的体系,因此对餐饮产品的流通起着极大的促进或制约作用,具体表现为:

1)餐饮产品销售渠道是餐饮企业再生产的前提条件

餐饮企业所生产的餐饮产品不仅与市场相适应,而且还必须及时地出售给餐饮消费者,从而实现资金的回笼,为生产更多的餐饮产品提供保证。通过餐饮销售渠道可以加速餐饮产品向更多的餐饮消费者转移,满足顾客的需要。这样才能保证餐饮企业的扩大再生产,实现餐饮企业的战略目标。如果餐饮销售渠道不畅或中间商所吸取的佣金过高,即使餐饮企业生产的餐饮产品符合社会大众的需求,也会因价格过高或不能及时转移到餐饮消费者手中,使餐饮企业的再生产过程受到阻碍。

2)餐饮产品销售渠道影响着餐饮企业的经济效益

餐饮产品销售渠道的宽、窄、长、短等,都会直接影响餐饮企业的经济效益。餐饮产品本身具有不可储藏性,餐饮企业应根据其产品自身的特点,选择合理、畅通的餐饮产品销售渠道,并对销售渠道的各环节进行科学的管理,能有效地加速餐饮产品向餐饮消费者转移,降低餐饮产品的成本,加速资金的周转,提高经济效益。反之,如果选择营销渠道不当,或中间商过多,导致成本增加;或不能及时出售给餐饮消费者,餐饮产品当天的价值性就会永远消失,这些都会影响餐饮企业的经济效益。

3)餐饮产品销售渠道策略对其他市场营销策略的实施有直接影响

餐饮产品销售渠道策略与其他策略密切相关。作为餐饮企业建立起一个餐饮产品销售渠道需要一定的时间和资金,需要销售渠道各成员的长期友好合作和彼此信任,餐饮产品销售渠道一经建立,一般不轻易变更。餐饮产品销售渠道确立以后,尤其是餐饮中间商会找到目标消费者,并根据消费者需求组合加工,形成一个相对固定的价格策略和促销策略等。所以餐饮产品销售渠道策略是其他相关策略规范的基础,对其他市场营销策略的实施有着直接的影响。

6.2 餐饮产品营销渠道选择

餐饮产品营销渠道的选择,总体上是要以餐饮企业的经营要求为出发点,以其营销目标为指导,既能保证餐饮产品及时出售给目标市场中的消费者,又能保持营销渠道较高的工作效率,取得良好的经济和社会效益。具体来讲餐饮产品销售渠道的选择一方面是对销售渠道模式的选择,即以直接销售为主,还是以间接销售为主,间接销售中以长渠道为主,还是以短渠道为主;另一方面是对销售渠道中中间商的选择。

6.2.1 选择餐饮产品营销渠道类型的影响因素

确定销售渠道模式应以餐饮企业能够将产品和服务移动到消费市场为基点,寻求达到目标市场的途径。销售渠道的选择与目标市场的选择是相互依存的,有利的市场加上理想的渠道,才可能使餐饮企业获得最佳利润。在选择餐饮产品营销渠道类型,必须考虑以下几个因素:

1)市场因素

餐饮市场比较复杂,有多种市场因素对餐饮营销渠道类型的选择产生不同程度的影响,其中最主要的因素为餐饮消费者、中间商和竞争者。一般来说,餐饮目标市场规模越大,所需设立的销售网点就越多,就越有必要借助中间商的力量进行销售。尽可能多地选择不同的销售渠道。相反,就比较适合采用直接销售渠道和长度较短的间接销售渠道。

作为餐饮企业销售渠道的选择应根据餐饮市场容量的大小、购买频率的高低与习惯、市场的地理分布以及市场对不同营销方式的反应等因素。如果消费者人数在一定区域内的客源市场较为分散,就需要建立较多的销售网点,这时采用间接销售渠道就较为适宜。如果人数较多,集中程度高,即采用直接销售渠道或单层次的销售渠道,不必设立过多的销售网点。如果顾客经常小批量预定,就有必要借助较长的销售渠道,即零散预定依靠中间商来完成。而大批量的会议与团队预定,直接与餐饮企业预定,不需要中间商的销售。反过来,如果顾客分布较分散,则有必要采用间接销售渠道并选择较多的中间商代为销售。这不仅仅是因为选择直接销售渠道所需支付的费用较高,无形中增加了企业的成本,而且还因为中间商对目标市场可能更为了解和熟悉,例如,无语言障碍、价值观和消费行为习惯相同等,更加有利于营销工作的开展。

消费者的购买习惯也影响着营销渠道类型的选择。如果消费者喜欢直接购买,餐饮企业应以直接销售渠道为主;如果消费者非常信赖当地的餐饮零售商,那就应该充分发挥餐饮零售商的作用。

此外,顾客对不同的营销方式反应也会影响餐饮企业的渠道设计。例如,随着因特网技术的普及,越来越多的商务散客倾向于利用网络直接向餐饮企业预订,从而使得餐饮企业上网宣传和销售迅速发展。

2) 产品因素

影响餐饮产品销售渠道的产品因素主要有两个:一是餐饮产品的性质和种类。一般情况下,在餐饮企业提供的各类不同性质的餐饮产品中,客房销售以中间商代理销售为主,而饮食、娱乐健身等更多地采用直接销售。二是餐饮产品的档次和等级。高档次、高等级的餐饮产品往往由于成本高而价格昂贵,市场范围相对较小,餐饮企业对这类产品的销售多采用直接销售渠道,即使选用间接销售渠道也尽可能缩短销售渠道的长度;而大众化、较低档次的餐饮产品,由于购买者多、市场覆盖面广、产品的标准化程度较高,采用间接销售渠道为主,直接销售渠道为辅。如以商务设施为特色的商务饭店适宜采用短渠道或直接销售,而休闲度假饭店则多通过旅行社代为销售其产品。

3) 餐饮企业因素

餐饮企业因素主要包括自身规模与经济实力、经营意图、餐饮企业销售人员的素质条件等。

首先,应考虑餐饮企业的规模与经济实力。一般来说,大规模的餐饮企业多采用间接销售渠道,而小规模的企业则以直接销售渠道为主。这是因为餐饮企业总体规模决定了市场容量,而市场容量的大小又制约着餐饮企业销售渠道数量的多少。大型企业所需实现的销售量较大,需要采用多种销售渠道去争取足够企业生存和发展的客源量,小型企业实现赢利所需要的或能够负荷的客源量相对有限,采用直销的方式就可能获得所需的客源量。

其次,餐饮企业销售渠道的设计还必须与餐饮企业的经营意图相一致,要考虑餐饮企业是否有必要对销售渠道和目标市场加以控制。如果餐饮企业希望对其期望顾客和中间商的质量加以选择,则必须加强企业的直接销售,或者选择较短的销售渠道,以加强对顾客和中间商环节的控制。

最后,餐饮企业销售人员的素质条件也会影响到企业的营销渠道策略。在涉外餐饮企业,销售人员必须具备相应的专业知识、娴熟的外语技能,富有谈判和销售经验,能很好地处理商业函电,才有条件直接与国外旅行社、商社联系,甚至直接到国外推销。如果条件不具备,则应以委托中间商代理销售为主。

4) 环境因素

一个国家或世界的各种政治、经济、自然的特征与变化都会对餐饮企业的营销渠道决策产生影响。如由于我国政策的约束,国际旅行社可在境外销售产品,所以可以广泛借助境外的餐饮中间商,采取较长的销售渠道销售餐饮产品;而国内旅行社则仅局限在国内销售餐饮产品,由于业务范围小,多采用较短的销售渠道,直接面向消费者销售产品。

自然环境的特征也会对营销渠道产生影响,主要表现在地理条件方面。如餐饮产品位于交通区位较好的地区,可以采取直接营销的方式,相反因地理条件的限制,则只能采用较长的营销渠道。

6.2.2 餐饮销售渠道选择的基本原则

餐饮销售渠道在选择时要考虑多方面的因素,并把握下列原则:

1)经济效益原则

追求良好的经济效益是餐饮产品销售渠道选择的首要原则,在销售渠道的选择中应比较各种渠道所带来的销售收入、利润和成本,如果某一销售渠道所带来的销售收入不能补偿其维持费用或不能带来足够的利润,这一渠道是不可取的。只有那些不但能够带来一定的销售收入,而且在扣除其维持费用之后还能够使本企业的利润得以增加的销售渠道才是值得选取的销售渠道。这就是餐饮产品销售渠道选择时应遵循的经济效益原则。

2)消费者导向原则

消费者导向原则即餐饮产品生产企业在对餐饮产品销售渠道进行选择时,应坚持消费者的需求导向,因为生产产品的目的最终是满足消费者的需求。新的餐饮企业不断涌现,餐饮产品甚至同类餐饮产品的数量又在快速的增加,餐饮产品本身又具有替代性强的特点,同时餐饮业又是一个竞争十分激烈的行业。所以在其他条件相同的情况下,要选择合适的时间和地点使消费者能够便利地购买到本企业的餐饮产品,这样才能使餐饮企业在竞争中赢得更多的优势。

3)有效控制原则

餐饮企业对所选择的营销渠道要实行有效的控制。因为营销渠道是否稳定,对于餐饮企业能否保有其市场份额、获得良好的经济效益是至关重要的。一般来说,在同一地区选用唯一营销渠道策略风险较大;选用多种营销渠道策略,风险相对较小,但对营销渠道的控制力会降低。餐饮企业应根据具体情况,按照有效控制的原则选择营销渠道的数目。

4）适应性原则

适应性原则首先包括地区的适应性，即所选营销渠道适应该地区消费者的消费水平、购买习惯、市场环境等；其次为时间的适应性，即在产品导入期，餐饮企业应选择较多的中间商，而在餐饮产品的成熟期，餐饮企业可以减少中间商的数量；最后是餐饮企业对中间商的适应性，即餐饮企业与中间商有着良好的合作关系。

6.2.3 餐饮产品销售渠道选择策略

当餐饮企业综合考虑了餐饮产品销售渠道的影响因素后，就可以根据行业情况、市场需求、企业实力等进行渠道选择的决策。

1）餐饮产品销售渠道的长度选择策略

所谓餐饮产品销售渠道长度选择策略，就是对选择何种长度的销售渠道进行决策，即考虑选用直接销售渠道还是间接销售渠道；如果选用间接销售渠道，选用有几个中间层次的间接销售渠道等。

一般来说，短渠道优于长渠道。这是因为：餐饮产品直接销售渠道意味着直销，减少了渠道中间商的环节，降低了渠道佣金成本，从而提高餐饮产品的市场竞争力。其次，较短的销售渠道长度缩短了餐饮产品生产者与消费者之间的距离，加快了餐饮产品生产者与中间商、消费者之间的信息沟通，有利于控制与掌握市场供求关系和市场竞争状况的变化，及时调整营销策略与应对措施。最后，较短的销售渠道长度有利于积极开展客户关系管理，并与中间商之间能够形成长期、稳定的合作伙伴关系。正因为如此，一些大型餐饮企业纷纷到其他地区甚至海外建立自已的办事机构或代理机构，进行大规模的宣传促销活动，并取得了很好的效果。

2）餐饮产品销售渠道宽度选择策略

所谓餐饮产品销售渠道宽度选择策略，是指对餐饮产品生产者所拥有的销售渠道的数目、销售网点以及销售网点分布的选择。销售渠道宽度选择策略主要有三种：即广泛性营销策略、选择性营销策略和独家销售策略。

（1）广泛性营销策略

广泛性营销策略也称密集营销策略或无限制选择策略，是指在渠道层次中选择尽可能多的中间商,只要中间商愿意且能够销售其产品,并且双方能在利益分配上达成协议,就能够成为合作者。在餐饮消费者集中的地方,或者企业的主要目标市场,就应采用这种渠道形式。如西班牙一个大的旅馆集团以英国度假市场为目标,就通过尽可能多的餐饮经营公司广泛销售自己的餐饮产品。

但餐饮企业也会根据具体情况给予中间商不同的重视:一种情况是支付不同中间商的佣金水平不同;另一种情况是对不同中间商采用不同的报价。例如,餐饮企业在不同的全球销售网络系统中可能有不同的报价,对不同的旅行社的报价也有所不同;还有一种情况是餐饮企业在销售其特价优惠产品或某些特殊产品时,对中间商会有所选择。

这种销售渠道的优点是可以扩大餐饮产品生产者的销售面和销售量,缺点是餐饮产品生产者的销售费用较大,对产品营销不易控制,使餐饮企业形象受到损害等。

(2)选择性营销策略

选择性营销策略也称限制性选择策略,是指在一定市场区域范围选择数量有限的、信誉好、服务水平高的餐饮中间商经销或代销本企业产品的一种形式。这种形式介于独家销售和广泛性营销之间,比较适用于价格较高或数量有限的一些餐饮产品,同时,对中间商的要求比较高,如具有良好的信誉、相匹配的实力和较高的服务水平等。

这种销售渠道的优点是有利于餐饮产品生产企业对销售渠道进行有效的控制,有利于餐饮企业与中间商联系紧密,扩大产品的销售,有利于提高绩效,降低成本,建立良好的关系和信誉。

(3)独家销售策略

独家销售策略是指企业在销售其产品时仅仅选用一家信誉卓著、销售能力强的中间商。实际上,这是一种极端的限制性选择策略,也是最窄的一种销售渠道。比如一些饭店往往就采用在某一区域指定独家代理商的方式进行销售。另外,一些特殊的高价餐饮产品也常采用这种营销渠道。

这种销售渠道策略的优点有利于密切与中间商的协作关系,提高其销售积极性,有利于餐饮企业对营销渠道的控制。缺点是灵活性小,生产企业对中间商依赖较大,倘若中间商一旦发生变故,可能会失去很多的潜在顾客。

3)营销渠道联合策略

所谓营销渠道联合策略是指餐饮企业用一定的方式将营销渠道中各个环节

的成员联合在一起，采用纵向或横向、或集团的联合形式，采取共同目标下的协调行动，以取得营销整体经济效益的最大化。主要有以下几种联合形式：

(1)营销渠道的纵向联合

餐饮企业营销渠道的纵向联合，是指用一定的方式将营销渠道中各个环节的成员联合在一起，在共同目标下的相互协调行动，以提高餐饮产品或服务市场营销整体的经济效益。这种纵向联合可分为两种形式：

①契约型的营销渠道：是指餐饮生产企业同其所选定的中间商以契约的形式来确定各自在实现同一营销目标基础上的责权利关系和相互协调行动，以取得单独经营时所不能得到的经济利益或销售效果。在这种联合中各渠道成员只是共同为营销渠道整体利益的实现承担着相应的义务，有着统一的行动，保持着某种形式的长期合作关系，但其本身仍是相互独立的经济实体。在餐饮行业，契约式营销渠道的形式主要有以下 3 种：

特许经营——即特许人向特许经营人提供一种经许可的商业经营权，并在组织优化、员工培训、管理技术上向其提供援助，以作为从特许经营人处获得报酬的回报。特许人(通常是国际企业)可能会向特许经营人提供以下项目中的一种或几种：专利权、商标权、生产过程中的关键技术等。作为获得这些专门技术或权力使用的回报，特许经营人通常要承诺：生产特许人所授权的产品，在指定地域对这些产品进行销售；根据该种产品的销售情况向特许人支付一定的费用。其优点是产品在特许人几乎不承担风险的情况下扩大到另一个新市场中，特许人借此可以达到迅速扩张的目的。如假日旅馆集团、麦当劳、必胜客等，都是通过特许经营取得了飞速的发展。

批发商自愿连锁——即在批发商倡导下，将中小零售商联合起来，由批发商统一购进餐饮产品，由中小零售商分销。这种联营形式使独立零售商的销售业务得以标准化，同时中小零售商能够取得优惠的进货价格，有利于与大的连锁机构抗衡，并可增强批发商和零售商的竞争实力。

零售商合作社——即零售商们联合起来，统一进货，统一宣传促销，统一培训职工。

②紧密型的营销渠道：是指餐饮企业以延伸或兼并的方式建立起统一的餐饮产品的产销联合体，使其具有生产、批发和零售的全部功能，以实现对餐饮市场营销活动的全面控制。其具体形式主要有两种：一是自营营销系统，即餐饮生产企业自行投资建立自己的销售公司和营销网络，把生产和销售这两个连续阶段结合在一起的纵向营销系统。它是直接向目标市场销售自己的餐饮产品，系统内的相关生产部门和销售部门隶属于同一所有权的公司。例如，酿酒企业拥

有自己的酒吧，专门销售自己所酿造的酒类。一般来说这样的企业规模较大，拥有庞大的资本。二是联营营销系统，即餐饮生产企业与餐饮中间商共同投资或相互合并建立起统一的产销联合体，协调生产和销售的各环节的纵向营销系统。

(2)营销渠道的横向联合

营销渠道的横向联合是指由两个以上的餐饮生产企业联合开发共同的市场的营销渠道。其具体形式有松散型联合和固定型联合两类。

所谓松散型联合是各有关餐饮企业为了共同开发某一市场而联合起来，共同策划和实施的营销渠道。如航空公司与目的地的餐饮生产企业联合起来共同开发某一客源市场。所谓固定型联合则往往以建立同时为各有关企业开展市场营销活动的销售公司为主要形式。如有关生产企业在目的地相互联合，成立的餐饮公司。

(3)集团联合

集团联合是各餐饮企业结合自己的组织形式，以餐饮企业集团的方式相互联合，通过集团内的营销机构为集团内各生产企业承担市场营销业务，促使餐饮企业营销渠道的发展和改造。餐饮企业集团的联合是一种比较高级的联合形式。由于餐饮企业集团是由多个企业联合而成的，具有生产、销售、信息、服务等多种功能的经济联合体。它的市场营销功能、系统控制能力和综合协调能力都比较强，并能建立起健全高效的运行机制，从而能提高餐饮市场营销活动的整体效益。

6.3 餐饮产品营销渠道管理

餐饮产品销售渠道管理包括对直接销售渠道和间接销售渠道的管理。由于餐饮产品生产企业有能力完全控制直接销售渠道的运作，而对间接销售渠道的管理要相对复杂困难得多，而且间接销售渠道愈长，愈宽，管理愈是复杂困难。因此，对中间商的管理也是整个餐饮产品销售渠道管理的关键。

6.3.1 餐饮中间商的选择

餐饮中间商所承担的职能和工作使得餐饮生产企业的市场营销活动变得更有效率。由于中间商的任务、性质不同，在餐饮产品营销中的作用也不相同，按不同的标准可以将中间商分为多种类型。在餐饮产品市场营销中，餐饮产品中间商通常有两种划分方式,即按中间商业务性质和是否拥有餐饮产品所有权划分。

1)按中间商业务性质划分

按中间商业务性质划分,餐饮产品中间商可分为餐饮产品批发商和餐饮产品零售商。

(1)餐饮产品批发商

餐饮产品批发商是指从事餐饮产品批发的餐饮(集团)公司或经营餐饮产品批发的旅行社,它从餐饮产品生产企业那里大批量地购买涉及餐饮的单项餐饮产品,然后将其组合进各种各样的整体旅游产品如小包价旅游中,再批发给代理商或零售商,通过他们出售给消费者,自己并不直接向消费者出售自己组合的旅游产品。从这个意义上讲,餐饮产品批发商没有自己的零售网点,餐饮批发商具有经销商的性质。

(2)餐饮产品零售商

餐饮产品零售商是指从事餐饮产品零售业务的餐饮产品中间商,它从餐饮产品生产企业或餐饮产品批发商处以批发价购买餐饮产品,再以零售价将之出售给消费者。

在实际工作中,餐饮产品零售商一般为餐饮产品生产企业在目标市场设立的销售网点。一般情况下,餐饮产品零售商只是代理销售餐饮产品的使用权,该零售商扮演的是餐饮代理商的角色,其收入主要来自于被代理企业所支付的佣金,即受餐饮企业的委托,以合同规定的价格向顾客出售他们的产品,并按售出总额的一定比例提取报酬。佣金通常为销售额的10%~20%。

餐饮产品批发商与餐饮产品零售商的区别并不明显,对于同一个企业来说不一定只是批发商或零售商。它可能担任不同的角色。如A旅行社为一个来自美国的旅行团组织了一次包价旅游,为它提供餐饮服务,那么它就是以批发商的身份进行销售活动的;同时,它又为B旅行社的一个团队提供了当地的餐饮与服务,可以说它又是零售商。

2)按是否拥有餐饮产品所有权划分

按是否拥有餐饮产品所有权划分,餐饮产品中间商可分为餐饮产品经销商和餐饮产品代理商。

餐饮产品经销商,是指将餐饮产品买进以后再卖出的中间商。餐饮经销商的收入来自于餐饮产品购进与卖出之间的差价,一次业务收入的高低也主要取决于差价的大小。由于餐饮经销商进行的是餐饮产品"所有权"的买卖业务,因此,他们同餐饮产品生产企业共同承担餐饮市场的风险。餐饮批发商大多属于此类。

餐饮产品代理商,是指接受餐饮产品生产企业的委托,在一定区域范围和一定时期内代理销售其产品的中间商。餐饮产品代理商并不拥有餐饮产品的所有权,其收入来自被代理企业支付的佣金。餐饮代理商代理销售的主要是零售业务,餐饮产品代理商也是当前餐饮产品销售渠道的主要环节。餐饮企业的经营都依赖餐饮产品代理商的大力配合。从目前来看,这种依赖程度还在不断加强。餐饮零售商大多属于此类。

尽管利用代理商的风险程度比利用经销商要低得多,但对代理商的利用是对利用经销商的一种补充。一般而言,在餐饮产品销售比较好的情况下,利用餐饮批发商等中介组织的机会比较多,而在新产品上市初期或产品销路不太好的情况下,则利用代理商的机会就比较多。

6.3.2 餐饮产品中间商的功能

餐饮产品中间商作为餐饮产品买卖行为发生和实现的组织或个人,是社会分工和市场经济发展的必然要求,它在旅游市场营销中占有特殊的地位,对于餐饮产品营销渠道的形成和运行起着重要的作用。

1)减少交易次数,节省时间和人力,降低费用

假设现有三个生产者和三个餐饮消费者,如果不通过中间商,每个餐饮产品生产者要和每个消费者都进行交易,则需要进行9次交易,如图6-1所示。若有中间商存在,则交易次数可减至6次,如图6-2所示。

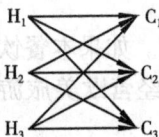

图6-1 不用中间商的交易示意图

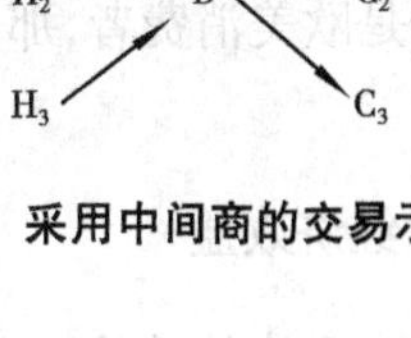

图6-2 采用中间商的交易示意图

2)有效的市场调研与开拓

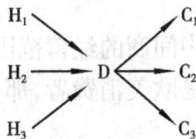

消费者是餐饮企业生产经营成败的关键所在,其数量的多少、层次的高低、

购买力的大小对餐饮企业的经济效益有着直接的影响。餐饮中间商利用自己直接面向消费者的有利地位,真实、客观地掌握餐饮消费者的需要,能对市场的未来发展有较为准确的判断,捕捉市场营销机会,从而为餐饮企业提供准确、及时的信息,使餐饮产品和服务的供应不断适应餐饮消费者的需求。

3)组合加工的功能

任何一个餐饮企业均不能提供消费者在完整的餐饮活动中所需的食、住、行、游、购、娱等环节的各种餐饮产品。餐饮中间商运用自身与多家餐饮企业联系、具有对多种餐饮产品加工、组合的能力,并将各种餐饮产品按不同的细分市场加以组合加工,根据消费者的不同要求,形成不同的组合方式和价格形式,进一步满足各种消费者不同的需要。

4)沟通信息的功能

餐饮产品中间商处于餐饮产品生产者和餐饮消费者之间,在餐饮产品由生产者向消费者转移的过程中起着桥梁和纽带的作用,可以随时向餐饮产品生产者和消费者传达市场信息,直到餐饮产品的生产和消费实现基本平衡。

6.3.3 影响中间商选择的因素

对餐饮产品生产企业来说,在多级销售渠道中,餐饮批发商是直接中间商;在一级销售渠道中,餐饮零售商是中间商;对餐饮批发商来说,餐饮零售商也是中间商。餐饮中间商的情况对餐饮销售渠道的效率有着直接的重要影响。因此,如何选择中间商便成为选择餐饮销售渠道策略中的主要任务,其影响因素如下:

1)目标一致

该中间商的经营范围是否与本餐饮企业目标相一致。如果本餐饮企业的目标市场是欧美消费者,那么被选中的中间商就必须是以经营欧美旅游团为主的旅行社。

2)经济效益

追求经济效益是所有餐饮企业营销决策的基本目的之一。所谓的经济效益就是说应将餐饮中间商选择所可能引起的销售收入增长同实施这一中间商选择所需要花费的成本作比较,以评价中间商选择的合理性。单从销售收入和销售费用的角度考虑,使用餐饮中间商既能增加销售收入,又可以减少直接销售费用。不过,餐饮产品供应给餐饮批发商,产品供应者只能以"供应价"获得销售额,相对于直接销售,价格上有较大的损失;如果餐饮产品由餐饮零售商代理销售,产品供应者则要向餐饮零售商支付佣金。这样,使用餐饮中间商就有一个经济效益比较的问题:由餐饮中间商产生的销售收入的实际增长是否大于直接销售的收入,是否足以补偿和超过有关维持费用,这个餐饮中间商能否比其他可供选择的餐饮中间商带来更大的经济效益。

3)可控性

从长远目标考虑,餐饮企业对中间商的选择不仅要考虑经济效益,还应考虑餐饮企业能否对其实行有效的控制。尽管餐饮中间商属于不完全可控因素,但由于其在餐饮产品销售渠道中的重要性,以及对产品生产者或供应者实现长远目标的特殊影响,在选择餐饮中间商时,有必要考虑利用有关协议或合约,如餐饮产品的价格限度、销售量的约束等,对他们实施不同程度的控制。餐饮企业对销售渠道的控制问题一般应考虑以下两个方面:一是餐饮企业与中间商的利害冲突及其处理的难易程度;二是同一渠道层次中间商关系协调的难易程度,如同一地区的中间商是否会发生冲突,发生冲突能否有效协调解决。

4)中间商的综合能力

在选择中间商时,必须了解其背景、资金和信用情况以及经营水平和业务能力。具体包括:中间商的市场经验及市场反馈能力;中间商的市场经验和销售实力对餐饮产品的销售有着重大影响;中间商能够及时地向饭店反馈有关饭店产品的市场信息,如客人喜好、习惯特点、消费者的流向等。餐饮营销成功最重要的因素之一在于对市场情况及时、全面、深入的了解。因此,衡量中间商的优劣,除了销售业绩之外,还要看他提供市场信息的能力以及态度。

5)中间商的经营实力和资信

选择中间商时,必须考虑其经营规模的大小、财务调度能力的高低、资信状况。根据其经营规模可以预测其能够为本饭店带来的预订量和销售额大小,其财务调度能力能够体现其抗风险水平,以确保餐饮企业的经营不因为中间商出现问题而产生波动。同时,中间商的资信状况也是十分重要的。如过去我国许多餐饮企业由于缺乏对一些中间商资信状况的了解,造成大量账款无法收回,给这些企业造成极大的经济损失。目前,许多企业直接在境外委托销售代理,对此应十分谨慎。在建立代理关系前,企业应通过各种途径如我国驻外使领馆及其他办事机构等,对其资信状况进行调查,以确保企业不受或少受损失。

总之,餐饮企业在选择餐饮中间商时,应保留适当的弹性,根据市场及其环境的变化,对中间商进行适当的调整,以便更有效地实现餐饮企业的营销目标。

6.3.4 中间商的激励

由于餐饮产品的特殊性,在间接销售渠道中,餐饮产品生产者与中间商的合作仅仅是建立在协议基础上的。在这样一种销售系统中,餐饮产品销售渠道的控制权并非完全可以人为决定,而是在很大程度上取决于市场供需状况。当餐饮产品供小于求时,生产者或供给者往往具有更多的控制权;当餐饮产品供过于求时,餐饮中间商的控制能力更强。由于市场供求状况的不断变化,餐饮产品生产企业与中间商之间的合作关系是不够稳定的,许多市场因素都会对这种不稳定的合作关系产生影响。

因此,餐饮产品生产企业向中间商提供能使他们获益的一些基本条件的同时,还应当根据市场的变化向他们施予激励因素和获利机会,以增加他们的收入,只有这样才能更好地、有效地发挥中间商的作用。具体激励的方法如下:首先,根据互利原则和合约规定,尽可能保证向餐饮中间商提供热销产品,特别是在餐饮旺季时期。在中间商看来,获得热销产品是供应者对他们工作、能力的重视和支持,这在客观上将进一步激励餐饮中间商的工作热情。其次,增加餐饮中间商的利益,向他们提供一些增加收入的机会和条件。比如,奖励超额销售、优惠大批量购买、及时传递获利信息、培训餐饮中间商销售人员、提供人财物方面的有偿支援等。

6.3.5 中间商的评估

由于餐饮中间商的类别多样,作为餐饮企业评估中间商不应单从其预订数量的多少来判断,必须考虑其预订的质量,给企业带来的实际利益,从中找出最关键的中间商和关键潜在中间商。最关键中间商是餐饮企业所确定的主要预订组织和个人,是销售渠道管理的重点,而关键潜在中间商则是具有潜力的主要组织和个人,其预订数量和质量仅次于组织和个人。具体来讲评估的方法主要有定性与定量两种方法:

1)定性方法

餐饮企业要采取切实可行的办法,对渠道实行有效的管理,就必须定期对中间商的工作绩效进行检查与评价，由于餐饮中间商在市场定位、营销规模、信誉程度、合作意愿及经营情况等方面各不相同，因此，餐饮产品生产企业在评价餐饮中间商时，可以从以下几方面进行。

(1)市场定位

餐饮中间商销售的目标市场应该与餐饮产品所确定的目标市场相一致。餐饮中间商的销售渠道或营业地点应在市场目标群体相对集中的区域。

(2)营销实力

主要包括餐饮中间商历年的销量指标完成情况、为企业提供的利润额和费用结算情况、服务质量及开展营销工作的经验和实力等。同时，餐饮中间商的经营规模意味着其销售网点的多少。

(3)信誉程度

良好的信誉是餐饮企业与餐饮中间商建立合作关系时首要考虑的问题。主要反映在客户对中间商的满意程度上、与其他中间商的关系及配合度。

(4)合作意愿

餐饮产品生产者与餐饮中间商的合作关系是建立在双方自愿、互利互惠基础上的，是一种双向选择。主要反映在中间商对销售本企业产品的积极性上。

(5)经营情况

评估餐饮中间商的重要程度，主要指标为本企业产品的销售量占中间商总销售量的百分比，以及中间商为竞争对手产品投入的资源与精力。

2)定量方法

以饭店为例，一家国际饭店集团的中间商评估标准如表6-1所示。

表6-1　中间商评估表

项　目	0	1	2	评　分
预订客房夜次	<100	100~250	>250	
餐饮潜力/美元	<5 000	5 000~10 000	>10 000	
预订季节	旺	全年	淡	
房价	免	团队	门市价	
停留天数	1夜	2夜	>2夜	
使用销售渠道	—	旅行社	直接	
决策人所在地	国外	国内	本地	

续表

项　目	0	1	2	评　分
会议	国际性	国内	本地	
停留周期/回头次数	1次/年	2~4次/年	>5次/年	
会议室使用	高	低	正常	
预订质量		正常流量	高质量	
预订提前时间	<6个月	6~12个月	1年以上	
资信状况	差	一般	好	

从表6-1中我们可以看出，评分标准采用打分形式，对每一项目的业绩确定具体分值范围，业绩差为0分，正常为1分，好为2分。评估项目包括预订客房夜次、餐饮消费潜力、预订所在季节、房价、停留天数、使用的销售渠道、决策人、所在地、会议预订频率、对会议厅的要求、预订质量、预订提前时间及资信状况等项。

表6-2是对旅行社的评估表，其方法与表6-1相同，只是按照旅行社代理销售的特点规定了评估项目及各项的分值范围。

表6-2　评估旅行社标准

项目细分		分　值			
		1	2	3	得　分
1	订房数/间	<50	51~99	>100	
2	停留天数/天	1	2	3	
3	季节	8、9、10、11月	全年	12、1、2、3月	
4	付款方式	根据账单发票	入店登记时	预付	
5	预订未到	经常	偶尔	极少	
6	订餐	早餐	早、晚餐	早晚餐和酒水	
7	与本集团饭店来数	1	2~3	4	

注：关键中间商分值为12~21分

主要潜在中间商8~11分

普通中间商2~7分

上述表格其共同特点是多角度和全方位的评估，能较为全面和真实地反映中间商在饭店销售额中的地位和作用。采用这种将定性标准量化的形式,便于对不同的中间商进行直观比较。此外,这类表还确定了细分不同等级中间商的评分标准,因而避免了分析评估中容易出现的主观性。

6.3.6 餐饮产品销售渠道的调整

为了适应多变的餐饮市场需求,要使渠道保持良好运行,就必须依据对产品的销售渠道和中间商进行调整,针对环境变化及时调整渠道。例如,对于散客餐饮占较大比例的餐饮市场,餐饮企业应努力发展直接销售渠道,并且努力建立和扩大与广泛分布的餐饮代理商的合作关系;对于团体餐饮占优势的市场,则需更多地通过餐饮批发商销售餐饮产品。调整渠道的主要方式有以下几种:

1)增减销售渠道中的中间商

根据竞争对手销售渠道的变化,对自己的中间商进行调整。在对中间商进行权衡比较的基础上,对餐饮中间商进行筛选,或剔除或新的中间商加入,从而保证餐饮企业产品的销售量。

2)增减某一销售渠道

随着餐饮市场的变化,餐饮企业有时会发现其销售渠道过多或部分销售渠道作用不大,则应根据实际情况,从高效率的原则出发,可以适当缩减一些销售渠道;当原来效益较高的销售渠道效益可能下降时,则应减少销售渠道。

3)改变部分或整个销售渠道

当餐饮产品生产企业在某一区域市场的销售量较大,而且自有品牌又能得到当地市场认可的情况下,为获得更大的经济效益,避免中间商过多的控制和威胁,可以考虑抛弃中间商,设立自己的分支机构进行直接销售,改变部分销售渠道。或当餐饮企业无法解决原有销售渠道中存在的问题,整个销售渠道混乱或严重丧失功能,或者餐饮企业的战略目标和营销战略发生重大调整,必须对整个餐饮产品销售渠道进行改变。

6.3.7 餐饮产品销售渠道的冲突

1)渠道冲突的概念

销售渠道系统是由不同的企业组成的,这些企业为了某种共同的利益而结合在一起，相互依赖，并都在渠道中扮演一个角色和执行一种或多种专门职能。但各个独立的业务实体将有不同的利益寻求，一切竞争都围绕利益而展开。对于餐饮生产企业者来说，最理想的情况是渠道中所有成员都能进行协作。但事实上渠道成员通常更关心自己的短期目标，各经销商之间存在着利益竞争，导致目标和角色的不同而产生了矛盾和冲突，这种矛盾与冲突被称为渠道冲突。

2）渠道冲突的类型

渠道冲突有两种表现形式，即水平冲突和垂直冲突。

①水平冲突是指不同渠道同一层次的成员之间发生的冲突，如餐饮企业之间、旅行社之间因为区域划分的不清晰，因客源的争抢而发生的冲突。

②垂直冲突指同一渠道中不同层次的成员之间发生的冲突。垂直冲突更为常见。如餐饮产品生产者抱怨中间商改变了原定的销售政策及方针，餐饮批发商及零售代理商对生产者的产品价格、成本构成、销售政策调整的不满；餐饮零售代理商抱怨餐饮批发商所给付的佣金太少等，都属于垂直冲突。

3）冲突的解决方法

渠道成员间的冲突使渠道整体利益得不到最大化，甚至会产生破坏性的作用。要解决这些冲突，使渠道畅通无阻，是渠道成员的共同责任。渠道冲突的解决方法有以下几种：

①明确渠道成员的权利和责任，建立共同的以目标为指导的协议。

②慎重选择经销商，建立利益共享、风险共担机制。

③建立共同的行为准则，约束渠道成员。

④制定完善的营销政策，由一个强有力的渠道领导统一协调，使渠道平稳运行。

⑤协商、协调或仲裁解决。

教学实践

选择本地四星级或五星级的一个旅游涉外饭店，调查其产品的销售渠道，并说出它们各自的优缺点和适用范围。

本章自测

1. 餐饮产品营销渠道的含义。

2. 餐饮产品营销渠道冲突的含义。

3. 举出几种餐饮产品的营销渠道类型。

4. 中间商在餐饮产品销售渠道中起着什么样的作用？餐饮企业要获得成功应该如何选择旅游产品中间商？

相关链接

麦当劳 http://www.mcdonalds.com

知识链接

麦当劳的特许制度

麦当劳公司可以说是世界上最成功的特许组织了。在全世界它有一万家分支分店，大约每隔15小时就有一家分店开张。

1. 分店的建立。每开一家分店，麦当劳总部都自行派员选择地址，组织安排店铺的建筑、设备的安装和内外装潢。

2. 特许费。受许人一旦与公司签订合同，必须先付首期特许费2.25万美元，其中一半现金支付，另一半以后上交。此后，每年交一笔特许权使用费（年金）和房产租金。前者为年销售额的3%，后者为年销售额的8.5%。

3. 合同契约。特许合同的期限为20年。公司对受许人有以下责任：在公司的汉堡大学培训员工，管理咨询，负责广告宣传，公共关系和财务咨询，提供人员培训的各种资料、教具和设备，向特许分店供货时提供优惠。

4. 货物分销。麦当劳公司不是直接向特许店提供餐具、食品原料，而是与专业供应商签订合同，再由他们向各个分店直接送货。

第7章

餐饮促销策略

【学习目标】

本章通过餐饮促销的类型、作用,餐饮促销组合,餐饮促销策略及技巧的系统讲授,为学生制定餐饮广告策略、餐饮营业推广策略及餐饮人员推销策略提供可用的技术操作手段和分析技能。

【学习目标】

①了解餐饮促销的类型和作用,熟悉餐饮促销组合。

②掌握餐饮促销的策略。

【学习目标】

①能够制定餐饮广告策略、餐饮营业推广策略及餐饮人员推销策略。

②能够宏观地把握旅游餐饮促销的方法。

【关键概念】

餐饮促销　餐饮广告　餐饮营业推广　餐饮人员推销

案例导入：

餐饮业快速发展，随之而发展起来的营销观念也从原来的以自我为中心的生产观念、产品观念和推销观念，逐步发展成为以食客需求为依据的市场营销观念。餐饮企业不仅选择眼前利益，同时也更加注重社会效益，注重树立企业自身的整体形象及长远利益。

某中档酒楼刚开业时第一月全面八八折销售，结果生意非常火爆，但过了第一个月的"蜜月期"后生意开始下滑，三个月后陷入亏损状态，最终被迫低价转手。这说明餐饮促销不仅是指单纯的餐饮推销、广告、宣传、公关等，同时还包含有餐饮经营者为使食客满意并为实现餐饮经营目标而展开的一系列有计划、有组织的广泛的餐饮产品及服务活动。短期的促销策略的执行会吸引大批顾客前来"猎奇"或尝新，而管理者盲目乐观，员工也会因生手过多再加上生意过好而疲于应付，因此菜品质量、服务水平及环境质量上均会打上折扣，给顾客群特别是餐饮常客带来不好的"第一印象"，进而形成不好的口碑。因此，如何形成良好的口碑，满足顾客的需求，就成为促销的根本所在。

7.1 餐饮促销概述

现代市场营销不仅要求企业开发适销对路的产品，制定有吸引力的价格，通过合适的渠道，而且还要求企业加强促销活动，运用各种有效的促销策略。

市场竞争越激烈，就越是需要采取有力的促销措施促使顾客理解、接受餐饮企业的产品和服务。促销能够提高销售增长，尤其是在需求较弱的时期，加快餐饮新产品和服务的引入，加速人们接受其产品和服务的过程，使人们更快地对产品和服务作出反应。促销不只限于对顾客，也可以被用来激励雇员和刺激中间商。

7.1.1 餐饮促销的含义

餐饮促销是餐饮营销组合的重要组成部分，是指餐饮企业通过人员和非人员的方式，将餐饮产品的有关信息进行传播，帮助消费者认识餐饮产品所带给他们的利益，为刺激销售、控制销售或维持良好的销售水平开展的一切活动的总和。从市场营销学的观点来看，餐饮促销，不是简单地向消费者推销商品，而是以满足消费者的需要为前提。所以，餐饮促销的本质就是在餐饮企业和消费者之间沟通生产和消费的信息。因此，餐饮促销承担着两方面的任务：一是餐饮生产者要广泛地收集消费者的需求信息；二是根据消费者的需求和偏好，使生产者努力将其产品和服务信息传递给消费者，为消费者提供合适的产品，以达到旅游产品销售的目的。

餐饮促销是餐饮企业向目标市场上的消费者宣传介绍其产品的优点，说服、劝导消费者前来购买其产品的市场营销活动，它与其他市场营销活动有所不同。餐饮企业的产品规划、定价、分销等市场营销活动，主要是在企业内部进行或者是在企业及其市场营销伙伴之间进行的，而餐饮企业在开展促销活动的过程中，主要是向其目标顾客宣传介绍产品功能和特色，说服消费者前来购买产品。也就是说，促销活动是在企业与消费者之间进行的活动。

随着餐饮市场竞争的加剧和餐饮产品的增多，消费者收入的增加和生活水平的提高，在买方市场上的广大消费者对餐饮产品要求更高，挑选余地更大。因此，餐饮企业与消费者之间的沟通更为重要，企业更需加强促销，利用各种促销方式使广大消费者加深对其产品的认识，以使消费者愿多花钱来购买其产品。

7.1.2 餐饮促销的作用

餐饮促销的实质就是餐饮产品的供应者和餐饮消费者之间的信息沟通。通过沟通和传递信息达到实现餐饮产品销售的目的。一般来说，它有以下几个作用：

1）提供餐饮产品信息

一种商品进入市场以后，甚至在尚未进入市场时，为了使更多的消费者知道这种商品，就需要产品生产者及时提供情报，向消费者介绍产品，引起消费者的注意。中间商要采购适销的商品，也需要生产者提供情报。同时，中间商也需要向零售商和消费者介绍商品，以便沟通情报。

2）加速餐饮商品流通

任何产品的销售都要以获得产品的信息为前提，所以，餐饮产品的生产者在把其产品推入市场以后，就必须通过向市场提供信息以引起需求者的注意，刺激他们的购买欲望，引导他们的购买行为。

3）增加旅游消费需求

餐饮生产者向中间商和消费者介绍商品，不仅可以诱导需求，加速流通，有的时候还能够创造需求、增加需求。当某一种旅游商品的销售量下降时，通过适当的促销活动,可以促使需求得到某种程度的恢复。

4)突出企业产品特点

在市场上同类商品竞争比较激烈的情况下,许多餐饮产品只有细微的差别,这些差别消费者往往不易察觉。这时,餐饮企业可以采取促销活动,宣传自己产品区别于竞争产品的特点,将自己产品特点的信息传递给旅游消费者,使旅游消费者能够充分地认识到本企业旅游产品带给他们的特殊利益。

5)稳定产品市场地位

由于受季节性等因素的影响,有的餐饮产品的销售量波动很大,这是市场地位不稳定的反映。餐饮企业可以通过促销活动,使更多的消费者形成对本产品的"偏爱",达到稳定本企业产品市场地位的目的。

6)塑造企业品牌形象

餐饮产品生产者可以通过促销活动传递信息,使消费者对本企业及其产品产生信任感,树立产品和企业在他们心目中的信誉,提高企业的知名度,提高产品的认知率,在消费者的心目中形成"名牌产品"、"明星企业"的形象,从而扩大企业及其产品在市场上的影响。

餐饮企业要达到上述目的,不仅要通过人员推销和广告、营业推广以及公共关系等非人员推销方式的组合使用,而且要使促销策略与市场营销因素组合的其他因素协调配合,形成一个整体营销策略。因此,餐饮企业销售经理的任务,并不在于从事具体的餐饮促销活动,更重要的在于确定促销目的,制定促销策略,并且使促销策略同产品策略、渠道策略和价格策略相配合,形成整体营销战略。

7.1.3 餐饮促销组合及其策略

餐饮促销组合就是营销者有目的、有计划地将广告、营业推广、人员推销、公共关系等促销方式结合起来,综合运用,形成一个整体促销策略。企业对多种促销方式进行适当的选择,综合使用,以求达到最好的促销效果。

1)促销的五种方式

(1)餐饮广告

利用大众媒介的付费宣传。现代餐饮广告应该是一种双向的信息沟通过程，即以顾客的利益为出发点来考虑广告的制作和传播。

(2)餐饮营业推广

也称为销售促进，主要是设计和举办一些刺激消费的活动。具有短期诱导性、强刺激性的特点，是广告和人员推销的补充。

(3)餐饮人员销售

即餐饮企业销售人员的访客和推销活动，值得重视的是，参与餐饮服务过程的所有人员也都负有推销的责任。

(4)餐饮企业公共关系活动

这是餐饮企业借以宣传或维护自身形象的手段，它不直接宣传和推销餐饮产品。

(5)直邮推销

即餐饮企业通过邮政直接向消费者寄送餐饮直邮广告。餐饮直邮广告的内容可以包括商业信函、宣传册、明信片、贺卡、新闻信件等。

在本章中，重点介绍前三种促销方式。

2)促销策略

按照促销信息的流向，促销可以分为“推式”策略与“拉式”策略两类。

(1)推式策略

它是指餐饮企业把产品推销给中间商，而由中间商将产品推入分销渠道，推向市场的促销策略。人员推销和销售促进是属于此类策略。

(2)拉式策略

它是指餐饮企业利用广告活动与营业推广等促销活动，激发消费者的购买欲望，从而拉动整个分销渠道系统，完成餐饮产品销售。

餐饮企业是选择推式策略还是拉式策略来促进销售，对促销组合也具有重要影响。推式策略强调了企业的能动性。而后者的中心则在拉引，着重强调消费者的能动性。在促销实践中，餐饮企业要结合具体情况采取不同的组合方式，即各有侧重，又相互配合。

3)影响餐饮促销的因素及促销组合策略

对于餐饮企业来说，在制定促销组合和促销策略时一般应考虑产品的生命周期、市场、促销目标、预算及经济前景等因素。各种因素不同程度地影响决定了餐饮企业在促销时应采用不同的促销组合。

(1)促销目标

餐饮促销目标是指餐饮促销活动所要达到的效果和目的。促销目标对餐饮企业促销组合的选择也有影响。如果促销的目标是增进一种新产品的知名度,那么重点应放在广告和营业推广上;如果促销的目标是让消费者了解旅游产品的特点,那么促销组合的构成就应该是适量的广告、大量的人员推销和一些营业推广。

从餐饮促销组合的成本效益来分析,广告、营业推广和公共关系在建立购买者知晓方面,比人员推销的效益要好得多。在促进购买者对餐饮企业及产品的了解方面,广告的成本效益最好,人员推销其次。购买者对旅游企业以及产品的信任,在很大程度上受人员推销的影响,之后才是广告。

(2)餐饮产品生命周期

餐饮产品生命周期的不同阶段,促销目标不同,促销效果也有所不同,应相应地选择、编配不同的促销组合,制定特定的促销策略。

①导入期。导入期的餐饮促销策略应以广告宣传为主导,目的在于促进消费者对餐饮产品的认识和了解,并辅之以人员推销、营业推广和公共关系等方法,以便向“先驱”买主多作细致的说明和介绍。

②发展期。发展期销售促进的重点应该是宣传餐饮产品特色,树立餐饮产品品牌,刺激人们对餐饮产品的需求,提高餐饮产品的市场占有率。这个时候,广告宣传仍是主要的促销方式,同时配合使用人员推销,尽力扩大销售渠道和产品销量。

③成熟期。成熟期竞争对手日益增多,为了与竞争对手相抗衡,保持已有的市场占有率,餐饮企业必须增加促销费用。这个阶段,餐饮产品促销一般以营业推广为主,广告仍作为重要方式在运用,但要改变广告形式,这时的消费者只需要提醒式广告即可。

④衰退期。衰退期餐饮产品由成熟走向衰退,餐饮企业应把促销规模降到最低限度,以保证足够的利润收入。这时只用少量的广告活动来保持消费者的记忆即可,或配合一些营业推广措施。而人员推销可减至最小规模,公共关系、宣传报道活动可以停止。

由此看来,在整个餐饮产品的生命周期中,餐饮企业采取的促销组合依各个阶段的不同而有所不同。总的来看,在导入阶段和成熟阶段,促销活动十分重要;而在发展阶段和衰退阶段,则可降低促销费用的支出,缩小促销规模,以保证足够的利润收入。

餐饮产品特性主要包括餐饮产品的类型、季节性、用途及分销政策等,不同的产品特性应采取不同的促销策略。

(3) 市场状况

市场状况主要包括市场范围大小、市场竞争状况等。不同状况的市场要采取不同的促销策略。

①市场范围大小。市场范围主要是指目标市场的地理分布及规模。一般而言,市场地域越广、潜在餐饮消费者数量越大时,应以广告宣传和文字宣传为主;反之,面对市场范围小,且多为中间环节市场时,则应以人员推销为主。

②市场竞争状况。当市场竞争激烈时,则应同时采取"推式"策略与"拉式"策略,反之,则采取拉式策略。

除此之外,促销预算和经济前景也是应该考虑的两个重要因素。餐饮促销组合最终取决于促销经费的预算。餐饮企业在制定促销决策时应注意两个问题:一是应花费多少投资来进行促销活动,二是这些投资应如何在众多的促销方式之间进行分配。同时,餐饮企业应随着经济前景的变化,及时改变促销组合。例如,在通货膨胀时期,消费者对价格反应十分敏感,餐饮企业应提高营业推广相对于广告的分量;在促销中特别强调餐饮产品的价值和价格,通过传播各种促销信息,让旅游消费者可以便利地识别和购买到所需要的餐饮产品。

总之,餐饮促销组合人员推销与营业推广最为普遍和重要。在餐饮联合促销中的主要形式以产品或服务互补型和消费过程互补型为主。

7.2 餐饮广告

餐饮企业不同于其他企业,具有大市场、小企业的特点,消费人群广,却相对分散,所以餐饮企业的信息沟通对广告的依赖程度很高。同时餐饮是特殊产品,它和百货、家电不一样,如果你的广告做出去,真的来多了顾客,企业便应付不过来。因此,餐饮企业利用广告适时适度的巧妙宣传自己,已成为餐饮业竞争和经营的一个十分重要的手段和内容。作为餐饮企业的经营者、广告策划者,必须在全面了解餐饮企业状况的前提下,进行科学定位,严密的策划,广告宣传就会带来意想不到的效果。

7.2.1　广告的概念

广告是一种重要的促销手段。在当今社会,几乎人人都逃离不了广告的影响。订阅的报纸中有夹带的广告;看电视节目总是被插播的商业广告所打断;街头上免费拾取的报箱里的报纸之所以能免费,是因为广告承担了全部费用,所以人们会发现厚厚的一叠报纸却包含着很有限的信息;甚至,还有许多“野广告”:电线杆子上、大学布告栏里、住宅楼的墙上,到处都是。

广告的定义很多。美国市场营销协会给广告下的定义是:“广告的发起者以公开支付费用的做法,以非人员的形式,对产品、劳务或某项行动的意见和想法等的介绍。”换言之,广告是指广告主支付一定的费用,采取非人员沟通形式,通过种种媒介把商品信息传递给广大目标受众的过程。以上关于广告的含义包含如下内涵:

1)广告是一种单向的沟通

首先,广告是一种沟通形式,旨在传播某种信息。其次,广告仅仅能表达广告主要说的话,却不知道也不能够直接听取广告接受者所要表达的意见。

2)广告在传播过程中不借助人员

广告是由人策划的,并针对人而传播的。但在这两端当中,广告将不再借助人的因素来完成,它以某种静止的既定形态存在并流传。公共关系、人员推销都需要借助人来完成,其效果甚至完全取决于过程中的人的因素。

3)广告的功能在于传播信息

广告能对顾客需要起到唤起、强化、维持和改变的作用。尽管现代社会中人们总是用理性排斥广告,对广告信息的真实性表示怀疑,但人们却无法抗拒广告对人所起到的潜移默化的影响。在不知不觉之间,人们的消费态度和购买行为已经因广告的作用而发生了变化。

4)广告主要是向广告媒体支付费用

这与公共关系不同。公共关系也常常利用媒体,但却以非付费的形式。因此,不管广告主选择哪种媒体(尤其是大众媒体或其他非自有媒体),都需要向媒体所有人支付广告费用。在杂志、广播、电视、海报招贴、牌坊、卡牌、气球、车船、火柴盒、瓶罐、日历等媒体上做广告,几乎都是这样。

7.2.2 广告的类型

广告可以根据不同属性进行分类。

1)根据传播媒介分类

(1)印刷类广告

主要包括印刷品广告和印刷绘制广告。印刷品广告有报纸广告、杂志广告、图书广告、招贴广告、传单广告、产品目录、组织介绍等。印刷绘制广告有墙壁广告、路牌广告、工具广告、包装广告、挂历广告等。

(2)电子类广告

主要有广播广告、电视广告、电影广告、电脑网络广告、电子显示屏幕广告、霓虹灯广告等。

(3)实体广告

主要包括实物广告、橱窗广告、赠品广告等。

2)根据广告进行的地点分类

(1)销售现场广告

指设置在销售场所内外的广告。主要包括橱窗广告、货架陈列广告、室内外彩旗广告、卡通式广告、巨型商品广告。

(2)非销售现场广告

指存在于销售现场之外的一切广告形式。

3)根据广告的内容分类

(1)商业广告

商业广告是广告中最常见的形式,是广告学理论研究的重点对象。商业广告以推销商品为目的,是向消费者提供商品信息为主的广告。

(2)文化广告

以传播科学、文化、教育、体育、新闻出版等为内容的广告。

(3)社会广告

指提供社会服务的广告。例如,社会福利、医疗保健、社会保险及征婚、寻人、挂失、招聘工作、住房调换等。

(4)政府广告

指政府部门发布的公告,也具有广告的作用。例如,公安、交通、法院、财政、税务、工商、卫生等部门发布的公告性信息。

4)根据广告目的分类

(1)产品广告

指向消费者介绍产品的特性,直接推销产品,目的是打开销路、提高市场占有率的广告。

(2)公共关系广告

指以树立组织良好社会形象为目的,使社会公众对组织增加信心,以树立组织卓著的声誉的广告。

5)根据广告的表现形式分类

(1)图片广告

主要包括摄影广告和信息广告。表现为写实和创作形式。

(2)文字广告

指以文字创意而表现广告诉诸内容的形式。文字广告能够给人以形象和联想余地。

(3)表演广告

指利用各种表演艺术形式,通过表演人的艺术化渲染来达到广告目的的广告形式。

(4)说词广告

指利用语言艺术和技巧来影响社会公众的广告形式。大多数广告形式都不可能不采用游说性的语言,重点宣传企业或产品中某一个方面,甚至某一点的特性,在特定范围内利用夸张手法进行广告渲染。

(5)综合性广告

这是把几种广告表现形式结合在一起,以弥补单一艺术形式不足的广告。

6)根据广告阶段性分类

(1)倡导广告

这种广告又称始创式广告，目的在于向市场开辟某一类新产品的销路或某种新观念的导入。此种广告重点在于使人知晓。

(2)竞争广告

这种广告又称比较式广告，是通过将自己的商品与他人的商品作比较，从而显出自己的商品的优点，使公众选择性认购。此种广告重点在于突出自己的商品的与众不同。许多国家在广告法上对于比较式广告有一定的限制。

(3)提示广告

这种广告又称提醒广告、备忘式广告，是指在商品销售达到一定阶段之后，商品已经成为大众熟悉的商品，经常将商品的名称提示给大众，以促进商品销售。

除上述分类之外，广告还有许多其他分类方法：如按广告诉求的方法，可分为理性诉求广告和感性诉求广告；按广告产生效果的快慢，可分为时效性广告和迟效性广告；按广告对公众的影响，可分为印象型广告、说明型广告和情感诉说型广告；按广告的目标对象，可分为儿童、青年、妇女、高收入阶层、工薪阶层的广告；按广告在传播时间上的要求，可分为时机性广告、长期性广告和短期性广告等。

7.2.3 餐饮广告的类型

1)根据广告目标分类

(1)告知型

这种类型广告的宣传重点在于介绍餐饮新产品及其特色，通告产品的价格变化，纠正产品的错误形象，宣传餐饮企业对消费者采取的便利措施等。告知型的广告在开拓新市场阶段，有利于激发潜在消费者的初步需求和树立良好的市场形象。

(2)劝导型

这种类型的广告目的在于培养消费者对某种品牌产品的偏好。在餐饮产品进入发展期时，经常采用这种广告，由于此时竞争者不断增加，广告就要力求突出餐饮产品与企业的特色,使其明显地区别于其他同类产品。也可以采用劝导型广告来改变消费者对本企业和餐饮产品的不利印象。因此,劝导型广告主要用于同类产品展开竞争的阶段,可以表现为进攻型,也可以表现为防守型。

(3)提醒型

这种类型的广告主要用于提醒消费者保持对本餐饮企业及其产品的记忆,以不断强化餐饮企业及其产品在消费者心目中的形象,以提高餐饮企业的知名度。提醒型广告往往在产品进入成熟期时被采用,它的作用在于使消费者确信自己的选择正确,并刺激老顾客重复消费的欲望。

2)根据广告媒体的种类分类

(1)电视广告

电视是最具影响力的广告媒体之一,利用电视传播餐饮广告信息,具有显著优势。电视集图像、声音、色彩与动感于一体,形、声、情并茂,可以直观、真实、生动地反映餐饮产品的特点,能够在短时间内给人留下深刻的印象。另外,现在许多电视节目有卫星传送,全球大部分地区均可以接收到,利用电视作为餐饮广告媒体,可以在大范围内迅速传播。电视广告是餐饮产品形象宣传的最佳表现形式。目前,在餐饮产品推广中较多地运用电视广告的是对菜品进行概括性的形象宣传。当前,美食专题片、美食专题节目等是比较流行的电视广告形式。这种广告通过节目主持人或美食家的亲自表演,向受众展现美食的制作方法及色、香、味、形等。但是电视广告的保存性较差,加上制作、发布费用昂贵,受众目标市场不明确等因素,餐饮企业应慎重考虑。

(2)报纸广告

报纸广告的受众面主要集中在城市集镇,读者群稳定,主要受众是餐饮产品主要的消费者或潜在消费者。报纸具有消息性、时效性的特点,更新快,传播速度快,更容易获得受众的信赖感。报纸广告以文字为主要表现形式,广告信息容量大,广告费用较低,能够更全面、准确、详细地对餐饮产品进行广告宣传,而且还具有一定的保存性。报纸的局限性主要体现在:一是印刷质量不理想,表现力差,一般不利于做菜肴的展示广告;二是版面较多,内容庞杂,广告分散其间,读者注意力常为数量多而又毫无联系的广告所影响,传播效果不稳定,还容易出现“跳读”的现象;三是一旦过期,被反复阅读的可能性很小。

(3)广播广告

调频广播的出现和近几年经济台、商业台、信息台发展,使广播媒体恢复了一定的竞争力。广播信息传播迅速及时,不受场所限制,地理与人口选择性较强,制作过程较简单,播出费用不高。其主要局限是缺乏视觉吸引力,速度快不易记忆,表现手法不如电视吸引人,不易加深印象。

(4)杂志广告

杂志针对性强,保存期长,记录性好,读者层次和类别较为明确,尤其是专业性杂志,读者群大多比较稳定,对所订阅的杂志认同感较强,由此对刊登的餐饮广告也显现出较高的关心度和信赖度,非常适合于作餐饮产品的形象广告。但是杂志发行间隔时间较长,时效性差,读者层面较狭窄,市场覆盖率低,不适合进行重复性高、时效性强的信息的发布。

(5)户外广告

户外广告固定设置在街道两旁、立交桥身、候车棚顶以及车站、码头、广场、运动场、地铁等公共场所,是目前常见的一种广告媒体。户外广告画面鲜明醒目,美观简明,容易记忆,展露时间长,地方触及面高,便于消费者反复观看,且成本低。同时,餐饮企业在户外广告的设置上灵活机动,可以选择适合其宣传的城市,租用最需要的场所,而且可以消费群体的变化及时更换户外广告。户外广告的局限性在于广告传播信息有限,只能将广告内容中最重要的部分加以突出,难以详细说明,广告的宣传范围有限,而且不能自由选择宣传对象。对于户外广告应加强其图片和简洁文字的创意设计,着重于交通口岸和要道户外广告媒体利用。

户外广告还有一种旅游交通工具上的流动广告,这主要是指喷绘在旅游交通工具上的广告,交通广告具有流动性,广告展露频率高,价格较低廉,制作相对简单,具有明显的针对性和指向性,同时,也增加了交通工具的识别程度。但由于交通工具本身的限制,广告的表现力不强,内容简单,只能作为餐饮企业的名称、标志、口号等视觉识别系统的表现形式之一,难以作为独立的广告形式。

(6)互联网媒体

互联网络是新兴的一种媒体形式,被称为除了电视、广播和报纸3个传统媒体之外的"第四媒体"。网络媒体的出现为广告信息的传播提供了一条新的渠道和途径,但也对传统的广告信息传播方式和策略提出了挑战。与传统广告媒体相比,互联网媒体具有许多优势:传播范围广;针对性强;实时、灵活、成本低;交互性强等。

7.2.4 餐饮广告的预算

餐饮广告预算是指在一定时期内按销售额或实现的利润额的一定比例提取的广告预算总额，它主要包括市场调研费、广告设计费、广告媒体租金、广告机构办公费及人员工资、广告公司代理费等项目。

制定餐饮广告预算决策的依据可以是餐饮广告的销售反应，以便估算不同的广告预算战略的获利结果。也可以根据历史数据资料及新的情报，求出销售反应函数的估计参数，作为确定新的广告预算的依据。此外，对竞争对手的广告支出情况也应加以考虑。因此，确定餐饮广告预算的主要方法有以下几种。

1)力所能及法

力所能及法即餐饮企业根据自身的财务状况来决定广告预算的方法。在这种方式中，餐饮广告支出多少与销售收入之间没有关系，它主要适用于小型餐饮企业和临时的广告开支，其缺点在于未考虑企业销售目标的需要，往往难以使广告工作制订长远计划。

2)销售比例法

销售比例法即餐饮企业按照过去和本年度计划的销售额以一定的百分比来计算和决定广告开支，其公式为：

广告预算＝（计划年度销售额＋上年度销售额）÷（2×广告费占销售额的百分比）

这种方法可以使餐饮企业管理者根据单位广告费用、产品售价和销售利润之间的关系来考虑企业的营销问题，其缺点在于广告费用支出比率的确定存在随意性，并且忽视了在不同地区和产品间分配预算的实际需要。

3)竞争对等法

竞争对等法即餐饮企业在编制广告预算时比照竞争者的广告开支水平，与竞争者保持同样的水平，形成某种均势。运用这种方法进行广告预算，要考虑企业间的实力、产品数量与质量等方面的差别，避免盲目恶性竞争。

4)目标任务法

目标任务法即餐饮企业确定广告目标及为实现应完成的广告工作任务，然后估算所需费用的总和作为计划广告预算数额。运用这种方法时若先进行成本效益分析,再根据边际成本和边际收益的估算来确定广告预算,则可收到良好的效果。

7.2.5 餐饮广告的制定

一则成功的广告,虽然只有短短几句话或几个画面,但其幕后工作是极为繁杂的。成功细致的餐饮广告策划,要经过这样几个步骤:餐饮产品定位、目标市场确定、餐饮市场调查、餐饮广告选择、餐饮广告创意。

1)餐饮产品定位

餐饮产品只有找到它在市场上的地位,明确了其所负的使命、所具有的功用,才能有一块适合的天地茁壮成长。因此,餐饮产品市场定位时应避免出现以下几种情况:

(1)定位高

在社会经济中,收入阶层构成呈中间大两头小的分布。就整体而言,餐饮市场主要还是集中在中间阶层,而且与高定位相应的,要求有高质量,成本必然提高,因此,定位并非越高越好。

(2)定位广

如果定位过泛,与产品毫无定位的结果是相仿的。可以假设一个产品开拓市场有一定的力量,则此产品面向的市场越大,其集中于某一点的力量就越小,因此,选择市场面宽窄要适度。

(3)定位不稳定

产品定位不稳定,其原因还是出于对定位没有一个正确的认识。在餐饮广告策划中,一旦选准了定位,就不能轻易变更。因为一个产品其内在属性是既定的,它所适合的人群也相对固定,一旦改变市场定位,不但使餐饮广告显得不可信,而且可能造成消费者流失或者不来的局面。

2)目标市场确定

与餐饮产品市场定位相统一的是目标市场选择。市场是统一的,又是细分的。现代营销的一个重要思想就是市场细分化和目标市场选择。在进行餐饮广告策划时,也必须明白餐饮广告所诉求的对象。对不同的对象,选择使用的方法是不一样的。对高收入阶层,餐饮广告的着眼点可以注重于保证健康、增强活力、显示身份;对高学历阶层,可以把重点放在餐饮产品的情趣、满足感以及显示知识背景等；对一般工薪阶层，必须强调的关键是价廉物美。确定目标市场对整个餐饮广告策划有决定性的意义，甚至关系到餐饮广告人员的定向选择等。

3）旅游市场调查

这个步骤和产品定位、目标市场确定其实是同时进行的。在调查前，餐饮策划者要先对餐饮产品定位和目标市场心中有数，以便做到调查时有的放矢。但同时，根据市场调查所得结果的分析和结论，应适当调整餐饮广告策略，以便更加符合实际，收到更好的效果。市场调查具体包括以下内容：

(1)市场环境调查和分析

市场环境调查以确定目标市场为前提。在此基础上，有计划地收集某一地区有关政治、经济、文化、人口、风俗等情况。专业的餐饮广告策划公司会对自己经常接触的地区定期进行相关调查，更新资料。根据调查资料，对该地区人口年龄构成、性别、文化、职业等分布进行分析。由此可以对目标市场再进行细分，确定餐饮广告重点。另外，地区风俗文化、政治经济形势的分析，也对餐饮广告策略具有重大借鉴意义。

(2)市场竞争性调查和分析

餐饮广告产品的市场竞争性调查，内容比较庞杂。具体而言，它包括餐饮产品的历史供求状况、餐饮产品的发展轨迹、成功和失败的原因，以及餐饮产品目前在市场上所处的地位。市场竞争性调查还包括该类餐饮产品的市场总容量、其他品牌产品的发展轨迹、竞争潜力、销售渠道、餐饮广告及其他促销手段的运用等。

(3)消费者调查和分析

对消费者进行调查是营销的重要内容，也是餐饮广告策划的重要内容。既然已经确定了目标市场，那么所要调查的消费者当然也就有了界限。对目标消费者的调查，又可以分为两个内容：一是需求调查，二是消费心理方式调查。不同的产品有不同的消费者，其消费心理方式也是不同的，可分为习惯型、理智型、价格型、冲动型等。对消费心理方式进行调查，用以确定餐饮广告方式，是以利诱人，还是以理服人，还是以情动人。

4）餐饮广告选择

餐饮广告选择包括两个方面：一是餐饮广告种类的选择，二是餐饮广告时机的选择。

首先,餐饮广告种类的选择很多,其特点和功能在上文已有描述。

其次,餐饮广告时机的选择,从短期安排上看就是如何在短时间内部署好一系列广告展露的问题。旅游广告时机大体可分为3类:一是集中式,即广告集中在一个月的几天内发布,称为爆发型广告;二是连续式,即广告连续地分散于一个月中;三是间断式,即广告间断地分散于一个月。广告信息可以用水平频率、渐高频率、渐低频率或交替频率播放。餐饮企业管理人员的任务就是在这几种通用类型中选择一种,把所有信息以最有效的方式传播出去。至于何种类型最有效,则依广告的沟通目标、产品性质、目标市场及其他市场营销因素而定。

5)餐饮广告创意

(1)创意是灵魂之所在

餐饮广告策划中的创意,必须是整个餐饮广告活动的中心,是餐饮广告活动的灵魂,是它的卖点。餐饮广告创意要取得成功,可以从新颖出奇、逆向思维、文化是永恒的源泉、寻找新的渠道、唯有真善方为美、感情是通向心灵的捷径、选择名人等方面入手。

(2)口号是点睛之笔

餐饮广告中的口号是多数影视、印刷、网络、户外特殊餐饮广告在结尾处单独或与餐饮经营机构名称、标志放在一起使用的重要标志性构成部分。一个餐饮广告口号可以说是一个餐饮广告的点睛之笔。从餐饮广告口号在市场功能和语言特色方面来看,经验丰富的广告创作人员要在极为有限的时空中使用简短易记、节奏鲜明、便于上口、合乎韵律、顺应时尚的语汇准确体现餐饮经营机构的经营理念、企业文化、形象定位、产品卖点、促销方略。一条精品广告口号可使整个广告神韵飞扬,使旅游者能够“一见钟情,朝思暮想”。因此,研究、分析世界餐饮促销中最为广泛使用的英语餐饮广告口号的功能特色和语言风格,对于希望餐饮业在海外市场开发方面有更大作为,在国内市场拓展方面继续保持强劲势头,有着极为重要的借鉴意义。

7.2.6 餐饮广告的效果评估

饭店应对广告效果进行持续的评估,以便对广告实行有效的控制。广告效果测定的内容很多,但主要有两个方面:一是信息传递效果,二是销售效果。

1)信息传递效果的测定

信息传递效果的测定,就是测定广告是否将信息有效地传递给目标受众。

这种测定在事先和事后都应进行。在做广告之前,可邀请客户代表对已经做好的广告进行评价,了解他们是否喜欢这则广告、广告信息及信息传递方式还存在哪些问题。做广告之后,餐饮企业可再邀请一些顾客,向他们了解是否听到或见到这一广告,是否能回忆起广告内容,等等。在播出之前测试的方法主要有3种:第一种方法是直接定级法。利用这种方法,测试人员向若干消费者提供几种不同的广告方案,让消费者予以品评。这种方法能揭示广告的吸引力有多大以及它们对消费者的影响有多大。虽然它在测定广告的实际效应方面还不完善,但如果获得的评价很好,也能预示该广告的潜在效果是好的。第二种方法是综合测试法。在这种方法中,消费者将观看或聆听一个广告组合,需要多长时间就用多长时间,然后,测试者请被测试者回忆所有的广告及其内容。这种回忆即可以得到测试者的协助,也可以独立完成。回忆的水平就表明广告的信息被理解和被识记的程度。第三种方法是实验室测试法。这种方法利用仪器来测定消费者对广告的生理反应:脉搏、血压、瞳孔变化以及排汗情况等。这种测试能衡量广告引起注意的程度,但很难测量广告对信念、态度和意图的影响。

在广告播出之后,进行测量的方法有两种比较流行:一种是回忆测试法,测试人员请一些看过某种杂志或某个电视节目的人尽可能回忆他们所看到的任何有关广告和产品方面的信息。回忆的分值就表明广告和产品引起注意和让人记住的力量有多大。另一种是认知测试法,由研究人员请受众(如某一期杂志的读者)指出他们所看到的东西。认知的分值就可以用来评估广告在不同的细分市场上的影响,并将本企业的广告与竞争者的广告相比较。

2)销售效果的测定

销售效果的测定,就是测定广告使饭店营业额增长了多少,这种测定很困难,因为餐厅营业额增长多少,不仅仅取决于广告,还取决于很多因素,如经济发展、人们收入水平的提高、定价比较合理以及其他促销方式(如人员推销、营业推广、公共关系等)的效果的提高,等等。因此,仅仅衡量广告对营业额的影响比较困难。目前有的企业尝试着采用试验法来测量广告效果。按照这种方法,可以把某种产品的销售市场按地区划分,在甲地区使用电视广告,在乙地区使用杂志广告,在丙地区使用报纸广告。各种媒体的广告预算相等,经过一定时期后,检查各地区的销售额增长情况。通过检查,可大致分析哪种媒体最有效。此外,企业还可以采用另一种做法,即在甲地区使用大量广告,在乙地区使用少量广告,在丙地区不做广告,一定时期后,检查各地销售额增长情况,可大致估计出广告对销售额的影响。

7.3 餐饮营业推广

除广告外,还有一种大众推销工具——营业推广。它是一种灵活的、速效的促销方式,是一种刺激更快更激烈的市场反应的手段。因此,餐饮企业应当适当地运用营业推广手段,使之与其他促销工具相互配合,相互补充,以求促进餐饮产品的销售和提高其市场占有率。

7.3.1 餐饮营业推广的含义

营业推广,又称销售促进,是指餐饮企业运用各种短期诱因以鼓励消费者购买本企业产品和服务的促销活动。它是与人员推广、广告、公共关系相并列的四大基本促销手段之一,是构成促销组合的一个重要方面。

餐饮营业推广是指餐饮企业在某一特定时期与空间范围内,为配合广告宣传和人员推销,开展一些刺激中间商和消费者尽量购买或者大量购买餐饮产品的活动。餐饮营业推广是以非常规性和非周期性的使用形式出现的,方式灵活多样,具有较强烈的刺激性,短程效益明显。其目的在于在短期内迅速刺激和扩大需要,取得一种立竿见影的效果,从而改善企业的经营效果,增加其销售,扩大其市场占有率。

餐饮营业推广的目标要服从于营销沟通目标,主要有三种类型:一类是潜在消费者。营业推广的目的在于吸引潜在消费者尝试购买餐饮产品和了解餐饮企业,以及鼓励消费者重复购买该企业产品。一类是旅游中间商。营业推广的目的在于吸引中间商与生产企业合作或巩固中间商与企业的合作。另一类是推销人员。营业推广的目的在于鼓励推销人员开拓新的市场,寻找更多的潜在顾客,提高销售业绩。

餐饮市场推广方式具有其独特的优势:首先,餐饮营业推广是针对目标顾客的心理、产品的特点、市场营销环境等诸多因素而进行的,具有较强的吸引力与诱惑力,能够迅速唤起目标顾客群的广泛注意,有利于在较短时间内增加餐饮产品的销售量。其次,餐饮营业推广可以有效地加速新的餐饮产品进入市场的进程。再次,餐饮营业推广也可以有效地抵御竞争营业推广对本企业同类餐饮产品的威胁。

7.3.2 餐饮营业推广的特征

餐饮营业推广的主要特征有:

1)不规则性和非周期性

餐饮营业推广活动不像广告、人员促销和公共关系那样是以一种餐饮企业常规性的活动出现的,反而,它是餐饮企业的一种短期的和临时的促销工作,其着眼点往往在解决一些餐饮企业比较具体的促销问题。

2)灵活多样性

餐饮营业推广的方式很多,比如,有特价促销、互惠、价格保证、义卖、优惠券等促销方式。这些方式各有其长处和特点,可以根据餐饮企业所经营的不同的产品和服务的特点与所面临的不同的市场营销环境灵活地加以选择和运用。

3)短期效果比较明显

一般来说,餐饮企业只要是自己的营业推广方式选择比较适当,其效果往往可以很快在其经营活动中显示出来,而不像广告、公共关系那样需要一个相对较长的周期。因此,营业推广最适合完成餐饮企业短期的具体目标。

7.3.3 餐饮营业推广的作用

近年来,由于餐饮企业数量的大大增加,餐饮企业之间的竞争也越发激烈。因此,餐饮企业除了继续增强广告、公共关系和人员促销之外,还必须利用营业推广来刺激消费者对本餐饮企业产品和服务的购买,从而促进和扩大自己的销售。一般来说,餐饮企业采用的营业推广所产生的作用会体现在以下几个方面:

1)有效地缩短餐饮企业新产品进入市场的过程

当市场上的消费者还没有对餐饮企业刚刚投放到市场的新产品有足够的了解和并未作出积极反应的时候,餐饮企业就可以通过一些必要的促销措施来为新产品开辟发展的道路。

比如说,餐饮企业可以采取欲取先予的方法,先让消费者免费试用自己的产品或是免费体验自己的服务,以这种方法来吸引消费者对该新产品的兴趣和注意力,提高这种新产品被购买的频率。再比如说,可以采用搭配出售的方法,把新推出的产品与自己其他价格较低的产品搭配起来进行出售,这样,就可以利用原有的顾客网络来扩大自己新产品的市场。

这些方式都可以使消费者感受到自己购买这种产品所享受到的利益与满足,从而激发他们对餐饮企业新产品的购买热情。欧美餐饮业发展的经历告诉我们,这些推广方式对在短期内把企业的新产品打入现有的市场是行之有效的。

2)有效地抵御和击败竞争者的促销活动

当餐饮企业的竞争者打起了大规模的促销活动的时候,如果本企业不及时采取措施的话,往往会大面积损失自己已经享有的市场份额。因此,餐饮营业推广又是在市场竞争之中抵御和反击竞争者的有效武器。

在这方面,餐饮企业有很多的营业推广工具可以选择,比如可以采用优惠券的方式来增强企业经营的同类产品对顾客的吸引力,从而稳定和扩大自己的顾客队伍,更好地抵御竞争的入侵。再比如,还可以采用消费累计的方式来促使自己的顾客增加消费的数量和提高其购买的频率,现在有很多的美国餐饮业都采用这样的推广计划。

3)有效地刺激顾客的购买和向顾客灌输对本企业有利的信息

当餐饮企业的消费者在众多的同类企业产品中进行选择而尚未作出最后决定的时候,企业及时的促销手段的运用往往可能会为企业带来出奇制胜的效果。对于现今社会上的餐饮企业品牌繁多、竞争激烈的现象,这些餐饮企业的推广手段应该是十分有用的。

比如说,餐饮企业可以向自己的顾客和潜在顾客赠送一些印有本企业名称、电话、地址或是宣传口号的日历、宣传画报、火柴盒等小物品,借此来向消费者传递一些关于本企业产品的信息,建立消费者对企业的一种好感,从而促进本企业产品和服务的销售。

4)餐饮营业推广可以有效地影响中间商的交易行为

餐饮企业应该在销售自己的产品和服务的同时保持好与中间商的关系,取得他们的合作是十分关键和重要的。因此,企业常常会采用一些促销方式来促使中间商做出有利于自己的经营决策。

比如说,企业通过向中间商提供购买批量时的较大折扣,类别顾客的折扣,并且有时还会以一种经营竞赛的方式来劝诱中间商更多地购买并同企业保持一种十分稳定的购销关系。另外,企业有时还可以主动帮助中间商培训他们的员工,以便改善其经营管理的水平。总之,就是给他们一些优惠或是帮助来确保他们可以为自己的企业带来更多的客源。

5)餐饮营业推广也是配合其他的促销手段,增强餐饮企业整体促销效果的重要工具

餐饮企业在采用其他的促销手段的同时,往往可以考虑伴随以营业推广手段的同时运用。

例如,餐饮业公共关系和人员促销往往都采用赠送宣传品和优惠券的手段,企业在进行营业推广活动的同时,也可以向消费者赠送这些纪念品或是优惠券,等等。另外,酒店还可以直接向自己的员工进行营业推广,从而激励起他们的工作热情。

在实践之中,餐饮营业推广常常会被消费者误解,也会被诸多的企业所误用或是滥用。有些企业竟然放弃了其他的促销方式的努力,改作使用营业推广进行促销,这种做法的起因是该企业将营业推广的概念理解成为促销甚至是营销的全部;另外,还有些餐饮企业在利用营业推广的时候,不能根据营业推广工具的特点、企业市场的性质,以及自己酒店产品和服务的特点加以合理的运用,从而造成餐饮营业推广不能产生预期的良好的效果;此外,还有一些餐饮企业,不计成本地大肆使用营业推广工具,造成企业产品与自己市场形象的混乱;使得自己的经营利润流失。以上所述的一些都是餐饮企业在运用营业推广的时候所产生的问题以及反方向的作用,应该加以防止。

7.3.4 餐饮营业推广方式

餐饮营业推广主要是针对追踪消费者和餐饮企业中间商而进行的,由于两者之间的需求有一定的差异,所以餐饮企业在进行其营业推广活动的时候,也应该注意在方法上有所不同。企业的一般顾客比较关注自身消费的利益,而中间商则比较注重自己的经济利益的获得。下面结合顾客和中间商的不同要求,来谈谈餐饮营业推广活动的方式。

1)价格优惠

当餐饮企业产品的价格成为激发顾客购买行为的主要因素的时候,企业使用优惠的方法往往会取得比较好的效果。目前,在世界上的很多餐饮企业都在自己经营淡季或是特殊的时期里推出优惠的价格项目,从而招徕客源。这种以价格取胜的方式的可行性比较高,对于企业的顾客或是中间商都有比较大的吸

引作用。

2）奖券和抽奖

餐饮企业所推出的奖券和抽奖都是用来刺激顾客进行购买的诱因。作为奖券，企业可以把它附载在报纸、杂志以及宣传材料之中；或是通过邮寄，直接寄送给顾客。当然，餐饮企业还可以将奖券在顾客消费的时候就赠送给他们，以求在第一时间刺激他们的再次购买消费欲望。

企业的抽奖的形式也是多种多样，目前在美国和欧洲有许多的酒店就采用一种幸运抽奖的方式，凡是在本餐饮企业消费的顾客都有机会参加这种抽奖活动，一旦顾客中了奖，他们就可以获得一些企业提供的实物或是一次免费的服务作为奖品，以使他们更进一步地接近企业的产品，并在此过程中获得身心的愉悦。但是，企业在举行抽奖活动的时候，一定要注意实事求是，不能出现只抽无奖的情况，这样会使顾客产生反感。

3）提供企业的产品样品

有时候，餐饮企业可以让一些顾客先试着品尝自己的产品，再向他们收取费用，或是进行大量的销售。其实这也是餐饮企业的一项很有竞争力的高招，这种方法对于消除顾客不了解企业产品的顾虑有很大的帮助，尤其对于中间商和大型宴会的办理者的购买是十分有效的。

4）退款和折扣

给予没有得到满意服务的顾客以全部或是部分的退款或是折扣是使顾客对企业产品质量充满信心的一种保证，同时也是餐饮企业吸引顾客的一大有利条件。比如在美国，如果酒店餐厅内，客人所点的菜肴没有在规定的时间内送到的话，这桌客人就将免费享用这顿佳肴。这种办法对于个人或是少数的消费者，是行之有效的。

5）优先照顾

餐饮企业对待自己的特殊顾客，比如说重要顾客、贵宾、餐饮俱乐部的成员、长期的客户等，可以实行一种具有个性的特殊服务。比如说，酒店可以定期地给予他们一些特别的礼品，或是赋予他们在酒店内部就可以将支票兑换成现金的业务等。

6) 红利

餐饮企业有时候为了去刺激中间商的购买积极性,也可以采取销售分红的形式,使之可以与酒店共享一定比例的利润。企业通过这种红利形式,就将自己与中间商的利益紧紧地结合在一起了。

7) 鼓励重复购买

这是餐饮企业对与本企业有长期业务关系的客户所给予的各种优惠以及激励的方式,以提高顾客对本企业的忠诚度。例如,在美国有很多的餐饮企业对于曾经购买过本企业产品六次以上的顾客给予特殊的荣誉,以刺激他们对本企业的产品的持续购买。

8) 企业俱乐部

企业举办俱乐部是稳定自己客源的一项有效的手段。目前,世界上企业俱乐部的形式多种多样,比如健身中心俱乐部、高级管理人员俱乐部、秘书俱乐部等。顾客参与进来,既可以是以一种消费的形式,也可以是以一种被企业给予优惠或是奖赏的形式。企业通过为俱乐部的成员提供优质的服务,来提高顾客对本企业的忠诚度,并争取使之成为自己企业的常客。

9) 特殊活动

举办各式各样的活动,在顾客的心目中形成"活动中心"的形象,是餐饮企业进行促销的又一形式,也是企业促销活动的一大优势。比如,现在一些餐饮企业大搞食品节、店庆、夏日消暑节、啤酒节、烧烤节,以及针对白领女性的健康保健节等,真是层出不穷。这样企业就可以利用这些机会来扩大自己的影响,增加自己的销量。

10) 赠送礼品

向客人和中间商赠送特别的礼品也是餐饮企业加强与顾客感情交流和联系的有效途径之一。企业使用一些精良的礼品其实也是企业的一种促销手段,它能够使这些礼品的接收者更加了解企业,并对企业留下深刻的印象。

当然了,企业的赠送品并非是越贵越好,作为企业的一种宣传品,应该是一种带有企业明显标记的物品,该物品应该可以达到宣传企业形象和产品的目的。比如说,印有企业标记的日历、胸针、T 恤衫等。

7.3.5 餐饮营业推广方案策划

餐饮企业在制定营业推广方案时，需要考虑很多复杂的因素，要经过一系列的环节。策划过程越深入、细致、全面，才越可能保证营业推广获得良好的效果。

营业推广方案策划过程一般包括这样一些环节或内容：

1）选定目标市场

通常，这个目标市场是与餐饮企业整体目标市场一致的，但有时也会有具体的营业推广目标市场。因为对于企业总体目标市场的各个部分而言，不同的促销方式具有不同的接触能力和效果，所以，明确营业推广的具体目标市场应该是餐饮营业推广方案策划的第一步。

2）构建具体的营业推广目标

这种目标应该非常具体、有针对性，细致到能够明确本次营业推广活动到底要完成什么样的指标。

3）策划营业推广主题

这是对创造性进行挑战的环节。主题的确定将直接关系到营业推广工具的选择，同时，好的主题应该起到对外能增加销售、对内能唤起员工的工作热情的作用。

4）选择适当的营业推广工具

对于不同的营业推广对象（比如消费者、中间商或推销员等）、不同的推广目标，应该采用不同的推广工具。每一种工具都有各自的特点。在这个环节上，也可以动用“头脑风暴法”，想出各种各样适用的推广“点子”。

5）制定营业推广预算

营业推广固然可以促进销售，增加餐饮企业的吸引力，但同时也加大了费用。企业必须权衡促销成本与经营效益的得失。常用的方法有三种：一是参照上期费用来决定当期预算。这种方法简便易行，但必须估计各种情况的变化；二是比例法，即根据其占总促销费用的比例来确定营业推广的费用，再将预算分配到每个推广项目；三是总和法，即先确定营业推广项目的费用，再相加得到总预算，其中，各推广项目的费用包括了优惠成本（如样品成本）和实施成本（如邮寄费或广告费)两部分。

6)选择营业推广的支持媒体

企业必须考虑通过最佳的途径来实施营业推广。比如,如果要给客户一张优惠券,即可以在餐厅里发放,又可以附在报刊中给予,或邮寄出去。其中,在餐厅里发放,只能到达现实的买主手中,但费用较省;附在报刊广告中邮寄,可以吸引潜在消费者,但费用较多,还会造成一定的覆盖面浪费。这就需要企业根据媒介的普及程度和费用支出加以权衡,给予最佳选择。另外,很多营业推广都必须借助广告活动来加以推动,因此,这时也需要对广告进行相关决策。

7)制定一个营业推广时间表

营业推广总是临时性的,短期目的非常明确。因此,必须有一个清晰的实施时间计划。营业推广的时间安排必须符合整体策略,选择最佳的市场机会,有恰当的持续时间。如果时间太短,还没等购买浪潮形成就曲终人散,那么,肯定不会有很好的销售效果;相反,如果时间太长,不仅费用上升,又可能给消费者造成一种误解,以为这不过是一种变相减价,失去吸引力,甚至影响到消费者对本饭店此后发动类似推广活动的反应,产生“狼来了”的效应。因此,营业推广的时间安排既要有“欲购从速”的吸引力,又要避免草率从事。这种时机的掌握,可以通过以往的经验进行仔细分析。

8)进行内部全员培训

一次大规模营业推广活动可能涉及各个部门的配合。在活动实施之前对员工进行培训,可以增强他们对于推广活动意义的理解,明确相应的服务要求,从而消除推广过程中的部门摩擦和行动误差。

9)对营业推广计划的执行

将营业推广计划付诸实施。

10)对营业推广效果进行控制

控制推广进程,随时对推广的某些细节进行必要的调整,可以改善推广的效果。在这个过程中,以及在整个推广活动结束之后,都涉及对营业推广效果的评价问题。

7.4 餐饮人员推销

无论在什么行业,营销的最有力的销售媒介就是人员推销,因为人员推销具有销售人员与顾客直接接触的明显特点。餐饮业也不例外,餐饮推销人员可以直接回答顾客提出的问题,面对面向顾客介绍餐厅的服务设施和菜品特色以及价格标准,相对于广告传单说来,更具有可信性。

7.4.1 餐饮人员推销的含义

所谓人员推销,是指推销人员在一定的营销环境中,运用各种推销技巧和手段,说服用户接受企业的产品,从而满足社会需要,并扩大企业销售的活动。

餐饮人员推销,是指餐饮推销人员通过面对面与客户洽谈业务,向顾客提供信息,诱导顾客光临本餐厅,购买餐厅产品和服务的过程。

餐饮推销人员、推销对象和餐饮产品构成餐饮业人员推销的三个基本要素,推销人员是推销活动的主体,作为餐厅推销人员,他们在推销产品之前,事实上在首先推销自己,即推销自己的形象。因此,作为一个优秀的推销员应具备多种条件,其中最基本的有三条:熟悉餐饮产品和服务;了解市场顾客的需求;良好的自我形象。餐饮人员推销活动的实质就是餐饮产品实现由餐饮销售人员向消费者转移的一个过程。这个过程,既完成了餐饮业销售产品,从而获得收益的目的,又满足了消费者对餐饮的需求。

7.4.2 餐饮人员推销的特点

由于顾客将人员推销视为餐饮产品的重要组成部分,所以人员推销在餐饮业是一种极为重要的推销手段。由于餐饮人员推销是餐饮业运用推销人员直接向顾客推销商品和劳务的一种促销活动,这就决定了人员推销除了具有支出较大,效率较低的缺点之外,在信息传递双向性、推销目的双重性、推销过程灵活性以及长期协作性方面都优于其他的促销手段。这种促销主要有以下几个特点:

①具有很强的针对性。因为可以直接接触顾客,所以有机会把产品和服务卖给愿意购买它的顾客。

②具有很大的灵活性。餐饮人员推销与顾客保持着最直接的联系,可以根据顾客需求或动机,以及顾客的反应来调整自己的推销策略与方法,可以随时回

答顾客的提问,有助于交易的实现。

③具有公共关系的作用。餐饮推销人员利用自己留给客户的良好印象,有助于加深顾客对餐饮产品和服务的印象。餐饮推销人员有机会纠正顾客对本产品和服务的偏见,树立企业良好的形象。这样既可以巩固老客户,又可以开拓新市场。

此外,餐饮部门的人员推销主要适用于宴会推销和其他大型活动、会议等。很多大、中型餐厅设专门的推销人员,从事餐饮活动的推销工作,他们对餐饮业务比较精通,受命于餐饮部领导,职责明确,推销效果比较好。

7.4.3　餐饮人员推销的基本形式

传统上认为,进行餐饮推销工作的人员只是餐饮销售部人员。其实,这种看法是十分狭隘的。在餐饮销售活动中,真正参加餐饮产品和服务推销工作的人员不仅仅是餐饮销售部门的专职销售人员,还包括餐厅许多其他工作人员,如餐饮服务员、厨师等,他们往往能为餐厅推销大量产品和服务,为餐厅创造十分可观的额外收入。实际上,在客人购买和使用餐饮产品和服务时,餐厅服务人员与客人接触的机会最多,这就意味着他们推销餐饮产品的机会也最多。由此可见,人员推销一般可分为两种情形:专人推销和全员推销。

1)专人推销

一般餐饮业可设专门的推销人员来进行餐饮产品的营销工作,也可以利用酒店里所有员工的力量为酒店营销。对于专人营销员,则要求他们必须精通餐饮业务,了解市场行情,熟悉酒店各餐饮设施、设备的运转情况。

2)全员推销

全员推销就是指餐厅中每一个员工都把自己看成是餐厅的推销员。餐饮全员推销具有以下内涵:

①它不是某一个部门或某几个人的工作,而是贯穿于餐饮经营活动始终。

②树立“服务即推销,推销即服务”的思想,将餐厅的所有员工都纳入到餐厅销售环节中。

③全员推销强调的是持续性和日常性的工作,而不是某个部门或某个阶段临时性的突击任务。

④全员推销要求餐饮部所有部门和人员能够树立全局观念,顾全大局,相互协作,为共同的销售目标而努力。

7.4.4 餐饮人员推销过程模式

人员推销过程模式，是推销人员在公司指定的推销市场开展推销业务的具体流程。如图 7-1 所示。

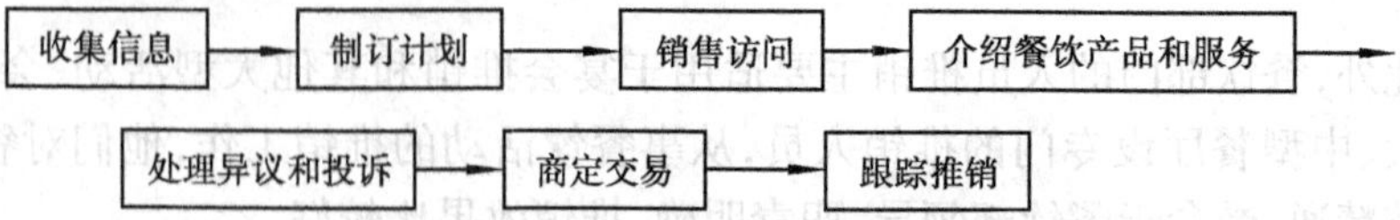

图 7-1 餐饮人员推销的过程模式图

1）收集信息

主要工作包括：明确推销对象，了解推销对象的需求偏好及支付能力等。餐饮推销人员要建立各种资料信息簿，建立宴会客史档案和用餐者档案，注意当地市场的各种变化，了解本市的活动开展情况，寻找推销的机会。特别是那些大公司和外商机构的庆祝活动、开幕式、周年纪念、产品获奖、年度会议等信息，都是极有推销意义的。

2）制订计划

在了解了相关情况之后，推销人员应做好推销计划，如确定本次访问的目的，要访问的对象，推销的方式和辅助工具（包括推销用的各种餐饮资料、菜单和照片、图片等），以及推销过程中容易出现的一切问题等。

3）销售访问、洽谈业务

访问一定要守时，注意自己的仪容和礼貌，自我介绍，并直截了当地说明来意，尽量使自己的谈话吸引对方。

4）介绍餐饮产品和服务

着重介绍本餐厅餐饮产品和服务的特点，针对所掌握的对方需求介绍引起对方的兴趣，突出本饭店所能给予客人的利益和额外利益，还要设法让对方多谈，从而了解对方的真实要求，再证明自己的产品和服务最能适应客人的要求。介绍餐饮产品和服务还要借助于各种资料、图片、场地布置图等。

5）处理异议和投诉

碰到客人提出异议时，餐饮推销人员要保持自信，设法让顾客明确说出怀疑的理由，再通过提问的方式，让他们在回答提问中自己否定这些理由。对客人提出的投诉和不满，首先应表示歉意，然后要求对方给予改进的机会，千万不要为赢得一次争论胜利而得罪客人。

6）商定交易和跟踪推销

要善于掌握时机，商定交易，签订预订单。这时要使用一些技巧，如代客下决心，给予额外利益和优惠等来争取订单。一旦签订了订单，还要进一步保持联系，采取跟踪措施，逐步达到确认预订。即使不能最终成交，也应通过分析原因，总结经验，保持继续向对方进行推销的机会，便于以后的合作。

教学实践

选择一家餐饮企业，收集其当前促销策略，分析其不足，试提出可操作性的建议。

本章自测

1. 餐饮广告与宣传品在促销中有什么样的地位，为什么？
2. 餐饮广告有哪些类型？如何对餐饮广告信息进行评估选择？
3. 餐饮营业推广具有哪些特征和作用？推广方式有哪些？
4. 餐饮人员推销具有哪些特点和方式？

相关链接

饭桶网　http://www.fantong.com.

知识链接

头脑风暴法

头脑风暴法(brainstorming)的发明者是现代创造学的创始人,美国学者阿历克斯·奥斯本于1938年首次提出的"brainstorming"原指精神病患者头脑中短时间出现的思维紊乱现象,病人会产生大量的胡思乱想。奥斯本借用这个概念来比喻思维高度活跃、打破常规的思维方式而产生大量创造性设想的状况,头脑风暴的特点是让与会者敞开思想,使各种设想在相互碰撞中激起脑海的创造性风暴。其可分为直接头脑风暴法和质疑头脑风暴法。前者是在专家群体决策基础上尽可能激发创造性,产生尽可能多的设想的方案;后者则是对前者提出的设想、方案逐一质疑,发现其现实可行性的方法,这是一种集体开发创造性思维的方法。

第8章

餐饮CIS战略与餐饮品牌营销

【学习目标】

通过本章的学习，认识CIS战略对餐饮企业发展的重要意义；理解餐饮公共关系的概念；掌握餐饮CIS战略的构成要素及在餐饮企业的实际应用；理解餐饮品牌的概念和内涵；掌握餐饮品牌营销的手段和品牌管理决策。

【知识目标】

①掌握CIS的构成要素，能够在餐饮企业的经营中灵活应用。

②理解餐饮公共关系的概念。

③理解品牌的含义和对餐饮企业经营的重要意义，掌握餐饮品牌营销的概念内涵和品牌管理策略。

【能力目标】

①具有一定的品牌意识。

②能够进行餐饮企业品牌的诊断。

【关键概念】

公共关系　餐饮公共关系　CIS　理念识别　行为识别　视觉识别　品牌　餐饮品牌营销

案例导入：

现代餐饮市场竞争越来越激烈，竞争手段日趋多样化——由传统的量的竞争、单一价格的竞争发展到质的竞争、促销多样化的竞争。竞争方式的转变反映了由消费者需求变化导致的企业市场营销策略的变化。在消费者日益追求个性化、差异化潮流的消费趋势下，餐饮企业经营者必须转变经营观念，考虑餐饮业的特殊性，及时导入CIS战略，在具备了产品、质量、价格和促销等优势之后，应善于创立、保持和发展自己的品牌，进行品牌营销。

8.1 餐饮营销中的公共关系

营销和公关都是代表企业与外界往来的两扇大门。在企业日益重视市场营销的今天，企业要发展，优质的产品和服务是基础，同时还应该创造出良好的社会关系和社会舆论环境。树立良好的市场形象，发展和顾客的良好关系是企业在竞争中取得优势的关键所在。企业的良好信誉是无形的财富，企业与公众之间的关系搞好了，知名度提高了，企业的发展就有了保证。

当今市场竞争是一种注意力的竞争、人心的竞争、传播的竞争、关系的竞争，而公共关系是提高企业形象竞争力的法宝，它运用各种沟通的策略、传播的手段、协调的方法，使企业营销进入一种艺术化的境界。因此，公共关系在市场营销中的作用日益显著，在现代餐饮企业的发展中起着越来越重要的作用，餐饮企业必须通过公共关系，努力树立企业的良好形象和信誉，大力提高企业及其产品品牌的知名度，赢得社会公众的了解和赞许，这样才能立于不败之地。

新时期市场营销中的公共关系有着鲜明的时代特征，主要围绕市场环境的不断变革所产生的新一轮社会关系。公共关系的目的不是追求短期的、既得的销售量的增加，而是着眼于企业在社会中的良好信誉和长远利益。任何一个企业如果没有良好的形象，设施和产品再好，企业的发展都会受到限制和影响。

8.1.1 公共关系和餐饮公共关系

作为社会科学的一个分支，公共关系有着普遍的意义，这一词语最早出现于1807年美国《韦氏新版大学辞典》中，其英文翻译为"Public Relations"(简称PR)，直译为"公众的关系"。公共关系就其性质来说，既是一门职业，也是一门科学、一种思想。作为一门职业，它担负着信息发布、环境监测、组织协调、决策咨询等多种任务，是现代经营管理和行政管理的重要组成部分；作为一门新兴的管理科学,它运用新闻学、传播学、社会学、心理学、管理学、统计学、经济学、市场学等学科知识,研究企业或组织处理内部与外部各种关系的特点、规律及其所采取的政策和行动;作为一种思想,它是现代经营管理和行政管理的一种战略,是企业或组织获得生存发展并取得事业成功的基本原则。

关于公关的定义,众说不一。《韦伯斯特新国际辞典》中所下的定义是:“通过传播大量有说服力的材料,发展邻里的相互交往和估价公众的反映,从而促进个人、公司或机构同他人、各种公众以及社区之间的亲善友好关系。”

大百科全书把公共关系定义为一个企业或组织为获得内部及社会公众的信任和支持,为自身的生存、发展创造最佳社会关系环境所采取的各种科学的手段与活动。

其中被大家普遍接受影响力较广的定义是:公共关系是一种内求团结、外求发展的经营管理艺术,它运用科学合理的原则和方法,通过坚持不懈的努力,协调和改善企业与内、外部公众的关系,在公众心目中树立良好的形象,使企业获得良好的经济和社会效益。

由上可见,关于公共关系的定义虽然不尽相同,但在公关的主要对象为内部与外部各种社会关系,其主要职能为传播、沟通、管理、交际这一点上则是完全一致的。由此可见,公共关系作为一种管理职能,必须运用各种传播沟通渠道,努力发展和公众的良好关系,这是我们在理解公共关系时必须把握的内涵。

餐饮公共关系是指餐饮企业运用信息传播手段,与公众建立起相互了解和信赖的关系,树立良好的形象和信誉,以促进餐饮企业总目标顺利实现的一种管理职能。由此可以看出,餐饮公共关系一方面强调餐饮企业和公众的关系是相互的,另一方面又强调餐饮公共关系具有管理职能,从而加深对公共关系本质的认识。

8.1.2 餐饮公共关系的主体和客体

公共关系是一种传播管理,它由主体、客体和主客体之间的联系媒介所构成。具体而言,组织、公众和传播是构成餐饮公共关系活动的三个基本要素。

1)餐饮企业——餐饮公共关系的主体

在餐饮公共关系中,作为主体的餐饮企业一经建立,不论自己是否意识到,它就在发展过程中和社会环境发生各种各样的关系,这些关系中的一个共同点是餐饮企业作为一个组织者而存在,其组织的含义是在餐饮公共关系中餐饮企业占据着主导地位。但必须明确的是这种主导地位不是自封的“官老爷”对公众“颐指气使”，而是定位于对公众的一种服务和尊重，这样餐饮企业才会与公众建立起一种良性的公共关系：公众满意和餐饮企业自身获得发展。

2）公众——餐饮公共关系的客体

公众在餐饮公共关系中处于客体地位，是说公众在公共关系的构成要素中属于被组织、被影响、被作用的对象，但必须明确这并不是说公众在公共关系中不重要，恰恰相反，公众的观点、态度和行为在公共关系中常常决定了一个餐饮组织发展的成败。也就是说，公众的愿望往往在一定程度上代表了餐饮公共关系努力改善和发展的方向。组织与公众沟通交流的“双向性”是现代公关传播的本质特征。

餐饮企业开展公共关系工作必须搞清楚面对的公众是谁，谁对你的目标和利益具有直接的或间接的、现实的或潜在的影响力和制约力。从另一个角度分析，如果从组织者自身发展的角度来说，餐饮企业是主体，而公众是客体；但反过来，如果从公众的角度来看，即从餐饮企业的组织对公众是否满意来看，公众就又成为主体，而餐饮企业成了客体。所以，主体与客体是相对而言的，其区别是看相对于“谁”而言。在这里，是相对于餐饮企业而言，餐饮企业是主体，公众是客体。因餐饮业的特殊性，在餐饮公共关系中作为客体的公众，对于组织者——餐饮企业来说，应该对其尊重，而这样又真正体现了“以人为本”的服务理念。事实上，如果餐饮企业以公众——客人为服务的根本，客人就会产生“宾至如归”的感觉，这样，餐饮企业也就获得了大的发展。审视国内外餐饮市场的变化，供不应求已经成为历史，微利竞争日趋激烈，量与质的消费时代已悄然离去，个性化消费时代已经到来。在崇尚个性化消费的今天，“你造我买”的传统经营模式已经远远不能适应新经济时代的发展要求，带有感性色彩的个性消费理念将掀起新经济时代强劲的个性消费热潮。在大众化消费时代体现出的一个企业为一群消费者服务的时代已经过去，而在个性化消费时代一位消费者有一群企业为之服务已成为必然。餐饮企业必须把握这个时代公众的个性化、差异化消费需求，设计个性化、差异化的产品满足目标公众的需求。

3）传播沟通——主体、客体联系的媒介

餐饮组织必须和公众建立有效的沟通渠道，争取公众对自己的了解、理解、信任和支持。餐饮公共关系要借助各种现代的传播技术、信息载体和沟通方法来实现组织和公众之间的有效传播与沟通。21 世纪被称为信息时代、知识经济时代，在全球经济一体化的条件下，组织和公众之间的传播沟通业务越来越频繁,掌握各种传播手段,强化组织的传播沟通能力非常重要。

“传播沟通”是贯穿整个公共关系的一条基线,是现代公共关系理论的精髓,是公共关系的本质属性,是准确理解公共关系的关键。

8.1.3 公共关系在餐饮营销中的作用

众所周知,公共关系不是一项孤立的专门活动,它与一个组织所开展的一切活动,包括市场营销在内,都联系密切。公共关系能够使一个组织所开展的一切活动更加贴近公众的需求和愿望。概言之,公共关系在餐饮营销中是一门“内求团结,外求发展”的经营管理艺术,它在企业经营管理的各个环节上都能够发挥巨大的作用。而餐饮营销不仅包括餐饮推销、广告与宣传等方面,还包含餐饮经营者为使宾客满意并为实现餐饮经营目标而展开的一系列有计划、有组织的广泛的餐饮产品及其服务活动。因此,在餐饮营销中,现代餐饮企业需要高度重视外部客源市场的开拓和内部管理的融合,同时还要重视内部员工的满意,因为这对创造宾客的满意度、树立企业自身的良好服务形象、提高企业的凝聚力起着非常重要的作用。大体说来,公共关系在餐饮营销中的作用主要体现在以下几个方面:

1)塑造餐饮企业的良好公众形象

公共关系的根本目的就是通过深入细致、持之以恒的具体工作,加强与公众的双向沟通,以取得社会公众的理解和接受,进而赢得信任和支持,从而树立和发展餐饮企业的良好形象,建立企业的良好信誉。而树立企业自身的良好形象和建立起企业的良好信誉,不仅会促进餐饮企业目标的实现,同时也为餐饮企业树立自己良好品牌,提升自己吸引客人的企业竞争力打下基础。

2)协调餐饮企业内外关系,提高凝聚力

餐饮企业通过开展公关工作,不仅能创造公众满意度,还能创造企业内部员工的满意度。因为对员工而言,在一个通过开展公关工作而树立起良好形象的企业内工作,会使其产生一种自豪感和成就感。这就会促使餐饮企业在公众满意和企业内部员工也满意这二者之间发展成良性互动的关系,从而提高餐饮企业的凝聚力。因此,在现代企业管理中,如果能够恰到好处地发挥公共关系这种协调作用,就会促进餐饮企业在和谐稳定的环境中健康发展。

3)为餐饮企业决策提供参考

决策在餐饮企业经营管理中是一个非常重要而且关键的环节,决策的正确与否往往会直接关系到餐饮企业的经营成败。在现代社会,现代餐饮企业面临的市场竞争环境日益复杂、瞬息万变,为了能够作出正确而合理的决策,餐饮企业必须对市场环境和市场变化保持高度的敏感性,而这就要求作为和外部环境保持密切联系的公关部门,能够较准确地把握环境信息的变化,及时了解公众的需求动态,为企业决策层提供切实可靠的信息,当好企业决策层的参谋。

8.1.4 餐饮企业的形象调查

一般来说,为了企业的生存和健康发展,餐饮企业应经常性地对企业自身的形象进行调查,及时了解公众对企业的看法和评价。如果发现存在不足,要及时通过公关等活动改变或扭转公众对企业的看法和认识。具体来讲,一个餐饮企业的知名度和美誉度是体现企业形象的两个具体性指标:

1)知名度

知名度是指餐饮企业被公众知晓的程度。可以表示为:

知名度 = 知晓公众 ÷ 被调查的公众

例如,餐饮企业随机调查了100名公众,其中有65名公众知晓该企业,则该餐饮企业的知名度为65%。餐饮企业的知名度高,顾客会因熟悉而放心,会感觉餐饮企业的产品货真价实,知晓度高的餐饮企业也易成为顾客的首选。

2)美誉度

美誉度是指餐饮企业被公众认可和赞美的程度。可以表示为:

美誉度 = 认可公众 ÷ 知晓公众

如上例,在65名知晓公众中,有52名公众对该餐饮企业持赞美的态度,则该餐饮企业的美誉度是80%。良好的美誉度可以增加餐饮产品的价值,为顾客提供购买理由,增加顾客购买后的满意感,易于吸引新顾客,也易于提高价格。

如果把知名度和美誉度两个指标作为直角坐标的两个坐标轴,以知名度为横坐标,美誉度为纵坐标,就构成了一个直角坐标系,被称为企业形象地位图,如图8-1所示。每个餐饮企业都可以在此坐标系的四个象限中,找到和自己调查结果相对应的位置,从而了解企业的形象。以后的公关工作就有了方向和目标。

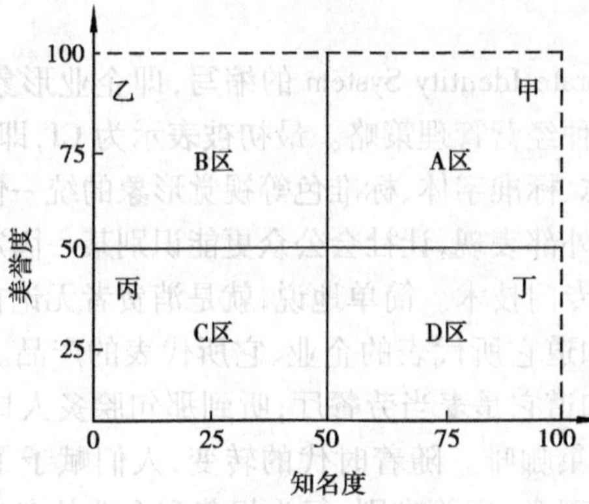

图 8-1

如上图，餐饮企业形象地位图分为A、B、C、D四个区，分别表示四类不同的企业形象状态，甲、乙、丙、丁是假设的四个餐饮企业形象的位置。

A区：高知名度、高美誉度。在这个区中的甲企业处于最佳的公共关系状态、应保持和发扬原有成绩，继续努力。

B区：低知名度、高美誉度。在这个区中的乙企业已经具有良好的公共关系发展基础，应在维持美誉度的基础上，通过传播媒介的宣传，让外界了解自己，尽快提高知名度。

C区：低知名度、低美誉度。在这个区中的丙企业公共关系状况不佳，其公共关系工作甚至需要从零开始，首先应该完善自身，争取较高的美誉。而在传播方面暂时保持低姿态，待享有较好的美誉度以后，再大力做提高知名度的工作。

D区：高知名度、低美誉度。在这个区中的丁企业公共关系处于臭名远扬的恶劣环境，必须通过整体工作的改进和公共关系活动，先扭转已经形成的坏名声，提高美誉度，尽快扭转公众对企业形象的看法，否则将无法生存。

"企业形象地位图"能够比较直观地显示一个餐饮企业已有的形象地位，帮助公共关系人员诊断企业的公共关系问题，寻找解决问题的方案，为下一步选择、设计和控制餐饮企业的新形象指明方向。

8.2 餐饮营销与CIS战略

随着中国的产业升级和经济转型，企业的产销结构也相应发生了从生产导向→行销导向→形象导向的变化，换言之，现代企业想在国内外市场竞争渐趋激烈的情况下永保不败之优势，不仅要具备强劲的产品力和行销力，而且更需要企业与产品的形象力。

CIS是英文 Corporate Identity System 的缩写，即企业形象识别系统，它是欧美国家发展起来的一种经营管理策略。最初被表示为CI，即企业识别。它是通过企业名称、企业标志、标准字体、标准色等视觉形象的统一性表现，判断某家企业与其他企业不同的外部表现，让社会公众更能识别某一固定的企业形象，进而提高企业业绩的一种专门技术。简单地说，就是消费者无论在什么场合，只要一看到这个标志，就能知道它所代表的企业、它所代表的产品。例如，看到那个黄色的“M”形标志，就知道它是麦当劳餐厅；听到那句脍炙人口的广告语“味道好极了”，就知道它是雀巢咖啡。随着时代的转变，人们赋予了其更广的含义，它是企业对自身从经营理念、道德准则、行为规范到企业的名称、标识等进行有目的、有计划的革新，并借助一切与形成企业形象有密切关系的形象因素进行统一性表现；通过传递企业的经营理念、个性特色等信息，塑造独特的企业形象，使企业内部和外围环境均适合企业的运作。

企业形象识别系统是餐饮企业最有效的营销战略，可以帮助餐饮企业树立企业形象、产品形象、服务形象等，提高消费者对餐饮企业的认识和了解程度。实践证明，导入CIS企业识别系统，投资小，效率高。国际设计协会统计，企业形象设计中投入1美元可获得227美元的收益。

对餐饮企业来说，产品和服务是识别系统的核心内容。比如走进全球任何一家麦当劳餐厅，装修风格的一致，相同的食品，服务员亲切的微笑，都让客人感到物有所值。从根本上说，餐饮企业的CIS是餐饮企业在社会公众心目中的整体形象，在通过各种信息向社会公众递送传播时，有鲜明的识别特征。

8.2.1 CIS战略及构成要素

CIS是用自己的一整套企业理念来规范员工的心态和行为。由企业理念识别（简称MI），行为识别（BI）和视觉识别（VI）三个系统构成。所谓CIS企业识别系统，则是这三方面因素协调运行和整合的成果。

1）理念识别系统（Mind Identity System，简称MIS）

理念识别系统就是企业经营的观念，属于思想、意识的范畴。它是指企业用语言文字在企业内外公开传播的、一贯的、独特的经营管理思想，是企业识别系统的核心。它不仅是企业经营的宗旨和方针，还包括鲜明的文化价值观。具体到内容，则表现为企业文化、经营思想、行为准则三个方面。

理念识别就是要塑造一种企业精神，一种从上到下全体员工都应遵守的经营信条。全聚德集团的企业精神是“全面无缺,聚而不散,仁德至上”。全聚德的理念“全聚德”三个字,点出了全聚德三大经营特色:一是“全”,即全聚德在鸭菜及其衍生菜肴方面是最全面、最系统的;二是“聚”,即全聚德对国内外消费者具有巨大的聚合力;三是“德”,即全聚德最讲诚信、最讲商德。

企业理念是个总概念。在各餐饮企业建立自己企业识别的理念过程中,有不同的切入点,不同的具体做法。一般来说,主要有经营策略、经营方针、价值定位、企业精神、企业性格等。而企业理念传播的形式则主要有标语、口号、广告、企业之歌、企业座右铭等。

2)行为识别系统(Behavior Identity System,简称 BIS)

行为识别系统是企业实践经营理念与创造企业文化的准则,是对企业运作方式所作的统一规划而形成的动态识别系统。包括对内的组织管理和教育,对外的公共关系、促销活动、资助社会性的文化活动等。对餐饮企业而言,行为识别主要靠员工的行为(服务)来传递企业的形象。对顾客服务的技巧、质量、内容、态度均构成 BIS 中的重要内容。

在 CIS 中,要将企业理念和价值观贯彻到企业的日常运作中去,最基本也是最重要的问题就是确立行为识别的规范,并通过有效的管理机制来贯彻实施这些规范。具体到在餐饮企业经营活动中,对所有企业行为和员工操作行为实行系统化、标准化、规范化的统一管理,以便于形成统一的企业形象。

3)视觉识别系统(Visual Identity System,简称 VIS)

视觉识别是企业将其理念和价值观通过静态的、具体化的视觉传播形式,有组织、有计划地传达给社会,树立统一性的识别形象。从具体形式来讲,视觉识别的基本要素包括企业的标识、商品标志、名称、广告语、口号、商品名称、标准字、标准色彩、造型、象征图案及媒体表现风格等。

MIS 是企业形象识别系统 CIS 的本质和核心;BIS 是 MIS 的外在表现,MIS 是 BIS 的精神动力;VIS 是 MIS 的外在表现,MIS 是 VIS 的精神内涵。

MIS、BIS、CIS 三部分相互作用,把企业的生产、经营、管理有机地联系起来,形成完整的企业形象系统,推动企业的经营管理与发展。它既是企业形象的整体再现,也是企业全面参与并赢得市场竞争的战略性系统工程。

8.2.2 餐饮企业导入 CIS 战略的基本程序

导入 CIS 的基本出发点是依据餐饮企业性质、特点进行个性化的塑造。往往使企业由显层标识到深层理念都发生积极的转变。这不仅体现在餐饮企业的产品、经营宗旨、企业风格上,而且表现在餐饮企业的商标、广告、色彩、招牌上。个性化的形象识别系统具有更强烈的表现力,使人过目不忘,在感官和心理上引起长久的忆记、联想和共鸣,从而达到更佳的形象效果。

餐饮企业导入 CIS 系统的基本程序,可分为策划准备、企业形象调查、企划方案、CIS 的设计和开发四个阶段:

1)策划准备阶段

①成立 CIS 筹划委员会。委员会的组成成员应在餐饮企业内部各级主管中选出。明确餐饮企业导入 CIS 的理由、意义和目的。

②餐饮企业现状分析。包括餐饮企业内部环境和外部环境的现状分析。其中,内部环境分析包括企业意识调查、形象调查、视觉调查等。通过内部环境分析找出餐饮企业当前面临的课题,使 CIS 计划中的主题明确化。餐饮企业外部环境分析包括当前市场状况的分析、其他餐饮企业的形象分析等。通过外部环境分析掌握本企业在行业中的地位,并探讨企业今后的存在位置。

③理念和领域的确定。通过餐饮企业的现状分析,重新检讨企业理念和事业领域,预测今后的发展情况,进一步确定企业的发展战略。

2)调查分析阶段

餐饮企业建立 CIS 的过程,是一连串相当细密的作业,必须确立 CIS 的施行步骤,调查与分析是 CIS 导入作业的首要步骤。

①餐饮企业实态调查。主要包括消费者对本企业的意见和愿望,本企业在市场竞争中的地位,本企业形象目标如何、本企业的发展战略等。

②餐饮企业形象调查。主要包括市场形象、外观形象、技术形象、经营者形象、企业风气形象等。

③定位企业形象。餐饮企业通过调查对目前本企业的形象现状有了准确的了解,进而应该明确确定自己的形象定位。应把企业的形象定位通过各种信息传递给目标顾客,使自己的形象在目标顾客心中真正树立起来。

3)企划方案

(1)根据餐饮企业调查结果,制定出 CIS 的整体规划方案

餐饮企业根据事前调查结果,来重新评估企业理念,构筑新的企业经营战略,并作为未来的管理作业的方向,从而形成 CIS 的整体规划方案。CIS 的整体

规划方案必须能针对调查结果,表达出正确的判断,进而提供有关 CIS 的改良建议,深入浅出地指出本企业未来应该具有的形象。其内容包括:调查结果的概要、企业 CIS 概念、具体可行的策略、CIS 设计开发的要领和 CIS 有关的补充计划。

(2)制定 CIS 的企划方案

把 CIS 整体规划方案细分、整理,制定出 CIS 的企划方案。

企划方案的内容应该清楚地标示出“问题”和“解决办法”两大重点,并对具体的实行步骤、方法和预期成果加以说明。一个完整的 CIS 企划方案应包括标题、提案的目的、引进 CIS 的理由和背景、引进计划、CIS 的计划方针、具体的实施细则、CIS 计划的推动和组织者、实施 CIS 计划所需的费用与时间等项目。

4) CIS 的设计和开发

CIS 的设计和开发就是将前面作业所设定的识别概念、经营理念,转化为视觉传达形式,以具体表现企业精神。

(1)基本要素的设计开发

基本要素包括:企业标志、企业名称、标准字(企业名称的全称及简称的中、英文字体)、品牌标准字、企业的标准色、企业标语、专用字体。

(2)应用要素的设计开发

应用要素包括:企业章类(名片、旗帜、徽章等)、文具类(文件、信封、信纸、便条纸等)、车辆运输工具、员工制服、企业广告等。

(3)CIS 设计开发程序

探讨企业标志要素概念与草图;企业标志设计方案的展现;选择设计方案及测试设计方案;企业标志要素的精致化;展现基本要素和系统提案;编辑基本设计要素和系统手册;企业标准应用项目的设计开发;一般应用项目的设计开发;进行测试与打样;开始新设计的应用;编辑设计应用手册。

8.3 CIS 战略在餐饮企业中的运用

CIS 系统是餐饮企业塑造形象,获得竞争优势的有效工具,是社会公众识别餐饮企业和餐饮企业向外展示风貌的一座桥梁。CIS 系统将餐饮企业的经营理念与精神文化,运用统一整体传达系统,传送给餐饮企业周边的关系利益人,并使其对餐饮企业产生一致的认同感与价值观。

8.3.1 企业理念识别(MI)的内容及在餐饮企业中的运用

企业理念识别系统 MIS,相当于企业的"脑",包括企业文化、经营宗旨、企业精神、信条、座右铭、文化性格、道德伦理等要素。餐饮企业管理者要对各要素有更深刻的理解,这有利于管理者根据餐饮企业的实际情况,制定出符合餐饮企业实际的企业理念识别系统。例如,肯德基公司的宗旨是"回报消费者,回报社会";美国汉堡王快餐公司的经营目标是"任你称心享用";德克士快餐公司的企业方针是"以人为本,让消费者满意,让加盟者富起来,与协力厂商建立长期的利益共享关系";日本一家骨汤拉面店的工作原则是"理解、准备、确认、实行";全聚德集团的企业精神是"全面无缺,聚而不散,仁德至上"。

值得指出的是,制定企业理念识别系统,应该为大多数员工所接受,如果不为大多数员工所接受,随手拈来的价值观和信条,将脱离企业实际,脱离员工实际,那么,所设立的企业理念将如同虚设。

在企业识别系统中,企业文化是体现企业精神的核心要素。企业的价值观和企业精神一经形成,不仅会对现在的企业员工,也会对后来进企业的员工,具有很大的精神激励和行为规范。它可以减少教育和培训经费,有利于大企业的团结和友爱,使企业获得更多的利润。

8.3.2 企业行为识别(BI)的内容及在餐饮企业中的运用

企业行为识别系统 BIS,相当于企业的"手"。包括在企业理念的指导下所形成的一系列的活动,具体包括组织机构、管理方法、经营方式、行为规范、穿戴礼仪、工作氛围、工作作风、文娱活动等要素。

在餐饮企业行为管理中,很重要的一环,是要有丰富的企业文化活动。餐饮企业的经营工作往往是枯燥和超负荷的,员工时时感到工作的压力。为了松弛员工长期紧张的情绪,增加员工的生活乐趣,调动员工的积极性,增加餐饮企业的凝聚力,餐饮企业一般可开展的文娱活动有交谊舞会、生日晚会、集体旅游等,还可以在节假日给员工发放一些节日礼品、礼金,数额虽然不多,但对增加企业凝聚力有特别的作用。这也是餐饮企业福利体现的一个方面。

8.3.3 企业视觉识别(VI)的内容及在餐饮企业中的运用

企业视觉识别是 CIS 静态识别符号,是具体化、视觉化的传达形式。它是以视觉传播为感染媒体,将企业文化、企业规范等抽象语意,转换为具体符号、具体可见的识别系统,应用在视觉展开(有形识别)和行为展示(无形识别)上,进而提升到企业文化的共识。

企业视觉识别基本要素主要包括企业名称、企业品牌标志、企业品牌标准字、企业专用印刷字体、企业标准色、企业象征造型与图案、企业宣传标语和口号等。企业视觉识别的应用要素主要包括两大类:一是属于企业固有的应用媒体;二是配合企业经营的应用媒体。餐饮企业固有的应用媒体有:餐饮企业产品、事务用品、办公室器具和设备、招牌、标识、气质、制服、衣着、交通工具。配合餐饮企业经营的应用媒体有:包装用品、广告、餐饮企业建筑、环境、传播展示与陈列规划等。

在所有视觉识别的内容中,企业标志、标准字、标准色是整个 VI 系统的核心。标志、标准字、标准色三要素,是企业地位、规模、力量、尊严、理念等内涵的外在集中表现,是视觉识别的核心,构成了企业的第一特征及基本气质。同时,这三者也是通过广泛传播取得大众认同的统一符号。

VI 系统就是在为餐饮企业打造一个品牌。长期以来,我国餐饮企业品牌经营的意识不强,通过国内外餐饮企业成功的经验来看,只有确立自己独特的品牌形象才能有更好的发展。国外快餐业的巨头麦当劳、肯德基因其完善的品牌体系而把连锁店开遍了全世界,而国内发展比较迅速的餐饮企业也都有自己的品牌依托。VI 系统就是要通过餐厅整体的规划、环境的布置、陈设等一切视觉要素的统一来塑造整体的品牌形象,就餐宾客从迈进餐厅那一刻起,所有见到的、体验到的都是与餐饮企业的整体文化相协调的,在就餐的过程中,企业的品牌形象已经潜移默化地被客人记忆。如果餐厅能够为自己量身定做这么一套 VI 系统,那么其鲜明的形象就一定能够树立起来,宾客也就很容易将这家餐厅同其他餐厅相互区别开来。

8.4 餐饮品牌营销策略

品牌经营作为现代企业一种新的竞争战略,是市场经济日益发展,竞争日趋激烈的必然产物。21 世纪是品牌时代,任何组织和行业在面对日趋激烈的市场竞争时,都无法把品牌二字置之度外。江泽民同志在“十六大”报告中曾明确提出:必须形成一批有实力的跨国企业和著名品牌,参与国际市场竞争,品牌不仅是企业竞争力的核心,也是一个国家、地区经济实力的重要标志。对经济快速增长的餐饮业而言,在竞争全球化、知识经济化以及消费需求的个性化和感性化的市场环境下,餐饮品牌的功能越来越重要,现代品牌的含义与外延有了更大的发展。品牌建设必将融入社会生活的方方面面,如何进行餐饮品牌经营管理被提上日程。

8.4.1 餐饮品牌的含义及餐饮品牌的构成

1)餐饮品牌的含义

传统的品牌定义很多,著名营销专家菲利普·柯特勒认为:"品牌是指一个名称、标记、符号、设计或它们的联合使用,以便消费者能辨识厂商的产品或服务,并与竞争者的产品或服务有所区别。"此定义表明:第一,品牌是企业持续发展所需要的一种无形竞争手段,是企业通过自己的产品及服务与消费者建立起来的,同时需要企业开发和维护的一种关系。第二,品牌是企业内在物质在消费者层面的一种外在表现。这是传统的定义方式。

现代意义的品牌是指消费者和产品之间的全部体验,它不仅包括物质的体验,更包括精神的体验,品牌向消费者传递一种生活方式,人们在消费某种产品时被赋予一种象征性的意义,最终改变人们的生活态度及生活观点。由此可见,现代品牌具有以下特点:第一,品牌是所有者的标志,代表着一种所有权,谁生产或销售产品已经不重要,重要的是谁拥有这一品牌。第二,现代品牌是消费者识别产品的手段。第三,品牌是一种象征,不仅能赢得市场、占领市场,而且还关系到一个地区甚至是一个国家的形象。第四,品牌代表了产品的附加值,对于同一种菜肴,为什么消费者会出现选择不同餐厅,这是因为品牌具有附加值,这是一种消费者难以具体描述的情感或人文价值。第五,品牌能够保护企业与消费者利益。应该说,从市场导向出发所形成的品牌,现代意义的定义更重要的是注重体验。所以从生产者来说,品牌是一种市场标识,体现了一种市场竞争力。从消费者来说,品牌是一种信息的集合,所表现出来的是对消费者的一种吸引力。

餐饮品牌,一般是指餐饮企业为了识别其企业或产品,并区别于其他竞争者所用的一种具有显著特征的标记,是经过餐饮企业长期努力形成的餐饮产品在消费者心目中的概念和评价,并由这种评价产生普遍认同感和品牌忠诚度。品牌的外形要素通常由名称、标志和商标组成,而品牌的内涵要素则是餐饮企业经营理念、经营方针、经营方式、服务理念、服务特色、服务质量等方面的有机组合。餐饮企业的品牌经营,则是通过品牌设计、品牌推广、品牌保护及品牌资产评估等活动,以提高客人的满意度、忠诚度和餐饮企业的知名度、美誉度。实施品牌经营战略,这是餐饮业所面临的时代特征所决定的。

2)餐饮品牌的构成

在现代餐饮市场上,消费者对餐饮产品的忠诚度通常比较低,餐饮产品的消费还会遇到消费者多年形成的个人饮食习惯等障碍的影响,使得餐饮企业品牌建设愈加困难。餐饮品牌的构成要素主要有:第一,时间。无论是培养消费者忠诚度还是引导并逐渐改变消费者饮食行为习惯,都是一个相当长的过程,在很大程度上需要时间的累积,是餐饮企业长时期实施品牌经营战略的结果。第二,投资。货真价实、物美价廉却并不畅销的现象在现代市场上并不少见。餐饮企业为引起消费者的注意,形成消费记忆和良好的信念及态度,往往会耗费大量的财力资源用于广告和公共关系方面的宣传,即使已经确立了品牌地位的企业,每年也会拿出大量的资金来巩固消费群体,使其选择性长久保持下去。第三,机遇。现代市场越来越细分化,在每一个细分市场上,消费者个性化的需求特征越来越明显,无数餐饮企业致力于产品差异化竞争,这意味着留给餐饮企业创立和保持名牌的空间越来越拥挤狭小。特别是餐饮企业生产和消费一体化以及产品技术含量低的特点,使其本身的市场空间就比较小,而走产业化连锁经营又需要一系列基础条件,并非适合所有的产品。因此,创造和把握机遇越来越成为创立和保持品牌必不可少的要素之一。第四,能力。知名品牌企业是长期苦练内功从而获得了把握市场机遇的能力,并且抓住了稍纵即逝的商机所带来的结果。品牌都有一定的市场控制能力,这种能力首先来源于企业的自我控制能力和对消费者的影响能力。而一个餐饮企业的市场控制能力又与上述三个因素有着内在的必然联系,并在很大程度上决定了餐饮企业品牌及其产品的持久性。

一个品牌的建立并不是一蹴而就的,它需要餐饮企业经营过程中的不断维护。

8.4.2 餐饮品牌营销的含义

"品牌营销"意识的出现是餐饮市场激烈竞争的直接后果。餐饮品牌是餐饮市场长期发展的产物,离开餐饮市场,品牌也就不复存在,而餐饮品牌对餐饮市场的发育发展有明显的带动作用。餐饮品牌是一种有形线索,它能反映餐饮企业的服务质量和水准,会在顾客心目中树立起一个有力、清晰而且准确的餐饮服务形象,就像一个实际产品那样具有有形特色便于辨认和信赖,成为一个永久的标记。在现实生活中经常会看到,一个成熟的消费者在选择餐饮消费时,往往更注重先选择品牌餐饮企业,这是今后餐饮消费的必然趋势。餐饮企业通过实施品牌战略,提高了知名度和市场占有率,提高了自身的经营档次,那么无疑会带动整个餐饮业整体水平的提高。

拥有品牌的餐饮企业是成功的企业。真正的品牌被赋予一种象征意义,能够向消费者传递一种生活方式,影响人们的生活态度和观点,为餐饮企业带来长远的效益。作为一种高级别的竞争模式,目前国内企业在推行、实施这一模式时,既取得了一定的进步,但也在很多地方表现得不尽成熟。许多餐饮企业都口头上提倡重视品牌,但往往以低价促销,无形中引导消费者以价格为购买准则,急速削弱了品牌美誉度、信任度和忠诚度。因此,开展品牌营销是摆在餐饮企业面前的重要课题,餐饮企业要适应市场需求就必须走品牌经营之路。餐饮品牌营销就是餐饮企业建立品牌和利用品牌来促进营销。如何做好餐饮品牌营销是餐饮业经营中的关键问题,也是解决服务的无形特点给餐饮企业带来销售困惑的根本途径。

餐饮品牌营销其实就是餐饮企业以目标市场的需求为中心,努力地去塑造和传播品牌形象的过程。塑造和传播品牌形象,就是餐饮品牌营销的主要任务。为了能够成功地塑造并顺利地传播品牌形象,有效地开展品牌营销活动,最终实现品牌营销目的,有必要对品牌营销活动实行科学的策划。

餐饮品牌由服务品牌、环境品牌、菜点品牌和企业品牌四大部分构成,由内隐的文化要素和外显的符号等要素组成。因此,其发展取决于这四大品牌的发展状况,取决于内隐要素和外显要素的协调发展。

8.4.3 餐饮企业品牌营销的意义

餐饮企业品牌营销是餐饮企业之间产品、服务竞争之外的重要竞争,而且是影响餐饮企业之间产品、服务竞争的重要砝码。它既是餐饮企业生存于社会、服务客户的重要渠道,也是社会与客户了解餐饮企业的重要窗口;它既能为餐饮企业自身带来经济效益,增加无形资产价值,也能对社会产生社会效益;它既是营销工作的重要工作,有时也是营销工作的首要工作。

可口可乐、雀巢、松下、索尼这些耳熟能详的知名品牌,日益成为消费者实施购买决策的关键变量。凭借巨大的品牌资产及其带来的消费者的高忠诚度,拥有上述知名品牌的企业在竞争中都取得了“笑傲市场与对手”的骄人业绩。可口可乐的总裁曾经讲过,即使一夜之间全世界可口可乐的工厂都被烧掉,只要可口可乐的品牌还在,就仍然可以东山再起。相信这是任何一个中国企业家都不会陌生的有关品牌重要性的率性告白。

我国许多餐饮企业已认识到了品牌营销的重要性。特别是当前国际市场生产力已经处于过剩状态,所有开放市场经济国家都不同程度地进入了买方市场,市场竞争的环境、手段与过去相比都发生了很大的变化。在这种新情况下,餐饮企业取胜的主要手段已不再单纯以产品本身来竞争,还包括品牌的竞争。可以说,未来国际市场竞争的主要形式将是品牌的竞争,品牌战略的优劣将成为企业在市场竞争中出奇制胜的法宝。

事实上,许多世界知名餐饮企业往往都是把品牌发展看成是企业开拓国际市场的优先战略。肯德基、麦当劳等无一不是先从抓品牌战略开始的,即创立属于自己的名牌产品,并把它作为一种开拓市场的手段,最终占领市场。而且,由于名牌的综合带动作用十分巨大,外向度也相当高,所以往往是一个产品的牌子创立后,逐渐形成一个系列并带动相关配套产业的发展。可以说品牌是餐饮企业进入市场、占领市场的武器。特别是国际市场竞争已日趋激烈的今天,餐饮企业有没有建立自己的品牌战略,有没有自己的品牌营销策略,品牌形象如何已变得十分重要。抓住了品牌营销就等于抓住了市场经济条件下的餐饮服务业营销的关键。

8.5 餐饮品牌营销手段与餐饮品牌决策

在现代社会,一方面,越来越多的餐饮企业投入资金塑造品牌;另一方面,由于信息过剩,社会处于注意力紧缺时代,大量资金投入下去之后,品牌知名度和美誉度却未见明显的起色,品牌传播的难度也越来越大。餐饮企业应该意识到餐饮营销是在一个不断发展着的营销环境中进行的,所以,为适应营销环境的变化,营销人员应该制订相应的营销计划,采取相应的营销手段,应该根据社会环境和企业内外部条件的变化进行相应的品牌决策。

8.5.1 餐饮营销手段

随着商品经济社会竞争的日益加剧,餐饮企业的营销观念也从原来的以自我为中心的生产观念、产品观念和推销观念,逐步发展成为以宾客需求为依据的市场营销观念,甚至还出现了从餐饮企业更久远的发展着眼的“社会营销”理论。即餐饮企业不应只盯着眼前的经济利益,而应同时注重其社会效益,注重树立餐饮企业自身的整体形象以及长远利益。作为旅游企业一个重要组成部分的旅游餐饮企业,自然也受到影响,各种营销手段层出不穷,营销之战大有愈演愈烈之势。

餐饮行业不同于其他行业，具有大市场、小企业的特点，消费人群广，却相对分散，品牌的传播一直习惯依赖广告和口碑，主要的市场行为也集中表现在广告方面。随着传媒时代的来临，人们追求品牌店、特色店和名牌餐饮企业的势头更加明显，由此，我国餐饮企业开始重视品牌优势的塑造和新闻媒体广告公关的运用。

一般来说，餐饮企业可以从以下几个方面考虑，采取相应的营销手段，如广告营销、宣传营销、菜单营销、人员营销、餐厅形象营销、电话营销、公关营销以及特殊营销活动。

1)广告营销

如何凸现餐饮企业的特色，如何使消费者选择适合自己的餐饮企业，如何使餐饮企业与消费者在"第一次亲密接触"之前能够有良好的沟通，从而使餐饮企业的需求曲线上移，就是广告所要完成的任务。

广告是一种可以利用多种传播媒体进行信息传播的方式，在我国早已被企业作为重要的市场营销手段而广泛地运用。当然，最初的商业广告主要是传递商品信息，目的是说服消费者购买广告上的商品。广告营销是通过购买某种宣传媒介的空间或时间，来向餐饮公众或特定的餐饮市场中的潜在的宾客进行推销或者宣传的营销工具，它是餐饮业常用的营销手段。"酒香不怕巷子深"这句古语所存在的局限性，已经被越来越多的人所认识。所以餐饮营销中，广告是必不可少的重要手段。

餐饮广告能为餐饮企业和餐饮产品树立形象，刺激潜在的消费者产生购买的动机和行为。在影响购买决策方面，消费者的知觉具有十分强大的威力。正如营销专家所认为的，当营销进入较高层次或产品具有较大同质性时，市场营销并非产品之战，而是知觉之战。

2)宣传营销

顾名思义，宣传营销首先是宣传，其次是营销；宣传营销是企业围绕营销而开展的宣传工作，是餐饮企业经营战略和营销工作的重要组成部分。它是以付费或非付费新闻报道、消息等形式出现的，一般通过电台广播、电视、报刊文章、口碑、标志牌或其他媒介，为人们提供有关饮食产品以及服务的信息。宣传营销有利于提升餐饮企业的良好形象；推广产品、服务品牌；拉动和推动营销业务；发展和谐、精密的公共关系；循环性促进餐饮企业管理规范化、精细化；促进餐饮企业文化建设。与广告相比，它更容易赢得消费者的信任。

3)菜单营销

菜单营销即通过各种形式的菜单向前来餐厅就餐消费的宾客进行餐饮推销。可通过各种形式各异、风格独特的固定式菜单、循环式菜单、特选菜单、今日特选、厨师特选、每周特选、本月新菜、儿童菜单、中老年人菜单、情侣菜单、双休日菜单、美食节菜单等来进行宣传和营销。

还可以通过餐厅内部宣传品来吸引顾客。例如,可以印制一些精美的定期餐饮活动目录单,介绍本周或本月的各种餐饮娱乐活动;制作印有餐厅的种类、级别、位置、电话号码、餐厅餐位数、餐厅服务方式、开餐时间、各式特色菜点的介绍等内容的精美宣传册;特制一些可让宾客带走以作留念的“迷你菜单”,各种图文并茂、小巧玲珑的“周末香槟午餐”、“儿童套餐”等介绍等。将它们放置于餐厅的电梯旁、餐厅的门口,或者前厅服务台等处,供宾客取阅。

各种菜单也可以根据情况来选择不同质地,设计出意境不同,情趣各异的封面,格式和大小可灵活变化,并可以分别制作成纸垫式、台卡式、招贴式、悬挂式、帐篷式,等等;色彩或艳丽,或淡雅,式样或豪华气派,或玲珑秀气,都可让宾客在欣赏把玩之中爱不释手,无形中产生了购买欲,并付诸行动。这些菜单实际上起了无言的广告作用。

4)人员营销

一般餐饮业可设专门的推销人员来进行餐饮产品的营销工作,但要求他们必须精通餐饮业务,了解市场行情,熟悉饭店各餐饮设施设备的运转情况,宾客可以从他们那里得到肯定的预订和许诺。

在人员营销方面,现在很多餐饮企业推行全员推销,亦即饭店所有员工均为现实的或潜在的推销人员。全员营销的第一层次是由专职人员如营销总监、餐饮销售代理、销售部经理、销售人员等组成的;第二层次由兼职的推销人员构成,如餐饮总监(或餐饮部经理)、宴会部经理、餐厅经理、预订员、迎宾员以及各服务人员,等等。经理们可在每餐前至餐厅门口迎候宾客;餐中巡视,现场解决各种投诉疑难问题;餐毕向宾客们诚恳道谢,并征询宾客对菜点、酒水以及服务的看法和意见;服务人员则通过他们热情礼貌的态度、娴熟高超的服务技巧、恰当得体的语言艺术,向宾客进行有声或无声的推销;第三层次则由各厨师长以及其他人员组成。

餐饮业营销人员应善于把握时机,捕捉一些餐饮业举办的具有新闻价值的活动,向媒体提供信息资料,凡餐厅接待的重大宴请、新闻发布会、文娱活动、美食节庆等，都应该邀请媒体代表参加。可以事先提供有关信息，也可以书面通报的形式、或自拟新闻稿件的方式进行。一般应由部门有关人员负责稿件的撰写、新闻照片的拍摄等事宜。还可以与电视台、电台、报纸、杂志等媒介联合举办“美容食谱”、“节日美食”、“七彩生活”、“饮食与健康”等小栏目，既可以扩大本饭店在社会上的正面影响，提高本部门或餐厅的声誉，又可以为自己的经营特色、各种销售活动进行宣传。餐饮营销人员还应该具备引导消费的能力，首先要主动和客人沟通，平时要熟记客人的消费习惯，“好记性不如烂笔头”，把客人习惯及偏好一一记在本上。如爱吃的酒菜、对服务要求、包厢位置、宴请目的、特别指明要哪位服务员、上菜速度要求、主食点心偏好、敬酒方式与尺度、消费标准等都要记住，也要在菜肴上做好文章。

对于大多数餐饮企业来说，用于广告宣传的费用总是很有限。况且，传媒时代信息大爆炸，即便投入不少广告，也往往会被海量信息无情淹没，品牌知名度和美誉度却未见明显的起色，品牌传播的难度也越来越大。显然，粗放式广告传播方式已经不适合餐饮企业塑造品牌的需求，企业必须构建适合自己的媒体组合，将广播、杂志、户外、网络等媒体合理组合起来，用有限的成本打造最大收益。

8.5.2 餐饮品牌决策

如前所述，近几年来，随着我国市场经济的发展和名牌战略的实施，品牌培育和发展就成了企业工作重心，企业经营已从产品行销转向品牌行销。正确的品牌决策能使自己的产品在众多的竞争对手面前脱颖而出，被消费者选择和接受，从而获得平均利润或者超过平均利润的垄断利润。餐饮企业在品牌营销管理中要考虑的一个重要问题是如何使用已有的品牌，以及如何或是否需要推出新品牌，这就是餐饮品牌决策问题。

1）品牌延伸策略

品牌延伸是品牌策略的重要方面。对于拥有顾客忠诚的某种品牌来说，怎样才能使品牌永保吸引力，使其能长期受到顾客的青睐和高度的忠诚呢？答案是：应不断追求品牌的延伸并准确把握和运用品牌延伸策略。

品牌延伸是指企业将某一知名品牌或某一具有市场影响力的成功品牌，扩展到与成名产品或原产品不尽相同的产品上，以凭借现有成功品牌推出新产品的过程。品牌延伸策略是把现有成功的品牌，用于新产品或修正过的产品上的一种策略；此外，品牌延伸策略还包括产品线的延伸，即把现有的品牌名称使用到相同类别的新产品上，推陈出新，从而推出新款式、新口味、新色彩、新配方、新包装的产品。品牌延伸并非只简单借用表面上已经存在的品牌名称，而是对整个品牌资产的策略性使用。品牌延伸策略可以使新产品借助成功品牌的市场信誉在节省促销费用的情况下顺利地进占市场。

品牌延伸是品牌发展到一定阶段的必然结果。当一个品牌经过前期的市场运作，在知名度、美誉度、顾客忠诚度等方面都取得了显著优势时，也就意味着品牌的延伸具备了良好的市场基础。当一个企业的品牌在市场上取得成功后，该品牌则具有市场影响力，会给企业创造超值利润。随着企业的发展，企业在推出新的产品时，自然要利用该品牌的市场影响力，品牌延伸就成为自然的选择。这样，不但可以省去许多新品牌推出的费用和各种投入，还通过借助已有品牌的市场影响力，将人们对品牌的认识和评价扩展到品牌所要涵盖的新产品上。例如，"谭鱼头"公司的川菜项目品牌"川菜十二品"，经过相当时间的市场营销，市场反应不佳，企业又将该项目重新装在"谭鱼头"的品牌帐篷之下，该项目迅速产生起色。

我国餐饮企业在品牌延伸策略方面存在两种截然不同的认识误区：一是许多餐饮企业，尤其是老牌国营餐饮企业，不注重品牌延伸的使用，大多是一牌一品，产品单一，这些老一辈企业坚守原来的阵地，故步自封，没有推陈出新，现已面临种种问题与挑战。二是一些老企业在品牌延伸过程中逐步偏离原有清晰定位而失去了个性化魅力。

品牌延伸是企业推出新产品，快速占有并扩大市场的有力手段，是企业对品牌无形资产的充分发掘和战略性运用，因而成为众多企业的现实选择。品牌延伸可以加快新产品的定位，保证企业新产品投资决策迅速、准确；有助于减少新产品的市场风险；品牌延伸有益于降低新产品的市场导入费用；有助于强化品牌效应，增加品牌这一无形资产的经济价值。品牌原产品起初都是单一产品，品牌延伸效应可以使品牌从单一产品向多种领域辐射，就会使部分消费者认知、接受、信任本品牌的效应，强化品牌自身的美誉度、知名度，这样品牌这一无形资产也就不断增值。

2）品牌扩展策略

在激烈竞争的市场上，要完全打造一个新品牌是一件困难的事情，需要耗费大量的人力、物力、财力，而且能否成功还是一个未知数。而借助于成功的品牌，就如同站在巨人的肩上，可以看得远，增大成功的机会。但品牌扩展要有适当的原则，合理的扩展可以借助成功品牌之力带动新品牌尽早上市。

品牌扩展策略，是指企业利用其成功品牌名称的声誉来推出改良产品或新产品,以凭借现有名牌产品形成系列名牌产品的一种名牌创立策略。企业的品牌发展到一定的优势时,就要开源,使品牌的价值更大化。这时企业为了规避风险,利用现有的成功品牌名称,在一个成熟的产品里生产新的或经过改进的产品,以成功品牌的影响推出新产品并快速启动的市场行为。这样做既减少了品牌认知的过程,同时又降低了产品的经营风险。由于这种做法既节约了推出新品牌的促销费用,又可使新产品搭乘原品牌的声誉便车,得到消费者承认,起到"借船出海"、"借势造势"的作用,有人便形象地称之为"搭乘名牌列车"策略。正因为如此,品牌拓展策略被许多企业视为拓展经营范围、提高知名度的利器,纷纷采用。例如,美国桂格麦片公司成功地推出桂格超脆麦片之后,又利用这个品牌及其图样特征,推出雪糕、运动装等新产品。显然,如果不利用桂格超脆麦片这个成功的品牌名称,这些新产品就不能很快地打入市场。企业采用这种决策,可以使新产品迅速、顺利地打入市场。

品牌,是企业最重要的资产。盲目进行品牌扩展有可能对企业的原品牌产品产生负面影响,甚至是致命的打击。企业在实施品牌扩展策略过程中应注意:企业进行品牌扩展时,应充分考虑现有品牌的定位及其适应范围。在多元化的市场上,企业都意识到它无法为该市场的所有顾客提供产品或服务,所以要进行市场细分,确定目标市场并进行品牌的具体定位。品牌定位的目的就是要建立一个与目标市场有关的品牌形象以吸引目标顾客。而一旦品牌定位确立后,在实施品牌扩展策略时,要考虑到品牌的一致性和"兼容性"。

3)多品牌策略

企业在完成资本积累开始对外扩张的过程中,若坚持统一品牌策略,让所有开发的新产品都套用原品牌,就会面临两难选择:若进行品牌延伸,尽管极为谨慎行事,采取了防范措施,但也可能出现品牌形象淡化、每一种产品都缺乏个性而被对手各个击破的风险;若放弃某些领域的品牌延伸,则意味着必须放弃一部分市场。要解决这一难题,一个可行的办法就是要采取产品定位的多品牌策略。

所谓多品牌策略,是指企业决定同时经营两种或两种以上相互竞争的品牌。多品牌策略主要包括两种情况:一是在不同的目标市场上,对同种产品分别使用不同的品牌;二是在同一市场上,对某种产品同时或连续使用不同的品牌。如今,消费者生活多姿多彩,消费需求日趋多样化、差异化、个性化,由大众消费时代进入分众时代,这为多品牌的运用提供了广阔的舞台。当今世界上,适合所有人的产品是不存在的,现代市场丰富多彩,几乎找不到独一无二不可替代的商品。

针对餐饮企业而言，只有给品牌进行准确定位，找到一个足够小的市场空间，集中兵力形成优势，才有可能进驻消费者的心智空间，于狭小的市场区域中占据最大的市场份额，而餐饮企业的扩张又希望无所不为。于是，多品牌策略成了餐饮企业定位时的最佳选择。在个性化与多样化的消费潮流里，餐饮企业若能在深入的、科学的市场调查基础上，发展出多个品牌，每个品牌都针对某一细分群体进行产品设计、形象定位、分销规划和广告活动，那么各品牌的个性和产品利益点，便能更吻合更照顾到自己所针对的那部分消费者的特殊需要，自然能获取这一消费群体的信赖和品牌忠诚，比面向大众消费群泛泛而谈没有特色的品牌更有竞争力。

总之，在一些正处于成长期、尚未被几大品牌垄断的餐饮行业，推行多品牌策略的优势是十分明显的。采用多品牌策略可以为餐饮企业争得更多的市场空间，也可以用新产品来截获“品牌转换者”，以保持顾客对企业产品的忠诚；使企业的美誉度不必维系在一个品牌的成败上，降低餐饮企业的经营风险。应该说，多品牌策略适应了时代的需要，为餐饮企业的发展提供了更新的思路。

4）新品牌策略

为新产品设计新品牌的策略称为新品牌策略。当企业在新产品类别中推出一个产品时，它可能发现原有的品牌名称不适合于它，或是对新产品来说有更好更合适的品牌名称，企业需要设计新品牌。例如：“谭府菜”号称“中华第一贵”，它的消费群主要是高端的商务消费者，它开发大众川菜产品，满足中档消费者时，就使用了新品牌“海凌阁”。川菜品牌“巴国布衣”定位为川东风情，在开发新产品火锅项目时，使用了“川江号子”的新品牌。具体而言，餐饮企业新品牌策略需要考虑新品牌促销费用与新品牌产品的预期收益；新品牌对现有品牌是否会造成直接冲击；分散的品牌力量是否会影响企业产品的总体市场占有率，等等。

餐饮企业选择何种品牌策略主要应从菜肴特性、消费者特点、企业的战略考虑和市场的特征、市场竞争情况等方面出发，慎重选择营销策略，以求达到理想的效果。

本章自测

1. 餐饮公共关系的概念和内涵应如何理解？

2. 什么是餐饮品牌营销？进行餐饮品牌营销对餐饮企业有何实际意义？
3. 简述 CIS 战略的构成要素。
4. 餐饮营销手段有哪些？如何进行餐饮品牌决策？

相关链接

1. 谭鱼头　http://www.tanyutou.com.cn/
2. 全聚德　http://www.quanjude.com.cn/
3. 职业餐饮网　http://www.canyin168.com/

知识链接

谭鱼头

成都谭鱼头投资股份有限公司，是四川省规模最大的股份制餐饮企业。以特色鱼头火锅为主打产品。1998 年 6 月走出四川，迅速在北京、石家庄、合肥、西安等地开设连锁店，以平均每年 300% 的速度飞速发展，现在国内三十余个大中城市拥有 80 余家连锁店，在国内大中城市的占有率达 92%。公司建有自己的食品研究所、培训学院（与四川烹饪高等专科学校联合办校）、生产基地、全国配送中心。2000 年销售额排名中国餐饮企业百强前 16 位、川渝地区排名第一。

随着市场的扩张和经营业绩的增长，谭鱼头品牌影响力日益加大，多次荣获名菜、名品、名店称号，被各级政府、行业协会评为"成都市十佳餐饮企业"、"四川餐饮名店"、"中华餐饮名店"、"中华特色火锅"、"全国十佳餐饮连锁企业"。

公司秉承"一锅红艳，煮沸人间"的企业精神，以"品质、价值、价格"为经营理念，以弘扬民族餐饮文化，改善国民饮食结构，丰富人民生活，创建民族品牌为己任，为推进川菜产业化，做最好的餐饮企业不懈奋斗。

第9章

餐饮营销策划

【学习目标】

本章通过讲解餐饮营销策划的概念、餐饮营销策划的类型、职能、意义和策划的程序,使学生熟悉餐饮营销策划市场调研的内容和程序、能够对旅游企业的环境进行分析,编写餐饮营销策划书。

【知识目标】

①理解餐饮营销策划的含义。

②了解餐饮营销策划的类型、职能和意义。

③掌握餐饮营销策划市场调研的主要内容和程序。

④能够运用SWOT分析本餐饮企业的环境。

⑤掌握餐饮营销策划书的编写方法和技巧。

【能力目标】

通过学习能够根据实际情况制定相应的餐饮营销方案。

【关键概念】

餐饮营销策划　餐饮营销综合策划　餐饮营销专项策划　餐饮营销策划书　营销创意　策划主题　SWOT分析　餐饮策划市场调研

案例导入：

休息日生意清淡怎么办？

××饭店周一至周五生意红火，但周六和周日生意清淡，如何解决这一问题？

对策：

1. 调研：经调查，A 餐饮企业位于北京某科技园内，周围全是办公写字楼。就餐类型主要是以园区内各公司管理层宴请及其员工的工作餐为主，饭店特色为海鲜。

2. 分析：造成 A 饭店这一问题的原因是周末该科技园区内的企业放假，饭店客源不足。

3. 解决方案：统计最近 2 周累计消费额超过 3 000 元的顾客，对其按累计消费额实行每 100 元返券 20 元的优惠，要求在本周六或周日消费有效。

4. 如何实现这一解决方案的：

1）预留顾客的手机号码或电子邮件地址，并记录顾客的每一次消费数据；

2）统计最近 2 周累计消费额超过 3 000 元的顾客，共有 82 人；

3）针对每一位顾客的累计消费额分别设定返券额，最少 600；

4）用顾客事先预留的手机号码或电子邮件地址，向每一位顾客发短信或电子邮件，告知优惠消费内容和有效的消费时间；

5）顾客来电咨询或订餐，服务小姐可根据计算机屏幕上弹出的该顾客信息，为顾客提供准确（主要是验证返券数额和订餐）、及时的服务；

6）顾客就餐完毕，结账时，凭其预留的手机号码享受相应的返券优惠。

5. 效果评价：通过这一营销策划，××饭店周六和周日上座率持续上升；1 个月后，周末上座率趋于稳定，与平时持平；2 个月后，周平均客单价首次超过原先的值，饭店总体赢利能力显著提高。

9.1 餐饮营销策划概述

餐饮业作为一个新兴的产业，从夫妻二人排档经营到作坊式经营、规模化经营，都体现了餐饮行业的发展状况。国内餐饮业已从作坊式经营向规模化经营迈进，毋庸置疑，这需要一个引导市场的思维团体，去争取目前有限的市场份额，也需要餐饮单位推出引导市场的消费方案或办法，这就是营销策划。餐饮营销是在一个不断发展的营销环境中进行的，所以，为适应营销环境的变化，抓住时机,营销人员应该制定相应的营销计划和策划。首先,应确定餐饮企业的经营方向,进行市场调查以确定经营方向;然后,进行深入的市场细分,对竞争对手及形势进行分析,确定营销目标;随即研究决定产品服务、销售渠道、价格及市场营销策略,以及具体计划和财务预算,并通过一段时期的实施,根据信息反馈的情况,及时调整经营方向和营销策略;最后达到宾客(People)、产品(Product)、价格(Price)、实绩(Performance)、包装(Package)、销售渠道(Place)、促销(Promotion)等诸多因素的最佳组合。

9.1.1 餐饮营销策划的含义

在市场激烈竞争的今天,餐饮企业需要进行消费市场所接受并喜爱的差异化竞争,这就诞生了营销策划。营销策划是20世纪80年代从国外传入中国,是国外的跨国公司率先应用在市场竞争方面,后来被国内企业所认同、接受并效仿的。餐饮行业巨子麦当劳、肯德基等,均是率先进行营销策划,才制定了全面的市场占有方案。营销策划究竟是什么呢?国外相关研究的原始释义主要是研究如何发展自身特色,如何制定适应自身发展的营销策划才是关键。一些观点认为:营销策划是如何把产品推销出去并让市场接受;还有些观点认为:营销策划就是怎样去亲密接触消费者,这些解释都是正确的。一个营销策划方案的好坏,并不是看策划方案文字是如何的美妙绝伦,也不是看有多么巧妙、异想天开的点子,而是结合市场实际,制定跟随市场、逐渐引导市场,且被市场认同和接受的市场方案。营销策划方案就是概括营销方案实施的步骤和方法。

餐饮营销策划是餐饮营销谋略或餐饮营销对策,是面向餐饮企业未来的活动,是针对餐饮企业未来将发生的事情所做的当前的决策。

餐饮营销策划包括以下几个基本点:

(1)根据当前餐饮业的各种情况和信息进行谋划

策划者要进行市场调研,掌握各种现实情况和信息,在掌握充分的信息和对有关情况进行深刻分析的基础上进行策划。这样才能使做出的策划具有合理性、针对性。

(2)策划要有明确的目的性

餐饮策划是为了达到一定的目标,在调查、分析有关资料基础上,努力把各项工作从无序调整到有序的活动过程。餐饮企业营销策划的根本目的就是为了最终获取最大的利润。

(3)餐饮策划可以比较与选择方案

针对同一目标,能够做出多个不同的策划方案,人们可以从多个策划方案中作出权衡比较,从中选出合理的方案。同时,策划也不是一成不变的,在保持策划要有一定稳定性的同时,还必须根据环境的变化,不断对策划进行调整和变动,以保持策划对现实的最佳适应状态。

(4)餐饮策划是按程序运作的系统工程

现代策划为了保证策划方案的合理性与高成功率,要按照一定的程序进行,即进行调查和环境分析、确定策划目标、写出策划创意并拟定初步方案、评价选择方案及方案的调整与修改等步骤。

餐饮营销策划就是策划人员在对餐饮企业内外部环境予以准确地分析并有效地运用各种资源的基础上,对一定时间内企业某项营销活动的行为、方针、目标、战略及实施方案与具体措施进行的设计和计划。

9.1.2 餐饮营销策划的职能

营销策划主要是为企业领导服务。在企业,营销策划部不仅是企业的思维库,也是协调部,在应用于餐饮工作中,主要有以下工作职能:

1)餐饮企业的思维库

餐饮企业成立营销策划部,应该为餐饮企业分担经营忧思,提供合理化的建议,建立营销策划档案,掌握内外部市场信息,编撰市场信息资料,及时向决策层提供优质的服务。

2)餐饮企业的协调部

在大企业(大公司)里,有专业的协作部门——公关部,主要是协调内外部的公共关系。在餐饮企业中,一般都未成立专业的公共关系部门,因此,这一职能工作应该由策划部或营销策划来担任,以协调餐饮企业内、外部的公共关系。

3)餐饮企业的宣传部

营销策划要配合餐饮企业决策层拟订宣传计划,制定宣传方案,配合餐饮企业各部门的宣传计划展开。营销策划要求具体制定宣传口号、标语、口径等,以求做到企业统一。

4)餐饮企业的形象规划部

餐饮策划协助餐饮企业决策层制定统一的形象宣传计划、品牌战略计划,同时包括产品形象、员工形象等用以塑造自身良好公众形象的服务。

餐饮营销策划主要是整合餐饮企业内、外部宣传、品牌、管理等多方面的工作,主要为了提升餐饮企业内部的凝聚力和外部品牌的扩展力和亲和力,最终追求的是建立自身的品牌形象,从而将企业推向市场。

9.1.3 餐饮营销策划的类型

营销策划根据企业的实际需要,按照营销策划的内容和范围不同,可以分为综合营销策划和专项营销策划;按照营销策划的主题和性质不同,又可分为规模策划、品牌策划、产品策划、促销策划等。

1)规模策划

随着社会的发展,餐饮业将从目前的作坊式经营向规模化发展迈进,只有在市场允许的前提下,创先进行规模化发展经营,才是明智之举。目前餐饮市场呼吁:品质卫生、原料采购、科学营养、绿色健康。发展特色化、产业化、规模化经营是目前市场的主题。

2)品牌策划

从形象广告或公益事业等方面,来筹划提升品牌的认知度和美誉度,提高自身的品牌价值。

3)产品策划

中国餐饮业目前市场以"川军浩荡"为主题,演绎了川菜的时尚消费,其他菜系怎样进行内部菜式调整,打造特色的时尚消费呢?

4)促销策划

进行多样式多手段来最大化争取消费市场份额。

以上策划在一个餐饮企业可以同时进行,在有限的时间内,最大化地进行品牌的扩展和市场知名度、美誉度的提高,以获得尽可能多的市场份额。

9.1.4 餐饮营销策划的意义

餐饮企业要想保证其营销活动的成功,事先的营销策划是非常重要的。

1)使营销活动具有明确的行动方案

任何营销活动都会涉及两个或两个以上的参与部门,甚至涉及与餐饮企业外部各方面的协调,例如政府、新闻媒体、社会团体等。所以,必须事先有一整套经过策划的营销方案作为活动各方的行为标准,使得营销过程中的每一环节的参与者知道什么时候、什么地点、什么情况下做什么事情,从而使一项系统的营销活动能有条不紊的按计划进行。所以,营销策划能使整个营销活动变得有计划。

2)能使营销活动科学地开展起来

首先,餐饮企业的每次营销活动都有一定的营销目的,有了目的,餐饮企业就有了方向。而营销策划则是把营销目的明确提出来,并围绕目的进行策划,进一步加强和突出餐饮营销的目的。其次,餐饮企业营销活动首先要做的是细分市场,找出在市场上的位置,做好市场定位,并借助各种营销组合和各种手段去占领市场。营销策划的基本任务,就是要为餐饮企业确立一个生存和发展的空间,根据这样的定位来开展营销活动。由此可见,营销策划可以帮助餐饮企业的营销活动减少随意性、主观性,使餐饮企业的营销活动能科学地开展。

3)便于营销人员对整个营销过程进行有效控制

任何营销活动都不是一成不变的,它是一个动态的过程,是一个发展的过程,不管事先策划得多么全面,在实施的过程中总有可能遇到一些不可控因素的干扰。因此,很多营销活动都需要进行随时的调整,调整的依据就是预先的营销策划。如果没有策划,做到哪里算哪里,就谈不上调整,营销活动在实施过程中是否能达到预期目标,也需要有一份策划加以对照,如果发现营销活动偏离了目标,就可以及时进行控制。

9.2 餐饮策划市场调研

餐饮策划市场调研是指营销策划人员对与本餐饮企业营销活动有关的各种市场信息进行系统地收集、整理、分析和判断。餐饮策划市场调研结果经过营销信息系统处理后向餐饮企业的营销人员提供各种营销信息,为制定营销策划和营销决策提供依据。

9.2.1 餐饮策划市场调研的内容

餐饮市场调研的范围,包括直接或间接影响餐饮企业营销的各方面信息,除对当地现有的主要客源进行必要的了解和分析,还要对国内和本地的政治形势、经济发展、特别是餐饮业的发展状况,做出全面调查研究,针对调查的结果做出适当的营销策划方案。因此,市场调研的内容极为广泛。

1)政治、经济、社会和人文环境

①中央和地方政策的明确性和稳定性。②政府的有关法令和规定,商业、贸易、税收、外贸、财政以及餐饮经营政策的特殊性。③当地经济发展规划和远景计划。④国际环境对国家政策的影响。⑤当地经济发展状况、市场经济的进程、国民生产总数、人均收入、居民的存款以及当地人口消费水平和消费结构等。⑥当地居民总体受教育的程度、文化和风俗人情特点。⑦当地现有和发展的前10位的工业项目。

2)餐饮业发展状况

①到餐饮业用餐的当地居民和旅游者的人数(以前3年的情况和以后3年的预测)。②餐饮淡旺季的分类。③当地餐饮特色。④用餐客人的身份、用餐目的、消费水平。⑤可以挖掘的潜力和客源市场预测。

3)餐饮业竞争市场及对手分析

①市场的特点和发展趋势。②现在和远期可提供的餐位总数(含建设和计划中的餐饮企业)。③用餐人数与餐饮需求的总值对比。④当地餐饮产品(硬件和软件)的优势和不足。⑤最主要竞争对手的基本经营策略、主要促销方式、上座率、客源构成以及价格政策。⑥竞争对手的产品与本餐饮企业相比明显的不足和劣势。

4)本餐饮企业产品的评述

①产品(硬件设施和服务项目)的概况。②产品的特色。③餐饮企业的市场定位及价格政策。④拟选择的市场分类策略。⑤对本餐饮企业可开发的客源和市场的综合评估。

9.2.2　餐饮营销策划调研程序

餐饮营销策划调研程序按照内容的繁简、调查任务的要求、调查时间、范围和手段,以及调查人员的素质等条件具体确定。一般来说,正式的餐饮营销策划调研大体分为3个阶段:准备阶段、实施阶段和整理分析阶段。

1)餐饮营销策划调研准备阶段

这一阶段是餐饮营销策划调研工作的开始,准备充分与否事关整个调研工作的成败。该环节主要解决四个方面的问题:明确调研问题、确立调研目标、设计调研方案和制订调研工作计划。

2)餐饮营销策划调研实施阶段

准备阶段拟定的调研方案和工作计划经审批后,就进入调研阶段。这个阶段主要任务是系统地收集各种资料、数字,包括第一手资料和第二手资料。

3)餐饮营销策划调研的资料整理分析阶段

对在实施阶段收集的大量的原始资料和文案资料进行汇集、整理、分析研究,写出调查报告,呈送报告的阅读者。

9.2.3　SWOT分析

SWOT分析代表分析企业优势(Strength)、劣势(Weakness)、机会(Opportunity)和威胁(Threat)。因此SWOT分析实际上是对企业内外部条件的各方面内容进行综合和概括,进而分析组织的优势和劣势、面临的机会和威胁的一种方法。其中,优势和劣势分析主要是着眼于企业自身的实力及其与竞争对手的比较,而机会和威胁分析将注意力放在外部环境的变化及对企业可能产生的影响上。但是,外部环境的同一变化给具有不同资源和能力的企业带来的机会和威胁却可能完全不同,因此,两者之间又有紧密联系。

1)优势与劣势分析(SW)

当两个企业处在同一市场或者说它们都有能力向同一顾客群体提供产品和服务时,如果其中一个企业具有更高的赢利率或赢利潜力,那么,一般就认为这个企业比另外一个企业更具有竞争优势。换句话说,所谓竞争优势是指一个企业超越其竞争对手的能力,这种能力有助于实现企业的主要目标——赢利。但值得注意的是:竞争优势并不一定完全体现在较高的赢利率上,因为有时企业更希望增加市场份额,或者多奖励管理人员或服务人员。

竞争优势可以指消费者眼中一个企业或它的产品有别于其竞争对手的任何优越的东西,它可以是产品线的宽度、产品的大小、质量、可靠性、适用性、风格和形象以及服务的及时、态度的热情等。虽然竞争优势实际上指的是一个企业相对其竞争对手具有的较强的综合优势,但是明确企业究竟在哪一个方面具有优势更有意义,因为只有这样,才可以扬长避短,或者以实击虚。

由于企业是一个整体,同时竞争优势的来源具有广泛性,所以,在作优势和劣势分析时,必须从整个价值链的每个环节上,将企业与竞争对手作详细的对比。如产品是否新颖,制造工艺是否复杂,销售渠道是否畅通,以及价格是否具有竞争性等。如果一个企业在某一方面或几个方面的优势正是该行业企业应具备的关键成功要素,那么,该企业的综合竞争优势也许就强一些。需要指出的是,衡量一个企业是否具有竞争优势,只能站在现有用户和潜在用户角度上,而不是站在企业的角度上。

企业在维持竞争优势过程中,必须深刻认识自身的资源和能力,采取适当的措施。企业一旦在某一方面具有竞争优势,势必会吸引到竞争对手的注意。一般来说,企业经过一段时期的努力,建立起某种竞争优势;然后就处于维持这种竞争优势的态势,竞争对手直接进攻企业的优势所在,或采取其他更为有力的策略,就会使这种优势受到削弱。

而影响企业竞争优势的持续时间,主要有三个关键因素:建立这种优势要多长时间、能够获得的优势有多大以及竞争对手需要多长时间。

如果企业分析清楚了这一因素,就会明确自己在建立和维持竞争优势中的地位了。

2)机会与威胁分析(OT)

随着经济、社会、科技等诸多方面的迅速发展,特别是世界全球化、一体化过程的加快,全球信息网络的建立和消费需求的多样化,企业所处的环境更为开放和动荡。这种变化几乎对所有企业都产生了深刻的影响。正因为如此,环境分析成为一种日益重要的企业职能。

环境发展趋势分为两大类:一类为环境威胁,另一类为环境机会。环境威胁指的是环境中一种不利的发展趋势所形成的挑战,如果不采取果断的战略行为,这种不利趋势将导致公司的竞争地位受到削弱。环境机会就是对公司行为富有吸引力的领域，在这一领域中，该公司将拥有竞争优势。

对环境的分析也可以有不同的角度，比如从政治（法律）的、经济的、社会文化的和技术的角度分析环境变化对本企业的影响。

政治（法律）方面：环境保护法、税法、对外贸易规定、劳动法、政府稳定性。

经济方面：经济周期、GNP 趋势、利率、货币供给、通货膨胀、失业率、可支配收入、能源供给、成本。

社会文化方面：人口统计、收入分配、社会稳定、生活方式的变化、教育水平、消费。

技术方面：政府对研究的投入、政府和行业对技术的重视、新技术的发明和进展、技术传播的速度、折旧的速度。

哈佛大学教授迈克尔·波特的名著《竞争战略》中，提出了一种结构化的环境分析方法。有时也被称为“五力分析”。他选取的五种环境要素是：

产业新进入的威胁：进入本行业有哪些壁垒，它们阻碍新进入者的作用有多大，本企业怎样确定自己的地位（自己进入或者阻止对手进入）。

供货商的议价能力：供货商的品牌或价格特色，在供货商的战略中本企业的地位，供货商之间的关系，供货商之间转移的成本等，都影响企业与供货商的关系及其竞争优势。

买方的议价能力：本企业的部件或原材料产品占买方成本的比例，各买方之间是否有联合的危险，本企业与买方是否具有战略合作关系等。

替代品的威胁：替代品限定了公司产品的最高价，替代品对公司不仅有威胁，可能也带来机会。企业必须分析替代品给公司的产品和服务带来的是“灭顶之灾”呢，还是提供了更高的利润或价值，购买者转而购买替代品的转移成本，公司可以采取什么措施来降低成本或增加附加值来降低消费者购买替代品的风险等。

现有企业的竞争：行业内竞争者的均衡程度，增长速度，固定成本比例，本行业产品或服务的差异化程度、退出壁垒等，决定了一个行业内的竞争激烈程度。

显然，最危险的环境是进入壁垒、存在替代品、由供货商或买方控制、行业内竞争激烈的产业环境。

9.3 餐饮营销综合、专项策划

餐饮市场营销战略是为了实现餐饮企业营销目标所拟定的具有纲领性的基

本要求的实施方案。它既要谨慎又要有创造力。谨慎指需要全方位地思考餐饮企业现有资源的潜力,创造则要求在理性的基础上大胆、灵活地利用现有的资源,对它们进行合理的调配,形成最佳营销组合。

9.3.1　餐饮企业市场营销综合策划的含义

餐饮营销综合策划是指比较完整地运用营销知识,结合具体情况,进行全过程的策划。其内容涉及企业营销活动的全过程,它包括确定目标市场的活动和占领目标市场的活动,可以分为以下类别:

1)以市场为导向的营销策划

餐饮市场上充满竞争和机会。营销离不开产品、顾客和竞争,竞争造就了企业,又有可能挤垮企业,正所谓"成也萧何,败也萧何"。因此,餐饮企业针对不同的竞争者和各种各样的竞争环境和形势,会进行不同的策划。

一个市场往往被市场领先者掌握最大的市场份额,另外的市场则掌握在市场挑战者手中,这名列第二的一些企业正在为获得更多的市场份额而努力奋斗。另外,还有的市场被市场追随者所掌握,它们只图维持它的市场份额,并不希望扰乱市场局面。剩下的市场掌握在一些市场补缺者手中,它们正在为大企业所不感兴趣的小的细分市场服务。

2)以顾客为导向的销售策划

当今的营销完全以顾客为中心,充分考虑顾客的需求。服务行业中经常提到的"顾客就是上帝"就是顾客导向策略的例证。餐饮业开拓市场,进入市场的过程也是争取顾客,满足顾客的过程。餐饮业面对的顾客有外部顾客(包括消费者、经销商、社会团体、政府机构)和内部顾客(包括企业内部员工等),围绕这些顾客进行的营销策划也有多种,如培养忠诚的顾客、提供终身的产品服务、留住忠诚的员工。

3)以社会利益为导向的营销策划

以社会利益为导向的营销策划就是餐饮企业在营销活动过程中必须承担起社会责任。企业通过营销活动,充分有效地利用人力资源、物质资源,在满足消费者需求,取得合理利润的同时,保护环境,减少公害,建立起一个健康和谐的社会环境,以不断提高人类的生活质量。

9.3.2 餐饮营销专项策划的含义

所谓专项营销策划,它具有阶段性的特点,其内容是营销过程的组成部分,如对市场调研中的调研任务、调研模式的策划、产品展示的策划、产品包装的策划,等等,凡是策划内容不同的,涉及确定目标市场和占领目标市场的策划就是专项营销策划。例如,某饭店开发餐饮产品的策划方案中,就包含了菜肴、菜谱、环境、活动等4个部分的子策划,这些子策划就成了专项营销策划,如图9-1所示。也正是由于这些子策划构成了综合的餐饮营销策划书。

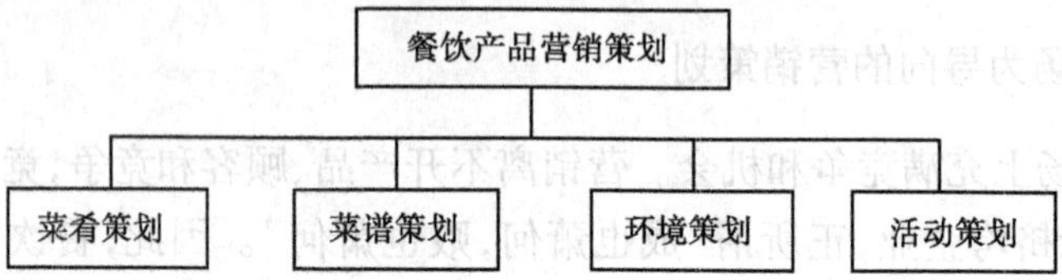

图9-1 餐饮营销策划

1)菜肴策划

通过原料、作料、色彩、造型及制作方法,来传递餐饮文化的策划。

2)菜谱策划

菜谱策划可以通过菜谱重新组合,形成鲜明的主题菜谱或特色菜谱;通过菜名的重新命名来招徕顾客;根据餐厅的特色制定相应菜谱;通过传播媒介宣传餐饮产品。

3)环境策划

环境可以起到烘托主题的作用,可以通过装饰、服饰、礼仪的策划来形成特色的餐饮环境。

4)活动策划

活动策划内容很多,既可以是围绕餐饮开展的一系列重大活动,也可以是一些日常餐饮经营中配合的小型的、经常性的活动,如小型歌舞、器乐表演等。

以上这些策划活动都是餐饮企业产品营销策划中的小策划即局部策划。

9.4 餐饮营销策划书

日本策划专家高桥宪行曾经说过:“策划书是大地图,它引导你在茫茫大海上航行时找到正确的航向。”餐饮营销策划书是餐饮营销的文字化,它使策划者的策划方案为他人所知、所接受,使策划由构思一步一步地变成现实。餐饮营销策划书又是餐饮业未来营销操作的依据,它指导着饭店营销活动的开展,使餐饮企业能出色地完成营销项目。它就像一部戏的剧本,即是编剧对故事的构思,又是演员表演的蓝本。餐饮策划书在餐饮企业之中起到了同样的作用。

餐饮营销策划书是餐饮企业营销策划构思的书面表现形式,要出色地实现一个营销策划的构思,编写一份完美的营销策划书是必要的。这是因为一项策划只有向上级、同事讲清楚,通过他们的审查,得到他们的认可和支持之后,才能为餐饮企业所接受并付诸实施。

餐饮营销策划书的结构和格式没有一个固定的模式,它随着策划种类的不同而变化。较为常见的结构和格式包括以下几个部分:

9.4.1 餐饮营销策划书的开篇部分

“良好的开端是成功的一半”,餐饮营销策划书的开篇部分包括以下内容:

1)封面

封面虽然都要求制作得极其精美,但因为它是营销策划书的门面,所用的纸张要比内文纸张厚一些,所以制作要规范,应包括的内容有:呈报对象,文件种类、编号,营销策划名称,策划者姓名及简介、所属部门岗位,策划日期。

以上内容中,餐饮营销策划的标题拟定是非常重要的。既要朗朗上口、便于记忆,又要有韵味、有吸引力。标题还可以加副标题。如果标题较长,要考虑简化,标题要简短并振奋人心。有些场合为了营造声势,也可以拟订一些广告词或口号列在标题的后面,以增加营销策划书的冲击力。例如,苏州某饭店的餐饮部,融合吴文化于餐饮,以形成新潮苏菜的策划书,其标题为“新潮苏菜”,但在其后面加上了“东方文明珍宝,中国烹饪精粹”的广告词,大大增加了这一策划方案的吸引力。

2)前言

当人们拿到一份营销策划书时,最先阅读的是前言。如果在策划提案讨论会上无充分的讲解时间时,就必须在前言中清楚地表述所阐述的重点问题。前言具体包括:策划的目的意义、策划书所展现的内容、希望达到的效果、致谢等内容。

有些策划书的前言还记述了策划书完成的经过以及参加人员的有关情况。总之,策划书前言部分文字结构要简明扼要,一般不超过500字。前言篇幅短、信息密度大,因此必须做到字斟句酌,语言精练准确。

3)目录

如果策划书页数很少的话可以省略目录,一般情况下不要省略目录页的内容。因为通过目录可以让读者对策划书有个概括性的了解。目录中应该具体包括:主标题(副标题)、各章次名称、各节次名称、附件或资料等。

目录是使读者在读完之后可以对策划书有一个概括的了解,所以在内容上应该下工夫整理,内容应列出具体的页码。

4)概述

概述是整体策划书的引发端,应阐述策划书所有内容的要点,页数最好控制在一两页左右,用简洁的句子对每个项目进行说明,收到提示重点的功效和起到促使读者继续读下去的效果。它有以下几方面的要素:动机、目标及策划的必要性、情况分析、资料、相关的辅助信息、预期效应、风险评估、实施中的计划管理。

9.4.2 餐饮营销策划书各部分的具体内容

这部分是餐饮营销策划书中最主要的内容,是全文的核心所在。应阐明营销策划的背景动机、确立营销策划的主题,并对营销策划的环境、现状和机会作出分析。

1)餐饮营销策划的背景和动机

餐饮营销策划是根据当前的餐饮业情况预测将来要达到的目标和手段,但其想象常受到资源与策划中各种障碍的约束。策划者要对策划对象的背景作出具体的描述,主要可从以下几个方面入手:餐饮企业的基本情况、主要设施设备及服务项目、销售渠道及主要客源市场、地理位置及交通、用餐客人的增长形势和增长模式、策划的理念及动机等。

策划是一项目的性很强的活动,策划的第一个必要程序就是形成动机与目标。所以,这一部分要尽量写得富有戏剧性,要给人以生动形象的感觉。如果受策划项目的性质所限,难以用语言去描述策划的整体形象,那么可以借助插图、多媒体等手段进行补充。

2)策划主题

策划主题是营销策划的核心,是贯穿于整个营销策划的一根主线。任何一项策划总有一个主题,主体明确,营销策划才会有清晰而明确的定位,使组成策划的各种要素能有机地组合在一个完整的营销策划方案之中。

策划主题是由策划目标、策划品的个性信息、消费者的心理需求组成的。策划目标是根据策划者所代表的组织的宗旨、行动方式、社会角色设定等因素确定的,策划目标构成了策划主题的基础和依据。营销策划书的编写也必须准确地理解企业的宗旨,确保餐饮企业的营销活动和其所确定的使命相一致。策划主题只有服从和服务于策划目标,策划才能协调。

策划品可以是商品、劳务、纪念品甚至是某种观念、某种行事方式,必须把它与一般的物品区别开来,才能抓住消费者的心理和兴趣,使策划主题针对特定的策划对象。餐饮企业的促销策划中,策划品就是食品、饮料和服务等内容,信息个性就是消费者的满意程度。

消费者的心理需求是指消费者潜在的欲望与需求。一项营销策划如果能迎合消费者的这种心理需求,能引起消费者的强烈共鸣,策划主题就有了生动的活力,这项策划便是一项成功的策划,而且实施也肯定比较顺利。

策划目标、信息个性和心理需求三者在策划对象中缺一不可。离开了策划目标,策划主题就变成了随波逐流的小舟;离开了信息个性,策划主题就变成了为他人作嫁衣裳;离开了策划对象的心理需求,策划就变得枯燥无味。因此,一项成功的策划主题,应当是策划目标、信息个性、心理需求三者的和谐统一。

策划主题除了具有上述三个方面的和谐统一外,还必须具备下列特点:

(1)鲜明性

策划主题必须表现出强烈的、鲜明的个性,必须引人注目,表现出与众不同的风格。

(2)视觉冲击性

策划主题应当具备一定的冲击力,使策划作用的对象产生相应的行动。

(3)简明易懂

餐饮营销策划的核心就是突出策划主题,不可模糊不清。策划主题越简单明了也就越容易为公众所接受理解,越明快透彻越容易被广泛推广。

此外,策划营销主题时应避免出现策划主题类似、不突出,造成策划问题同一化;策划主题模糊、失去个性等问题。

3)餐饮营销策划环境的分析

人类生存需要适应环境,餐饮企业也不例外,它的生存和发展也要与它的环境相适应和协调。一般把推动或影响餐饮企业营销活动的各种因素所形成的环境系统,称为餐饮企业的营销环境。

餐饮企业的营销环境分为外部环境和内部环境两部分,如图 9-2 所示。其营销策划受到企业内外环境的制约和影响,所以营销策划书中必须对营销环境加以分析。

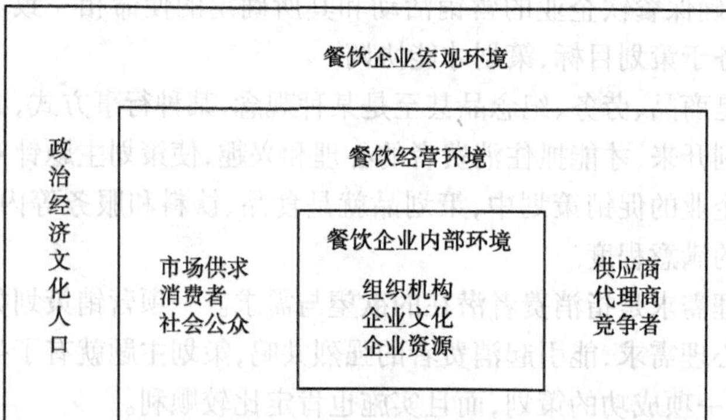

图 9-2　餐饮企业营销环境因素

餐饮企业内部环境包括餐饮企业的组织机构、餐饮企业文化和餐饮企业的各种资源。餐饮企业的外部环境包括企业经营环境和企业宏观环境两部分。

9.4.3　餐饮营销策划书的编制要求及步骤

在分析了餐饮营销策划书的基本内容及格式后,就可以着手进行写作了。餐饮营销策划书是一种特殊的应用性文件,因此,在写作方式上也有具体的要求。

1)餐饮营销策划书的编写要求

(1)餐饮营销策划书编写的一般要求

餐饮营销策划书的目的是让策划接受方理解策划的内容,最终达到接受策划创意的目的。因此,策划书在写作过程中必须首先做到简单明了,易被人理解。所以,在编写策划书时不苛求文笔,增强视觉化。策划书如果长篇大论,文辞优美,反而会在阅读上造成困难,使人不易抓住策划的要领。在编写策划书时多用图示和流程图来说明问题,可以增强视觉效果。

其次,要有清晰的进度,可以使用横线图来表示进度。这是一种用线条表示在一个时期内各项工作进度计划的管理,其优点是简单明了,如图 9-3 所示。还可以利用网络图来表达策划的进度安排,它反映了各项活动之间的相互关系,能把千头万绪、错综复杂的活动相互衔接起来之后用网络图来表示。需要指出的是餐饮营销策划书在实际编写过程中,很难确保实际进度与计划进度完全相符,因此,过于机械的进度不利于编写过程中的不确定性。所以在制订进度表时,应使用弹性的计划方法。

工作内容	1—10 日	11—20 日	21—30 日	31—40 日	41—50 日
确定营销目标	----------				
明确策划主题		----------			
收集信息		----------	----------		
形成创意			----------	----------	
组织编写					----------
⋮					

图 9-3　横线图格式

同时营销策划书还要详细列出营销计划的总费用、阶段费用、项目用的明细表和营销策划的“5W 1H 1E”,即:

- What——编写什么策划方案;
- Who——谁来编写策划方案;
- Where——在何处执行策划方案;
- Why——为什么执行策划方案;
- When——什么时候执行策划方案;
- How——如何执行策划方案;
- Effect——具体的结论和效果。

(2)餐饮营销策划书编写应内外有别

一份餐饮营销策划书,可以根据策划书的目的、阅读者等因素而形成不同的形式。尤其是针对不同的对象,策划书应该有所侧重,根据策划的机密程度可分为内部营销策划书和外部营销策划书两种。

内部营销策划书是绝密的,仅对餐饮企业内部高层决策者参考,其形式与格式基本相同,但在策划执行过程中人际关系的对策、执行过程中相关组织和团体的对策、执行过程中的资金对策、障碍因素及消除对策、执行时对大众传播媒介关系对策以及与相关的政府机构的对策和有关法律问题的对策加以详细说明。

外部营销策划书是供策划的外部参与人员参考的非绝密性文件,但对一般的公众仍需保密。在编写过程中要把握好保密的"度",在策划书中不能透露策划的核心机密,但又要让外围参与者对策划产生兴趣,明确自己在这项活动中的职责与行动方案。

2)餐饮营销策划书的编写步骤

(1)建立餐饮营销策划书的框架体系

一份营销策划书的成败关键是对营销策划构思的归纳总结。归纳总结得好,营销策划就能顺利地进入执行阶段,否则,就会事倍功半、徒劳无益。所以,营销策划应该先拟定一个整体的框架,框住策划的整体造型,这样不仅便于作业分工,而且可以大幅度提高工作效率。营销策划的整体框架包括:策划的背景、策划目标及条件、策划的主要对象及特征、周围环境状况、解决决策的条件和目标、策划的构思、策划实施方案的决策、实施方案的注意事项。

(2)使用"因果"或"关联"的分析方法对资料进行整理

拟定整体框架后,就要汇集资料,逐项地充实各个部分的内容。在汇集资料时,应先对各种资料加以整理、分类,再按照营销策划书的框架顺序一一列入。资料整理、分类可应用"因果"或"关联"分析的方法。其目的在于将核心问题、内外环境的关系以及解决问题的思路清晰地展现出来。

(3)形成创意

创意,就是把餐饮营销策划思想和定位在理论上表达出来,以创造新奇的营销策划谋略为其主要特征。简单地说,创意就是"出个好点子",创意就是构思。创意是营销策划的核心,一个好的创意,将是营销策划火花的引爆点,"创意引发商机",新的点子开创财路。

营销策划侧重于"策",它是在外部环境竞争的情况下,为了取得绝对的胜利而出谋划策,运筹帷幄。而且,策划的重要一点是要有创新,一个没有创新的策划不能称之为策划,仅仅是人云亦云,模仿而已。因此,餐饮企业设定好策划主题之后,就要开动脑筋思考策划。创意通常是由创意的灵感产生的,人们在创造思维达到高潮阶段时,往往以“一闪念”的形式出现一种富有创意的思维突破。一个很重要的环节就是创意灵感的产生,这是营销策划的开端。

营销策划创意的十大步骤为:

- 界定你的问题;
- 收集尽可能多的材料;
- 打破模式;
- 走出自己的领域;
- 尝试各种各样的组合;
- 从梦想开始;
- 酝酿构思;
- 利用音乐或自然放松;
- 我找了,他突然终于出现了;
- 再检验。

(4)编写营销策划书

在编写营销策划书时注意要占有足够的信息量;突出重点,不要面面俱到;策划要有个性,富有创意;为了避免创意被否定,可以同时准备多个方案,起到未雨绸缪的作用。

9.4.4 餐饮营销策划书的编制技巧

餐饮营销策划书是一种说服性的材料,十分强调可信性和可操作性,是一种直接的操作方案。所以,如何运用编写技巧提高营销策划书的可信性和可操作性,提高营销策划书的说服力,是策划书编写人员所追求的目标。其不同于研究报告或研究论文,它的读者有可能是非专业人士,因此,运用适当的编写技巧是十分必要的。

1)充分利用现有的策划模式

很多专业性的营销策划机构,由于对本行业的营销策划积累了丰富的经验,因而会形成专门的策划模式。一般的同类型策划,能运用此类模式做起来既简便迅速,又富于专业化。很多营销策划的论文书刊也是提供了一些经典案例,因此，容易被策划接受方理解接受，这是策划人员值得借鉴的一种好方法。

2）利用数字说明问题

任何经济活动都应考虑经济数量关系，如销售额、利润率、市场占有率、价格等，所以，在营销策划书中应注意利用数字来说明问题，在营销策划中也应有数量的计划安排。注意用数字说话能使问题简单明了，这是营销策划书不可忽略的问题。

3）举证

要提高策划书的可信性，并使读者接受，就要为策划者的观点寻找理论依据。适当举例可以增强可信度和说服力。这可以是正面的成功经验，也可以是反面的经验教训。当然也可以选择一些国外餐饮企业营销的成功典范来支持自己的方案。作为理论依据，不可以生搬硬套，否则会适得其反。

4）包装策划书

策划书的视觉效果在一定程度上影响着策划效果的发挥。因此，营销策划书的排版形式是非常重要的。一份排版合理、形式优美的策划书，会使读者首先产生良好的第一印象，然后会认真阅读，这对领会其中的意图是十分有利的。一份好的营销策划书，应该注意以下几个方面：

①版面大小；

②每页标题的位置；

③在版面中哪个位置设置文本，哪个位置插放图片；

④目录编排避免刻板老套，千篇一律；

⑤页码的位置与设计。

⑥多运用图表、插图等，并辅之以文字说明，通过视觉效果来促进当事人对策划方案的理解；

⑦增加版面的美观，自行设计文字符号会收到意想不到的效果。

总之，营销策划书在制作形式上应包装考究，图文并茂，排版有层次并合理，没有笔误、印误，纸张质量要好。

9.5 餐饮节庆专案设计

餐饮营销是一门研究餐饮企业在激烈竞争和不断变化的市场环境中如何识别、分析、评价、选择和利用市场机会，如何开发适销对路的产品，探求餐饮企业生产和销售的最佳形式和最合理途径，目的就是以最少的劳动耗费取得最大的经济效益。一位管理者的商业意识直接或者间接地决定着一家餐饮企业的未来发展前途。

9.5.1 餐饮节庆专案设计思路

岁末年初，各大酒店的餐饮销售都进入了黄金时期。圣诞、新年、春节、情人节等节日成为消费者集中消费的最佳时机。各大酒店、餐饮企业纷纷制订出各种营销计划，使出浑身解数来招徕客户，以利用本年度的最后机会来提升效益，并使得本年度的工作有一个良好的开端。

纵观历年来餐饮营销工作的实施情况，可以发现如今的餐饮营销策划似乎进入了一种误区，那就是：节日营销就是搞活动，各家都推出活动，奖品越来越离奇，甚至都发展到了上万元的电脑、出国旅游等，这些活动在举办时无疑会收到奇效，酒店一时间生意火暴，高朋满座，但活动一过，马上又变得冷冷清清，类似的情况在各地都非常普遍。在这里有必要研究一下市场规律，提出符合市场需求的营销规划，从长远发展的角度为酒店下年度的经营打好坚实的基础。下面探讨节假日餐饮营销的主要策略。

1)根据客源市场构成不同，进行产品整合，推出符合市场需求的产品组合

餐饮营销归根结底，营销的是酒店的主要产品，即酒店的菜品、酒水、服务以及无形的品牌与文化。节假日期间，酒店的主要客源，无论是星级大饭店，还是路边小餐馆，社会化的大众消费都将成为主流，家庭用餐、亲朋好友聚会是这一阶段的主要客源构成。那么，酒店的产品就应以满足这类客人的需求为主，菜品方面要求口味清淡，老少皆宜，菜量偏多，价格适中，并适时地推出各档次宴会用餐，此间穿插特色菜、招牌菜、新派菜等，使消费者能全面地了解酒店的厨师水平，促进酒店形象品牌的树立和推广。这是节日营销的主要目的，也是众多餐饮活动中的主题项目。

2)营销活动要主题突出,文化特色鲜明

营销活动的组织是节假日营销的主要表现,也是打造节日氛围的主要途径。由于这几个节日的背景不同,中西方文化的特色差异要在营销活动的过程显现出来。比如,在餐厅的布置、餐台的设计、菜单的印制、背景音乐和灯光、活动内容等方面都要有所差异。在这方面,许多酒店的做法是很值得提倡的。在圣诞节期间,包括圣诞树装饰、圣诞老人发放礼物、儿童唱诗班表演等各项活动;在新年和春节,以大红灯笼悬挂、"福"字倒贴、凌晨钟表倒计时、发放利市红包等活动为主;在情人节,则是玫瑰花、巧克力、烛光晚宴、小提琴伴乐等方式来作为营销的主要表现方式。在这一系列的活动过程中,一定要把握"地道"、"原汁原味"的原则。

9.5.2 中秋节专案

农历八月十五日是我国传统的中秋节,也是我国仅次于春节的第二大传统节日。八月十五恰在秋季的中间,故谓之中秋节。我国古历法把处在秋季中间的八月,称为"仲秋",所以中秋节又叫"仲秋节"。假设中秋节即将来临,结合餐厅的实际情况和中国传统的民族风俗,为了更好地开展餐饮销售服务工作,达到经济效益与社会效益双丰收,特制定此方案:

一、目标市场分析:本酒店的顾客主要是中上层人士和政府机关工作人员,但其中也有不少是私款消费,这要求酒店在提高档次的基础上必须兼顾那些私款消费者的个人利益。

二、定价策略:

1. 饭菜基本上可以保持原来的定价,但要考虑和中秋节相关的一些饭菜的价格,可采用打折(建议使用这种办法)或者直接降低价格的办法。

2. 针对价格高的饭菜,建议采用减量和减价相结合的办法。

3. 中秋节的套餐的价格不要偏高,人均消费控制在20~30元(不含酒水)。

4. 其他的酒水价格和其他服务的价格可根据酒店的实际情况灵活变动,在中秋节的前后达到最低价(但要针对酒店的纯利润来制定)。

三、营销策略:

1. 制作专门针对中秋节的套餐,可以根据实际的情况分实惠、中档、高档三等,有二人餐、三人餐和家庭聚餐等类型,主题要体现全家团圆,可赠送月饼(价格不需要太高)。

2. 如果一家人里有一个人的生日是8月15日,可凭借有效的证件(户口本或身份证),在酒店聚餐可享受5~6折(根据酒店的实际决定)的优惠。建议给他们推荐中秋节套餐。

3. 如果手机和固定电话号码尾号是815(本地区以内),可凭借有效的证件(户口本和身份证),在酒店聚餐可享受5~6折(根据酒店的实际决定)的优惠。建议给他们推荐中秋节套餐。最好是酒店直接联系一下。

4. 如果本酒店暂时没有住宿服务,可和其他的以住宿为主的大型宾馆联合行动,相互介绍客户,这样可以增加客户群,减少一些相关的费用。对这部分客户可用专车接送,同时也建议给他们推荐中秋节套餐。

5. 在饭后赠送一些和中秋节相关的小礼物(上面要印上酒店的名称、电话、地址、网址)。

6. 活动的时间定于农历8月10日—20日。

四、推广策略:

1. 在酒店的门口附近、火车站、汽车站放置户外广告(户外广告采用喷绘为主,条幅相结合的形式)。

2. 电视、街道横幅和报纸广告相结合。

3. 可以尝试一下手机短信广告,群发的重点是原来饭店的老顾客,注意要使用适当的语言,主要介绍酒店的最新活动。

4. 网页动画和图片的处理必须要和营销的内容相符合。

5. 也可采用传单广告,但传单的质量必须要高。

注意:以上的广告可同时选择几种,推广的重点在市区,也可向周边的县市推广。广告的受众最低要保证15万人。

五、其他相关的策略:保安必须要保证酒店的安全;对服务员和相关的工作人员采用一些激励政策,调动他们工作的积极性(以后可以细化这个内容);在大厅里播放一些品位高的音乐;上菜的速度必须要快;大厅的布置不需要太豪华,但要美观大方,表现出中秋节的味道。

六、效果预测:如果推广和相关的服务到位,收入最少是平时收入的1.5倍以上。

七、其他建议:

1. 在服务大厅配备电脑,随时保存一些重点顾客的资料。

2. 在获得顾客同意的情况下,把顾客的信息输入数据库(关键是顾客的名字和手机号码),为以后的推广服务(以后可以细化这个内容)提供方便。

3. 尽快做好酒店的网站，网站必须要由专业的人士制作，域名既要简单又要好记，网页的设计上要体现出酒店的特色，颜色以暖色调为主，主页最好要一个大的FLASH动画，还要有新闻发布系统、网上营销系统、顾客留言板、客户论坛、员工娱乐等方面的内容。通过网络营销（最大的优势是受众范围大，花费少），增强酒店的知名度。

9.5.3 圣诞节专案

"圣诞节"这个名称是"基督弥撒"的缩写。弥撒是教会的一种礼拜仪式。圣诞节是一个宗教节，人们把它当作耶稣的诞辰来庆祝。这一天，世界所有的基督教会都举行特别的礼拜仪式。但是，有很多圣诞节的欢庆活动和宗教并无半点关联。如酒店利用这一节日进行促销、发送礼物、寄圣诞卡，都使圣诞节成为一个普天同庆的日子。圣诞节专案举例：

一、活动主题：冬季生活的恋歌，提拉米苏传送圣诞祝福。

二、副主题：让我们把圣诞的钟声传播四方，也让我们把友爱和赞美洒向人间。

三、活动目的：

1. 加强公司连锁店的销售力度、提高营业收入；

2. 强化企业知名度、提升连锁店品牌；

3. 庆祝圣诞节。

四、活动意义：圣诞节必不可少的节目，有家庭式的，朋友式的，情人式的各种各样Party。一种友情、亲情、爱情聚会的好时光。戴着圣诞帽，唱着圣诞歌，说说大家的圣诞愿望。作为一个隆重的节日，少不了的是圣诞大餐，在中国就是以西餐为主了。在圣诞活动宣传期间，公司可宣传企业文化，提升各连锁店品牌，强化企业知名度。

五、活动内容：在各连锁店开展圣诞节活动，放置圣诞树，在显眼位置显示连锁店标志，装饰圣诞树，将礼品放在树上的每个位置。进店消费的每位顾客都赠送圣诞帽，推出圣诞大餐及其优惠活动，各连锁店员工都着圣诞装。

六、活动形式：

1. 将每个礼品都贴上号码，顾客在用餐时，由服务员上前让顾客抽号码，抽到哪个送哪个。

2. 进来进餐的顾客都送圣诞帽，最好标有公司标志（可与其他商家合作）。

3. 制作宣传单，在圣诞优惠活动的纸张范围内可作裁剪，可相当于消费券。

4. 由厨房推出圣诞特价菜单，具体可分为：圣诞美餐、情侣套餐、儿童套餐、家庭套餐等,制作相关的海报、传单进行宣传(点排餐可赠送咖啡特饮券一张)。

5. 圣诞订位。

6. 连锁店所有职员都必须着红色圣诞装,加强节日气氛。

7. 在餐厅做简单的布置,加强餐厅的喜气、热闹的活跃气氛,重要的是让顾客有种过节的感觉。

8. 各餐厅内播放圣诞颂歌。

七、备注:圣诞期间可播放的曲目:《平安夜》、《普世欢腾,救主下降》、《天使歌唱在高天》、《缅想当年时方夜半》、《美哉小城,小伯利恒》、《牧人闻信》、《远远在马槽里》、《荣耀天军》、《听啊,天使唱高声》、《圣诞钟声》等,其中以《平安夜》最为有名。

教学实践

教师指导学生为某餐饮企业或酒店进行市场调研,并为该企业制定情人节和端午节餐饮促销方案。

本章自测

1. 如何理解餐饮营销策划的含义?
2. 请说明餐饮营销市场调研的程序。
3. 如何理解 SWOT 分析?
4. 如何编写餐饮营销策划书?

相关链接

中国联盟网　http://www.zhongguolm.com/index.html

知识链接

圣诞节的餐饮

在西方，只要是圣诞节享用的家宴都称为圣诞大餐。不过，有几道传统食品是圣诞节不可缺少的，比如圣诞火鸡、烟熏火腿、圣诞三文鱼、圣诞布丁等。

传统的圣诞大餐，在最早的时候流行吃烤猪、火腿，后来是火鸡、三文鱼。总之是以肉为主。除了吃肉，圣诞大餐还得有红酒。圣诞红酒有特殊的喝法：在酒中加入红糖、橘子皮、杏仁、葡萄干等佐料，然后在火上一边加温一边搅拌（注意不可开锅），最后淋上一点伏特加，起锅之后，一杯下肚，真是又香又暖。

圣诞大餐的另一部分是甜点，如饼干、蛋糕等。这类食品一般在圣诞节前夕就开始准备了，一家人一起制作，孩子们也最爱参与这类他们觉得有趣的事，因为圣诞糕点可以按照他们喜爱的形状和味道来做。瑞典语系的国家在做圣诞糕点时，人们会故意放一颗完整的杏仁，谁要是吃到这颗唯一完整无损的杏仁，谁就是新年的幸运之神。幸运之神当然是有奖品的，北欧人奖给幸运之神的经常是个戴着红蝴蝶领结的小猪形大饼干；在荷兰和德国则是小黑人彼得。可见，在西方吃圣诞大餐不仅可以一饱口福，而且还可以领略一种极具情趣的文化。

第10章 餐饮营销绩效评价与控制

【学习目标】

通过本章的学习，能够了解餐饮营销策划方法或餐饮营销策划在实施后的效果，通过对销售额和成本费用等因素进行分析，评价餐饮企业营销绩效，学会制定合理考核体系的方法。

【知识目标】

①熟悉餐饮营销绩效考评的评价与控制方法。

②了解营销人员的考核体系。

【能力目标】

①具有督导考核餐饮营销的能力。

②能够对餐饮营销进行分析。

【关键概念】

销售控制　销售分析　市场销售分析　成本费用控制

10.1 餐饮营销绩效评价与控制

营销策划在付诸实施的过程中,为了有效进行控制,需要定期追踪、评估营销业绩。例如,预期目标是否完成?进度有无落后?策略或行动计划是否有调整的必要?需要控制的4个关键领域是销售额、成本、利润和消费者。

10.1.1 销售控制

销售控制就是根据销售目标来评价实际销售效果。销售控制通过3种手段来进行:销售分析、市场份额和销售费用分析。

1)销售分析

销售分析是对餐饮损益表中的"净销售"部分进行具体分析。管理者应分析餐饮总销售额,以及各种产品线和各细分市场的销售额。这些销售结果应与餐饮企业目标和行业销售情况比较。

假设某饭店餐饮部销售总额、行业销售总额及该饭店餐饮销售所占市场份额如表10-1所示。

表10-1 某饭店年度销售情况统计表

年份	餐饮销售总额/百万元	行业销售总额/百万元	饭店所占市场份额/%
1990	144	960	15.0
1991	174	1 200	14.8
1992	180	1 240	14.5
1993	196	1 360	14.4
1994	224	1 600	14.0
1995	253	1 800	13.5
1996	243	1 760	13.8
1997	264	2 040	13.0
1998	277	2 200	12.6
1999	288	2 400	12.0

从表中数据来看,该饭店餐饮销售总额从1990年的1.44亿元上升到1999年的2.88亿元,10年内销售额翻了一番,并且除1996年以外,每年都比前一年

有所增长。大多数年份，饭店餐饮部都完成或超额完成计划销售指标，所以情况是令人鼓舞的。但是仅从销售总额来看，通常是不够的，甚至还会发生误导，所以还应该进一步分析各细分市场的销售量情况，表 10-2 是该饭店所属的 4 个餐厅的计划销售目标和实际销售结果的比较。

表 10-2　某饭店餐饮部各餐厅销售情况表

餐厅	销售目标/百万元	实际销售/百万元	实际完成率/%	差额/百万元
A	86.4	100	116	+13.6
B	72.0	76.6	107	+14.8
C	60.8	61.6	101	+0.8
D	68.8	49.8	72	-19.2
总计	288.0	288.0		

这里一个很关键的衡量指标就是实际完成率（实际销售额 ÷ 目标销售额）。100% 的实际完成率表示该餐厅按计划完成。从表中可以看到：餐厅 B 和餐厅 C 刚刚完成，餐厅 A 超过计划指标，而餐厅 D 则没有完成。因此，尽管从总量上看该饭店达到了销售目标，但各餐厅完成情况则有较大的差异的。有关领导部门必须对餐厅 D 作出相应的分析，找出未能完成目标的原因，并采取措施整改以纠正偏差。

可以采用类似的方法对各类细分市场、各销售地区的销售业绩进行分析，也可以将两者结合使用，来评估销售额。

2）市场份额分析

餐饮销售分析是一个有用的评估工具，但它无法说明与竞争者相比，本餐厅餐饮经营得如何，因此，还需进行市场份额分析，即把餐饮的销售与整个行业销售进行比较。

问题是市场份额用销售量表示还是用销售金额表示。用销售量表示的市场份额的变化反映了竞争企业之间在产品销售量上的变化，而销售金额表示的市场份额的变动则反映了销售量和价格的综合性变化。

3）销售费用分析

销售控制还要求餐饮业在实现销售目标时，没有过多的支出。这里关键的百分比就是销售费用对销售额之比。销售费用一般由多种费用构成：推销人员费用、广告费用、促销费用、营销调研费用和销售管理费用。例如，某饭店餐饮销

售费用对销售的比例为30%,则这5类费用对销售额的比例大约是:

推销人员费用占15%;广告费用占5%;促销费用占6%;营销调研费用占1%;销售管理费用占3%。

10.1.2 成本费用控制

餐饮企业在营销过程中,除了销售控制以外,还需要进行成本费用控制。经营成本与费用反映着餐饮企业的经济效果,在完成销售计划和保证质量的前提下,经营成本与费用越低,则表明营销效果越好。

根据餐饮企业的特点,财务制度将成本分为营业成本和期间费用两大部分,其中期间费用又可以分为营业费用、管理费用和财务费用。

营业成本是指餐饮企业在经营过程中发生的各项直接支出。它包括:

①餐饮成本:餐饮经营过程中耗用食品原料。

②商品成本:销售商品的进价成本。

③洗涤成本:洗衣房耗用的洗衣用品、用料。

④其他成本:除了上述以外的其他直接支出。

营业费用是指餐饮企业各部门在经营过程中所发生的费用,主要包括人工、能源、折旧、物耗等费用。

管理费用是指餐饮企业为组织和管理经营活动而发生的费用以及由餐饮企业统一负担的费用,主要包括办公差旅、推销等费用。

财务费用是指餐饮企业为筹集资金而发生的费用,包括利息支出、汇兑的损失等。

餐饮企业成本费用控制是指餐饮企业在经营活动中采取一定的控制标准,对产品形成的整个过程进行监督,并采取有效措施,及时纠正偏离标准的偏差,使经营耗费和支出限额在规定的标准范围内,以确保餐饮企业实现降低成本的目标。

控制的主要方法有:

1)传统成本费用控制法

传统成本控制方法主要采用预算控制法和主要消耗指标控制法。

预算控制法是以预算指标作为营销支出限制的目标,即把每个报告期实际发生的各项成本费用总额与预算指标相比,在接待业务不便的情况下,就要求成本不能超过预算。一般通过编制滚动预算,使预算具有较大的灵活性,更加切合实际。

主要消耗指标是对餐饮企业成本费用有着决定性影响的指标，主要消耗指标控制，也就是对这部分指标实施严格的控制，以保证成本预算的完成。控制主要消耗指标，关键在于规定这些指标的定额，定额本身应当可行，一般都制定原材料消耗定额、物料消耗定额、能源消耗定额、费用开支限额等。定额一旦确定，应严格执行。在对主要消耗指标进行控制的同时，还应随时注意非主要消耗指标的变化，使成本费用控制在预算之下。

此外，利用国家及餐饮企业内部的各项成本费用管理制度，如各项开支消耗的审批制度、日常考勤考核制度、设备设施的维修保养制度等来控制成本费用开支，亦能起到成本费用控制的作用。

2）标准成本控制法

标准成本是指餐饮企业在正常经营条件下，以标准消耗量和标准价格计算出的各营业项目的成本。标准成本控制法就是一个营销项目的标准成本作为控制实际成本的参照依据，也就是对标准成本率与实际成本律进行比较分析。实际成本率低于标准成本率称为顺差，表示成本控制得较好，实际成本率高于标准成本率称为逆差，表示成本控制欠佳。

10.2 营销人员的考核体系

在餐饮企业营销过程中，使企业高层管理者经常感到困惑的问题之一就是营销人员的绩效考核问题，通常表现在以下几个方面：①餐饮企业注重引进有丰富实战经验的销售策划人员，但是不知如何留住他们；②实行绩效考核，主要是为了发奖金，起不到考核的作用；③在设计考核指标时，往往抓不住主要的考核点，采用的先进的考核方法，往往得不到销售部门的认同；④在考核过程中，管理人员设计了很多的过程指标考核，但是考核的信息点很难收集到，最终还是按照主观判断打分；⑤销售人员对绩效考核不重视，还是按照既有思路开展工作，没有改进等。因此，如何制定一套实效的考核体系并有效执行是确保企业持续快速发展的关键。

其实，在绩效考核中，主要应抓住的是考核指标设计、实施考核过程、考核结果应用这 3 个主要环节。一个实效的绩效考核体系要具备以下特点：①考核方法简单、易操作；②符合企业特定的发展阶段，即符合战略要求；③关注过程指标和结果指标；④能够引导销售人员的工作行为，起到导向作用，体现出实效。

10.2.1 考核指标设计

绩效考核指标不合理是很多餐饮企业存在的问题，主要有以下现象：

现象1：只注重结果考核，考核财务指标，没有过程指标考核。

由于结果考核是最容易、最直接的一种考核办法，很多餐饮企业都“以结果论英雄”，最常用的一种考核指标就是销量完成率。这样的考核指标明确地告诉销售人员只要竭尽全力完成销售任务就好了，对于其他过程指标都可以不考虑，往往会采用多种手段来操纵销售指标，而忽视市场基础工作建设，会带来很多的市场问题。整个市场秩序混乱，使企业失去了业绩持续成长的基础。

现象2：过程指标太多，考核就越全面，没有关键点。

很多餐饮企业盲目追求考核指标的“全面性”，从结果指标到过程指标，把各种指标都罗列出来，考核目标过多容易分散精力，使员工无所适从。于是销售人员整天忙忙碌碌，但是没有工作重点，没有工作关键点。同时，即使企业设计出详细而全面的、涉及员工方方面面的考核指标体系，指标中也必然会出现更多的定性指标，从而使得最终的考核结果更加难以消除主观因素的影响。

现象3：所有层级人员的考核指标都是一样的。

很多企业针对销售经理及各个层级人员的考核指标都是一样的，只考核销量完成率，没有体现出高层岗位的销售管理性质的工作，同时没有体现出基层岗位的执行性质的工作。

现象4：考核指标长期不变，不能体现餐饮企业发展阶段的特殊要求，不符合企业的战略要求。

企业在拓展市场初期和市场稳定期的考核指标一直没有变化，不能体现出餐饮企业特定发展阶段的战略要求，同时也不能有效引导销售人员的工作行为。

考核指标设计是否合理，直接影响到绩效考核的实效性，它体现出企业不同发展阶段的具体工作要求，要能够有效引导销售人员的工作行为。在实际操作中，针对中小餐饮企业来说，要从以下方面考虑，设计合理的考核指标体系：

1）结果性指标和过程性指标相结合

结果指标主要有：一般考核销售目标完成率、市场费用率等。在考核过程指标的同时，一定要根据市场发展的要求，对工作过程进行考虑，过程性指标要考虑终端覆盖率、价格稳定性、时效性等。

2)构建 KPI 体系

对于销售人员来说,往往都有一定的惰性,而且缺乏一定的工作方法,会出现“你考核什么,销售人员就会做什么”的现象;同时,企业在某一个时期也会有一定的工作重点,由于人员精力有限,在某一段不会关注很多的工作,这就要求在绩效考核中,体现出考核的重点。所以,企业既要设定明确的考核指标,又不能对销售人员职责范围内的所有事项进行考核,一定要提炼出主要的考核指标,同时还要考虑操作上的便利性,这些考核指标所需要的考核信息一定要容易获取。

Key Performance Indicator 体系简称 KPI 体系,是绩效管理、目标管理、组织设计乃至战略管理的依据,即通过分析对销售人员的工作要求,抓住其中的关键业务环节,选择 3 ~5 项主要的工作进行考核,通过 KPI 直接表现出来。通过设立 KPI,可以让销售人员将 80% 的注意力放在推动公司营销策略有效实施的核心环节,使绩效考核更富有针对性。

3)考虑人员的层级性

在销售系统,越高级的职位所承担的主要是管理工作,所以绩效考核指标就要倾向于最终结果,越下级的职位所承担的主要工作则是执行工作,所以绩效考核指标就要越倾向于过程。因此,绩效考核指标必须体现出对不同层级职位的针对性和有效性,真正能够有效引导各个层级销售人员的工作行为。

4)考虑企业的发展阶段

企业在不同的发展阶段,制定的营销策略和工作重点是不一样的,所以在设定考核指标时,一定要根据某一时期的策略要求来提炼考核指标。如餐饮新产品推广期,就要考核新品推广的效率,包含新品销量的比重等指标。

5)确定考核周期

考核周期根据考核对象和考核指标而定。例如,对于营销总监的考核周期可能为半年或一年;对于一线销售人员,考核周期可能采取月度考核为宜。

6)确定考核表

最后,同时将各种考核指标详细说明考核标准,同时对每项考核指标附以不同的权重,形成考核表。

10.2.2 实施考核过程

在考核过程中,主要的问题是:定性的过程指标难以定量化,凭主观判断,“哥们义气”严重,甘当老好人。定性指标只有能够转化为定量的数据才能进行考核,所以在实际操作过程中缺少考核信息,就无法转化为数据。这就需要一套工作方法建立多渠道的信息获取方法,来获取这些信息,可以采取的方法有:设置销售督导人员,开展对整个市场的工作抽查。实践证明,这种方式是行之有效的。在实际操作中,对销售督导人员提出了很高的素质要求,需要正直、无私、严谨的工作精神,确保信息真实可信。实践中主要有以下现象:

现象1:追求绩效考核流程的规范性。

管理层和人力资源部门往往会进入一个追求完美绩效考评的误区,例如,追求绩效考核流程的规范性和完整性等。

现象2:考核不够严肃,面子现象严重。

特别是在定量考核操作中,打分失真的现象比较严重,面子问题普遍存在。从而就不能体现出考核的严肃性。部门间、上下级之间开始互相包庇,导致考核分不相上下的局面,出现“看人打分”的现象。

以上问题的根本解决需要从以下3个方面着手。

首先,在实施绩效考核前,本部门要组织召开动员大会,详细宣传绩效考核的要求和重大意义,让所有人员都明白实施考核的具体办法;特别是要高层也到场宣讲,得到高层领导对实施考核的实际支持。

其次,要考虑根据企业发展的不同阶段,灵活调整绩效考核指标,使绩效考核指标和考核方法更科学、更切合实际,以适合实际工作的考核需要,更好地引导销售人员的工作。

最后,要建立上下级之间良好的沟通机制,在企业内形成工作文化。

10.2.3 考核结果应用

绩效考核完成以后,很多餐饮企业主要有以下现象:

现象1:考核流于形式,只用于发奖金,不重视绩效沟通。

这样被考核者很难真正了解自己所存在的不足,这样到了下一个考核周期时,并不能实现绩效改善。

现象2:有绩效沟通,但是后续工作缺乏持续跟进。

为什么要对销售人员进行考核?很多的企业都认为绩效考核就是为了给销

售人员发奖金，其实从严格意义上来说，这都不能算作真正的绩效考评。绩效考核的另外一个重要目的就是用来找出销售人员工作中的差距，再制定相应的改进策略，帮助员工的绩效发展，促进员工在绩效方面的不断提升和改变，引导销售人员的工作行为，从而实现企业的营销策略规划。

很多企业都缺少绩效沟通环节的工作，有的企业进行了绩效沟通，也制定了改进计划，但是没有持续跟进指导，仍然还仅仅停留在一个较为初步的阶段；只做着一些表面上的工作，象征性地走走过场，并没有真正地重视，深入地研究、有效地开展绩效沟通和指导工作。

由于销售人员经常在外，绩效沟通工作在实际操作中可以采取以下方法：充分利用月度销售会议时间；日常电话跟进指导；查看每周工作计划及总结。

对于餐饮企业来说，根据企业发展的阶段，基于整体营销策略的要求，合理制定绩效考核指标，同时重视绩效沟通，将绩效考核真正落到实处，有效引导销售人员的工作行为，成为销售的指挥棒，才能真正建立起实效的绩效考核体系。

实践教学

通过酒店见习或实习，初步了解酒店绩效考核的标准和考核方式方法，写出简单的利弊分析。

本章自测

1. 销售控制应考虑哪几个方面的因素？
2. 饭店成本费用控制应如何理解？

相关链接

微笑's工作室　http://www.teamdo.com.cn/blog/user1/223/archives/2006/31697.html

知识链接

影响中式餐饮企业绩效的两个关键要素

1. 消费弹性

较高的消费弹性。这是中式餐饮行业的一大特性。中式餐饮行业的消费弹性远远高于包装食品、饮料、烟酒等快速消费品行业。即便同为餐饮企业,不同地域,不同风格、菜系的消费弹性也存在极大的差异。通常家常菜的消费弹性较低,而高档菜、海鲜、特色菜的消费弹性较高。

研究不同风格、不同菜系的消费弹性可以帮助中式餐饮企业制定正确的发展战略与竞争战略,使得企业的赢利能力与预测、把握消费趋势的能力获得提升。

2. 产品生命周期

任何产业、任何技术、任何产品都毫无例外的有生命周期,包括导入期、成长期、成熟期、衰退期这4个阶段,餐饮业也是如此。通过业务组合、品类组合、产品创新与融合等手段可以延长其生命周期,缩短投资回报周期,降低运营风险。

产品生命周期管理可以让餐饮企业先于竞争对手,对消费潮流与趋势以及产品的销售状况作出倾向性判断,避免陷入被动跟风的局面。这样能够帮助餐饮企业提高赢利能力,降低运营成本与风险。

早年麻辣小龙虾、香辣蟹曾风靡大半个中国,许多餐饮企业从中获利,可不到三年时间,麻辣小龙虾、香辣蟹已呈式微之势,许多盲目跟风的企业也面临亏损。

参考文献

[1] 赵西萍,等. 旅游市场营销学[M]. 北京:高等教育出版社,2002.
[2] 涂永式,等. WTO 与餐饮营销[M]. 武汉:湖北人民出版社,2001.
[3] 梭伦. 宾馆酒店营销[M]. 北京:中国纺织出版社,2005.
[4] 陈伟. 饭店营销学[M]. 北京:中国商业出版社,1996.
[5] 刘敦荣. 旅游市场营销学[M]. 桂林:漓江出版社,1992.
[6] 胡志勇. 市场营销学[M]. 北京:中国商业出版社,1992.
[7] 施涵蕴. 餐饮管理[M]. 天津:南开大学出版社,1998.
[8] 侯兵. 餐饮市场定位四步曲[J]. 四川烹饪专科学校学报,2006(3).
[9] 赵西萍. 饭店营销管理[M]. 昆明:云南大学出版社,1999.
[10] 程森,朱生东. 旅游市场营销[M]. 合肥:合肥工业大学出版社,2005.
[11] 郭国庆. 市场营销学[M]. 北京:中国人民大学出版社,2003.
[12] 华国梁. 旅游市场营销[M]. 北京:中国林业出版社,2001.
[13] 谷慧敏. 旅游市场营销[M]. 北京:旅游教育出版社,2002.
[14] 梁昭. 旅游市场营销[M]. 北京:中国人民大学出版社,2006.
[15] 张建业. 餐饮市场营销管理[M]. 北京:清华大学出版社,2006.
[16] 汪洋. 价格理论与价格管理[M]. 北京:中国市场出版社,2000.
[17] 内格尔. 定价策略与技巧:赢利性决策指南[M]. 北京:清华大学出版社,2003.
[18] 黄文波. 餐饮管理[M]. 天津:南开大学出版社,2004.
[19] 陈觉. 餐饮营销经典案例及点评[M]. 大连:辽宁科技出版社,2003.
[20] 陈永兴,等. 市场调查与预测技巧[M]. 济南:山东人民出版社,1995.

[21] 肖晓. 餐饮经营与管理[M]. 成都:四川大学出版社,2003.
[22] 陈祝平. 餐饮营销策划与案例[M]. 沈阳:辽宁科学技术出版社,2003.
[23] 黄浏英,李菊霞,林翔. 餐饮品牌营销[M]. 沈阳:辽宁科学技术出版社,2003.
[24] 阿默德·伊斯梅尔. 现代美国饭店销售管理[M]. 王才美,译. 长沙:湖南科学技术出版社,2003.
[25] 张旭. 服务营销[M]. 北京:中国华侨出版社,2002.
[26] 杰斯汀·隆内克. 小企业管理[M]. 郭武文,等,译. 北京:华夏出版社,2002.
[27] 胡梦蕾. 餐饮行销实务[M]. 沈阳:辽宁科学技术出版社,2001.
[28] 陈尧帝. 餐饮经理读本[M]. 沈阳:辽宁科学技术出版社,2001.
[29] 菲利普·科特勒. 营销管理[M]. 北京:中国人民大学出版社,2001.
[30] 周良淳,匡家庆. 酒店营销计划编制[M]. 沈阳:辽宁科学技术出版社,2001.
[31] 克里斯托弗·H·洛夫洛克. 服务营销[M]. 北京:中国人民大学出版社,2001.
[32] 刘志远,林云. 旅游营销策略[M]. 上海:立信会计出版社,2001.
[33] 王怡然. 现代饭店营销策划书与案例[M]. 沈阳:辽宁科学技术出版社,2001.
[34] 饶勇. 现代饭店营销创新500例[M]. 广州:广东旅游出版社,2000.
[35] 谢明成. 最新餐饮经营与实务[M]. 沈阳:辽宁科学技术出版社,2000.
[36] 黄浏英. 餐饮营销广告策划[M]. 沈阳:辽宁科学技术出版社,2000.
[37] 于建原. 营销管理[M]. 成都:西南财经大学出版社,1999.
[38] 黄文波,赖建飞. 餐饮业营销[M]. 北京:企业管理出版社,1999.
[39] 铁振国. 饭店营销学[M]. 昆明:云南大学出版社,1997.
[40] 杜靖川. 旅游市场营销学[M]. 昆明:云南大学出版社,1996.
[41] 邹金宏. 实用餐饮营业及营销[M]. 广州:中山大学出版社,2005.
[42] 陈云川. 餐饮市场营销[M]. 北京:高等教育出版社,2006.